碧水丹心

老科学家学术成长资料采集工程

中国科学院院士传记丛书

1917年
出生于江苏省

1934年
入读东吴大学

1945年
赴加拿大攻读博士

1949年
回国就职

1980年
当选中国科学院学部委员

老科学家学术成长资料采集工程丛书

中国科学院院士传记

碧水丹心

刘建康传

覃兆刿 林天新◎著

上海交通大學出版社

中国科学技术出版社

图书在版编目(CIP)数据

碧水丹心:刘建康传/覃兆刿,林天新著. —上海:上海交通大学出版社,2015

(老科学家学术成长资料采集工程丛书)

ISBN 978-7-313-12286-5

Ⅰ. ①碧… Ⅱ. ①覃…②林… Ⅲ. ①刘建康—传记 Ⅳ. ①K826.15

中国版本图书馆 CIP 数据核字(2014)第 253973 号

出 版 人 韩建民 苏 青
责任编辑 张雯婷
责任营销 陈 鑫
版式设计 中文天地

出 版 上海交通大学出版社 中国科学技术出版社
发 行 上海交通大学出版社
地 址 上海市番禺路 951 号
邮 编 200030
发行电话 021-64071208
传 真 021-64073126
网 址 http://www.jiaodapress.com.cn

开 本 787mm×1092mm 1/16
字 数 252 千字
印 张 17.25
彩 插 3
版 次 2015 年 1 月第 1 版
印 次 2015 年 1 月第 1 次印刷
印 刷 常熟市文化印刷有限公司
书 号 ISBN 978-7-313-12286-5/K
定 价 50.00 元

老科学家学术成长资料采集工程
领导小组专家委员会

主　任：杜祥琬

委　员：（以姓氏拼音为序）

巴德年　陈佳洱　胡启恒　李振声

王礼恒　王春法　张　勤

老科学家学术成长资料采集工程
丛书组织机构

特邀顾问（以姓氏拼音为序）

樊洪业　方　新　齐　让　谢克昌

编 委 会

主　编：王春法　张　藜

编　委：（以姓氏拼音为序）

艾素珍　董庆九　胡化凯　黄竟跃　韩建民

廖育群　吕瑞花　刘晓勘　林兆谦　秦德继

任福君　苏　青　王扬宗　夏　强　杨建荣

张柏春　张大庆　张　剑　张九辰　周德进

编委会办公室

主　任：许向阳　张利洁

副主任：许　慧　刘佩英

成　员：（以姓氏拼音为序）

崔宇红　董亚峥　冯　勤　何素兴　韩　颖

李　梅　罗兴波　刘　洋　刘如溪　沈林芑

王晓琴　王传超　徐　捷　肖　潇　言　挺

余　君　张海新　张佳静

老科学家学术成长资料采集工程简介

老科学家学术成长资料采集工程（以下简称“采集工程”）是根据国务院领导同志的指示精神，由国家科教领导小组于2010年正式启动，中国科协牵头，联合中组部、教育部、科技部、工信部、财政部、文化部、国资委、解放军总政治部、中国科学院、中国工程院、国家自然科学基金委员会等11部委共同实施的一项抢救性工程，旨在通过实物采集、口述访谈、录音录像等方法，把反映老科学家学术成长历程的关键事件、重要节点、师承关系等各方面的资料保存下来，为深入研究科技人才成长规律，宣传优秀科技人物提供第一手资料和原始素材。按照国务院批准的《老科学家学术成长资料采集工程实施方案》，采集工程一期拟完成300位老科学家学术成长资料的采集工作。

采集工程是一项开创性工作。为确保采集工作规范科学，启动之初即成立了由中国科协主要领导任组长、12个部委分管领导任成员的领导小组，负责采集工程的宏观指导和重要政策措施制定，同时成立领导小组专家委员会负责采集原则确定、采集名单审定和学术咨询，委托中国科学技术史学会承担具体组织和业务指导工作，建立专门的馆藏基地确保采集资料的永久性收藏和提供使用，并研究制定了《采集工作流程》、《采集工作规范》等一系列基础文件，作为采集人员的工作指南。截至2014年底，已启动304 位老科学家的学术成长资料采集工作，获得手稿、书信等实物原件资料 52 093 件，数字化资料 137 471 件，视频资料 183 878 分钟，音频资料 224 828 分钟，具有重要的史料价值。

采集工程的成果目前主要有三种体现形式，一是建设一套系统的“老科学家学术成长资料数据库”（本丛书简称“采集工程数据库”），提供学术研究和弘扬科学精神、宣传科学家之用；二是编辑制作科学家专题资料片系列，以视频形式播出；三是研究撰写客观反映老科学家学术成长经历的研究报告，以学术传记的形式，与中国科学院、中国工程院联合出版。随着采集工程的不断拓展和深入，将有更多形式的采集成果问世，为社会公众了解老科学家的感人事迹，探索科技人才成长规律，研究中国科技事业的发展历程提供客观翔实的史料支撑。

总序一

中国科学技术协会主席　韩启德

老科学家是共和国建设的重要参与者，也是新中国科技发展历史的亲历者和见证者，他们的学术成长历程生动反映了近现代中国科技事业与科技教育的进展，本身就是新中国科技发展历史的重要组成部分。针对近年来老科学家相继辞世、学术成长资料大量散失的突出问题，中国科协于2009年向国务院提出抢救老科学家学术成长资料的建议，受到国务院领导同志的高度重视和充分肯定，并明确责成中国科协牵头，联合相关部门共同组织实施。根据国务院批复的《老科学家学术成长资料采集工程实施方案》，中国科协联合中组部、教育部、科技部、工业和信息化部、财政部、文化部、国资委、解放军总政治部、中国科学院、中国工程院、国家自然科学基金委员会等11部委共同组成领导小组，从2010年开始组织实施老科学家学术成长资料采集工程。

老科学家学术成长资料采集是一项系统工程，通过文献与口述资料的搜集和整理、录音录像、实物采集等形式，把反映老科学家求学历程、师承关系、科研活动、学术成就等学术成长中关键节点和重要事件的口述资料、实物资料和音像资料完整系统地保存下来，对于充实新中国科技发展的历史文献，理清我国科技界学术传承脉络，探索我国科技发展规律和科技人才成长规律，弘扬我国科技工作者求真务实、无私奉献的精神，在全社会营造爱科学、学科学、用科学的良好氛围，是一件很有意义的事情。采集工程把重点放在年龄在 80 岁以上、学术成长经历丰富的两院院士，以及虽然不是两院院士、但在我国科技事业发展中作出突出贡献的老科技工作者，充分体现了党和国家对老科学家的关心和爱护。

自 2010 年启动实施以来，采集工程以对历史负责、对国家负责、对科技事业负责的精神，开展了一系列工作，获得大量反映老科学家学术成长历程的文字资料、实物资料和音视频资料，其中有一些资料具有很高的史料价值和学术价值，弥足珍贵。

以传记丛书的形式把采集工程的成果展现给社会公众，是采集工程的目标之一，也是社会各界的共同期待。在我看来，这些传记丛书大都是在充分挖掘档案和书信等各种文献资料、与口述访谈相互印证校核、严密考证的基础之上形成的，内中还有许多很有价值的照片、手稿影印件等珍贵图片，基本做到了图文并茂，语言生动，既体现了历史的鲜活，又立体化地刻画了人物，较好地实现了真实性、专业性、可读性的有机统一。通过这套传记丛书，学者能够获得更加丰富扎实的文献依据，公众能够更加系统深入地了解老一辈科学家的成就、贡献、经历和品格，青少年可以更真实地了解科学家、了解科技活动，进而充分激发对科学家职业的浓厚兴趣。

借此机会，向所有接受采集的老科学家及其亲属朋友，向参与采集工程的工作人员和单位，表示衷心感谢。真诚希望这套丛书能够得到学术界的认可和读者的喜爱，希望采集工程能够得到更广泛的关注和支持。我期待并相信，随着时间的流逝，采集工程的成果将以更加丰富多样的形式呈现给社会公众，采集工程的意义也将越来越彰显于天下。

是为序。

总序二

中国科学院院长　白春礼

由国家科教领导小组直接启动，中国科学技术协会和中国科学院等12个部门和单位共同组织实施的老科学家学术成长资料采集工程，是国务院交办的一项重要任务，也是中国科技界的一件大事。值此采集工程传记丛书出版之际，我向采集工程的顺利实施表示热烈祝贺，向参与采集工程的老科学家和工作人员表示衷心感谢！

按照国务院批准实施的《老科学家学术成长资料采集工程实施方案》，开展这一工作的主要目的就是要通过录音录像、实物采集等多种方式，把反映老科学家学术成长历史的重要资料保存下来，丰富新中国科技发展的历史资料，推动形成新中国的学术传统，激发科技工作者的创新热情和创造活力，在全社会营造爱科学、学科学、用科学的良好氛围。通过实施采集工程，系统搜集、整理反映这些老科学家学术成长历程的关键事件、重要节点、学术传承关系等的各类文献、实物和音视频资料，并结合不同时期的社会发展和国际相关学科领域的发展背景加以梳理和研究，不仅有利于深入了解新中国科学发展的进程特别是老科学家所在学科的发展脉络，而且有利于发现老科学家成长成才中的关键人物、关键事件、关键因素，探索和把握高层次人才培养规律和创新人才成长规律，更有利于理清我国科技界学术传承脉络，深入了解我国科学传统的形成过程，在全社会范围内宣传弘扬老科学家的科学思想、卓越贡献和高尚品质，推动社会主义科学文化和创新文化建设。从这个意义上说，采集工程不仅是一项文化工程，更是一项严肃认真的学术建设工作。

中国科学院是科技事业的国家队，也是凝聚和团结广大院士的大家庭。早在 1955 年，中国科学院选举产生了第一批学部委员，1993 年国务院决定中国科学院学部委员改称中国科学院院士。半个多世纪以来，从学部委员到院士，经历了一个艰难的制度化进程，在我国科学事业发展史上书写了浓墨重彩的一笔。在目前已接受采集的老科学家中，有很大一部分即是上个世纪 80、90 年代当选的中国科学院学部委员、院士，其中既有学科领域的奠基人和开拓者，也有作出过重大科学成就的著名科学家，更有毕生在专门学科领域默默耕耘的一流学者。作为声誉卓著的学术带头人，他们以发展科技、服务国家、造福人民为己任，求真务实、开拓创新，为我国经济建设、社会发展、科技进步和国家安全作出了重要贡献；作为杰出的科学教育家，他们着力培养、大力提携青年人才，在弘扬科学精神、倡树科学理念方面书写了可歌可泣的光辉篇章。他们的学术成就和成长经历既是新中国科技发展的一个缩影，也是国家和社会的宝贵财富。通过采集工程为老科学家树碑立传，不仅对老科学家们的成就和贡献是一份肯定和安慰，也使我们多年的夙愿得偿！

鲁迅说过，“跨过那站着的前人”。过去的辉煌历史是老一辈科学家铸就的，新的历史篇章需要我们来谱写。衷心希望广大科技工作者能够通过“采集工程”的这套老科学家传记丛书和院士丛书等类似著作，深入具体地了解和学习老一辈科学家学术成长历程中的感人事迹和优秀品质；继承和弘扬老一辈科学家求真务实、勇于创新的科学精神，不畏艰险、勇攀高峰的探索精神，团结协作、淡泊名利的团队精神，报效祖国、服务社会的奉献精神，在推动科技发展和创新型国家建设的广阔道路上取得更辉煌的成绩。

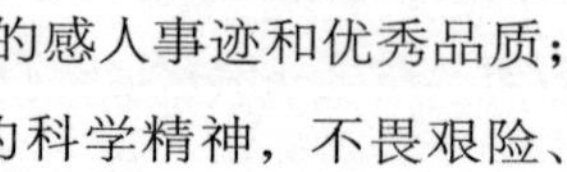

总序三

中国工程院院长　周　济

由中国科协联合相关部门共同组织实施的老科学家学术成长资料采集工程，是一项经国务院批准开展的弘扬老一辈科技专家崇高精神、加强科学道德建设的重要工作，也是我国科技界的共同责任。中国工程院作为采集工程领导小组的成员单位，能够直接参与此项工作，深感责任重大、意义非凡。

在新的历史时期，科学技术作为第一生产力，已经日益成为经济社会发展的主要驱动力。科技工作者作为先进生产力的开拓者和先进文化的传播者，在推动科学技术进步和科技事业发展方面发挥着关键的决定的作用。

新中国成立以来，特别是改革开放30多年来，我们国家的工程科技取得了伟大的历史性成就，为祖国的现代化事业作出了巨大的历史性贡献。两弹一星、三峡工程、高速铁路、载人航天、杂交水稻、载人深潜、超级计算机……一项项重大工程为社会主义事业的蓬勃发展和祖国富强书写了浓墨重彩的篇章。

这些伟大的重大工程成就，凝聚和倾注了以钱学森、朱光亚、周光召、侯祥麟、袁隆平等为代表的一代又一代科技专家们的心血和智慧。他们克服重重困难，攻克无数技术难关，潜心开展科技研究，致力推动创新发展，为实现我国工程科技水平大幅提升和国家综合实力显著增强作出了杰出贡献。他们热爱祖国，忠于人民，自觉把个人事业融入到国家建设大局之中，为实现国家富强而不断奋斗；他们求真务实，勇于创新，用科技为中华民族的伟大复兴铸就了辉煌；他们治学严谨，鞠躬尽瘁，具有崇高的科学精神和科学道德，是我们后代学习的楷模。科学家们的一生是一本珍贵的教科书，他们坚定的理想信念和淡泊名利的崇高品格是中华民族自强不息精神的宝贵财富，永远值得后人铭记和敬仰。

通过实施采集工程，把反映老科学家学术成长经历的重要文字资料、实物资料和音像资料保存下来，把他们卓越的技术成就和可贵的精神品质记录下来，并编辑出版他们的学术传记，对于进一步宣传他们为我国科技发展和民族进步作出的不朽功勋，引导青年科技工作者学习继承他们的可贵精神和优秀品质，不断攀登世界科技高峰，推动在全社会弘扬科学精神，营造爱科学、讲科学、学科学、用科学的良好氛围，无疑有着十分重要的意义。

中国工程院是我国工程科技界的最高荣誉性、咨询性学术机构，集中了一大批成就卓著、德高望重的老科技专家。以各种形式把他们的学术成长经历留存下来，为后人提供启迪，为社会提供借鉴，为共和国的科技发展留下一份珍贵资料。这是我们的愿望和责任，也是科技界和全社会的共同期待。

周济

我知道的刘建康先生二三事

2013年，湖北大学覃兆刿教授带着研究生林天新到中国科学院水生生物研究所开展“老科学家学术成长资料采集工程·刘建康”专题工作。我曾写过刘建康先生的传记，也收集了一些刘先生的相关资料，便倾其所有提供给了覃老师和小林，同时也接受了他们的采访。《碧水丹心：刘建康传》成稿后，得覃老师向出版社推荐，我又成为校对者之一，提供了部分修改建议；受刘先生信任，将他的修改意见悉数过录到电子版后发给出版社。本以为我的任务完成了，不料又接到小林的电话，说覃老师让我写篇序。我何德何能，岂敢言序？推辞再三。哪知刘先生也来电话鼓励，我只得从命。

覃老师不愧是档案学方面的专家，他带领研究生们做了大量的、细致的、全面的采访和资料收集、整理工作，书稿可谓是全部工作的一个结晶。童年至中学阶段的叙述，让我们看到已是耄耋之年的刘先生对故乡的眷恋和深刻的记忆；大学至中央研究院动植物研究所阶段的描写，让我们读懂了外敌入侵、国难当头时知识分子的使命感和报国之心；覃老师挖掘到刘先生1955～1956年的部分工作日记，为我们还原了风华正茂的刘先生在梁子湖的亲力亲为；而在“淡水生态学”一章里，作者更是对刘先生在这个研究领域持续数十年的工作施以浓墨重彩……书中既对刘先生的学术成就作了全面展示，也从多角度显现了刘先生对老师、对同事、对学生、对家人的尊敬、平等、提携、关爱；其中不乏学术名词的叙述，更有生动有趣的细节。

因为自己参与校对，又将刘先生的修改意见过录到电子版，实际上我已经通读了两遍书稿。刘先生是我敬重的学者，是一位对工作非常认真的人。2001 年初，刘先生叫我到他办公室去，告诉我说，水生所学者以武汉东湖为基地，总结出利用滤食性鱼类直接控制蓝藻水华的生物操纵方式，同时也揭开了武汉东湖连续 15 年的蓝藻水华消失之谜。相关学术论文已经发表，提出要在新闻媒体进行报道，以引起更为广泛的重视。我很快写出了 5 000 余字的稿子，经刘先生等专家的反复修改补充后定稿。我建议此稿投向《科学时报》，另压缩成一篇 2 000 余字的稿子《中科院水生所专家潜心研究，终于揭开武汉东湖蓝藻水华消失之谜》投向新华社等媒体，得到刘先生的认可。2 月 2 日《光明日报》、《科技日报》，2 月 5 日新华社新华网、人民日报人民网、中央电视台新闻频道均予以报道。2 月 7 日，国务院李岚清副总理和科学技术部朱丽兰部长在通过新闻媒体了解到水生所专家揭开武汉东湖蓝藻水华消失之谜后均作了批示。2 月 18 日，《科学时报》刊登了我写的《追求人与自然的更好共生——刘建康院士、沈韫芬院士、谢平研究员谈湖泊“水华”控制技术的创新》。

刘先生也是一位对同事热心、对家人关心的人。2013 年，我访问到一位早年跟随刘先生到河南、湖北野外考察的老同志，听他说起，1953 年下半年跟随刘先生去荆江分洪闸，当时交通不便，曾借了几辆自行车，同行的一位朱先生不会骑车，刘先生骑车时车后架还要带着朱先生。我把这段告知刘先生的小女儿伍欣星老师。伍老师说：“老爸以前骑自行车很棒的！印象最深的是老爸每个星期六用自行车一前一后把我和小哥从幼儿园接回家；星期一早上又以同样的方式把我和小哥送回幼儿园；节假日老爸总是骑着自行车上街采购，常常是两个把手上挂两个旅行袋满载而归。”而覃老师的书稿中，则记载了刘先生在苏州读中学时，常常骑自行车到相离三十六华里的吴江老家去看望祖母。

刘先生又是一位风趣幽默的人。刘先生 20 世纪 40 年代在世界上首次揭示鳝鱼的定规性由雌转雄的现象，为低等脊椎动物性别分化机理的研究开辟了新途径。1984 年，他看到某报刊登一则消息，说有些鳝鱼是蛇变的，不能吃。便立刻提笔写了一篇科普文章在报上发表,介绍鱼类和爬行类的常识,否定了蛇会变鳝鱼的说法,并风趣地署了一个笔名“佘飞善”,即“蛇非鳝”的谐音。我的笔记中还记录了一则轶事:“1998 年 4 月 20 日,今天见刘先生穿一件白色长袖翻领文化衫,背上印有‘我要活得更精神’字样。”这一天刘先生的回头率可高了,大家纷纷与他打招呼,而 81 岁的刘先生依然和善地笑笑,的确很精神!

2012 年刘先生九十五岁生日时,他的一位学生周易勇博士写道:

尊敬的刘先生:您好!明天是您九十五华诞日,在这一时刻,我想了很多,我觉得真正的学者应具备四个基本条件,一是坦率真诚,二是学识渊博,三是认真勤奋,四是淡泊名利,而您正是这四点之集大成者。于是,我将其概括为您九十五华诞的寿联如下:

九鼎真言五车卓识;
一蓑烟雨两袖清风。

愿阅读这部书的人们细细品味刘先生的“五车卓识”和“两袖清风”。
愿已步入九十八岁高寿的刘先生“活得更精神”。
愿更多的读者走近我们可敬可爱的科学家。

张晓良
2014 年 10 月 30 日

刘建康院士(2013 年,覃兆刿摄)

2012 年 12 月采集小组成员林天新向刘建康先生询问有关资料（左起：林天新、刘建康）

2013 年 1 月，刘建康先生在接受采集小组过程中做记录

2013 年 7 月年采集小组成员与刘建康先生合影（左起：谢梦、陈苗、刘建康、林天新、沈沛沛）

目 录

图片目录

导言

我们十分幸运地参与了“老科学家学术成长资料采集工程”的相关活动。这个项目是国家尊重知识、尊重人才、重视科学创新和实施文化战略的重要举措，对于我国总结科技经验，传承科学文明，促进知识管理和文化发展有着长远的战略意义。我们也深感荣幸，能够因此有机会走近了一位德高望重的老科学家——刘建康院士。先生寿登期颐，但身体安康，神采依旧，一直笔耕不辍，成果丰硕，先生的论著和他对科学真理的追求，获得了国内外学术界高度的赞誉。

图 0-1 刘建康(2009 年 11 月 2 日高宝燕摄)

刘建康(1917～)，江苏吴江人，中国科学院学部委员(院士)。现任中国科学院水生生物研究所名誉所长、研究员、博士生导师。

1934 年 7 月，刘建康从苏州东吴大学附中高中部毕业后，考入了东吴大学理学院生物系。大学二年级时，他被系里指定协助刘

图 0-2 刘建康接受访谈时在做记录
(2013 年 1 月覃兆刿摄)

承钊教授在上海举办科普性淡水生物展览会，这次展会上的经历使他下定决心从事鱼类学研究。1937 年，战乱中的他"逃难"至重庆，借读于成都华西协合大学，于 1938 年秋毕业，并获得理学学士学位。1939 年 2 月经刘承钊教授推荐，刘建康到了四川重庆的国立中央研究院动植物研究所，师从著名鱼类学家伍献文教授读研究生，从事鱼类学学习和研究工作。其间刘建康发表过《中国鲤科鱼类出鳃动脉在"头圈"上的排列方式》、《斗鱼的渗透压调节与"氯化物分泌细胞"》等文章，并与导师一起发表《口喉表皮是鳝鱼的主要呼吸器官》一文，继而引发了对鳝鱼习性研究的兴趣。他第一个发现鳝鱼的性别转变，并于 1944 年发表了《鳝鱼的始原雌雄同体现象》，从而受到国际动物学界的高度关注。1947 年波洛(W. S. Bollough)在《科学》杂志(*Science*)发表专题评论，称这一研究发现"提供了新的和有趣的有关低等脊椎动物性别决定机制的证据，并打开了一个新颖研究领域之门"。1945 年 2 月，他开始兼任复旦大学生物系副教授，并接替伍献文教授开设的脊椎动物比较解剖学课程。同年，他经重庆中英科学合作馆馆长李约瑟(Joseph Needham，英国生物化学家、科技史学家)博士的推荐，以中英庚款第八届公费生入读加拿大麦基尔(McGill)大学研究生院攻读博士学位。一开始，刘建康师从麦基尔大学德国实验胚胎学家 H·霍尔弗雷特(Holtfreter)博士，后因霍氏调入他校，改由动物系 N·J·贝锐尔(Berrill)教授担任博士论文指导老师。读博期间，他保持着与国内导师的学术合作。同时，刘建康在麦基尔大学兼职本科实验指导员，在美国麻省伍兹霍尔海洋生物实验室进修海洋无脊椎动物学课程并完成博士论文的实验部分，在伍兹霍尔实验细胞学实验室进修胚胎学。经过紧张而又充分的专业理论学习和实践准备，1947 年秋天，他在麦基尔大学研究生院通过了论文答辩，获得了哲学博士学位。其博士论文的主要内容分成两篇文章与导师联名发表：一篇为《筒螅生殖巢的形成与种质细胞的起源》；另一篇为《种质、魏斯曼与水螅纲》，该文对德国生物学家、世界生物学权威魏斯曼的“种质连续学说”提出了质疑。同年10月，他应美国伍兹霍尔实验细胞学实验室主任R·钱伯斯(Chambers)教授聘请，担任该实验室副研究员至次年9月，从事微体操纵和组织培养实验。1948年，他还与曾来加拿大讲学的英国皇家学会会员、著名生物学家波洛教授见了面。1948年10月，应美国麻省北安普顿(Northampton)史密斯学院(Smith College)M·罗士(Rose)教授之聘，刘建康担任该学院动物系癌症基金科研项目研究员。这期间，他一边做研究一边等待归国的远洋客轮复航。终于，1949年1月，刘建康从美国西海岸乘海轮回国，1949年10月4日获得国立中央研究院经李亚农签署的专任研究员聘任书。1950年1月，刘建康开始在位于上海的中国科学院水生生物研究所及所属无锡太湖淡水生物研究室任研究员至1954年7月。

从1954年8月刘建康随水生生物研究所迁至武汉。至今已近60年。之后刘建康发表了《养鱼池单位面积产量试验》，被水产界公认为我国传统养鱼经验的科学总结。文中首次提出了草鱼、青鱼的饲料系数。这项成果中的数据，于20世纪60年代初被英国学者C·F希克林(Hicking)在其出版的《鱼类养殖》一书中专门引用。1955年，他组织20余人赴湖北梁子湖设站点进行鱼类资源和生态调查，在此后两年的时间里，收集了湖中近30种经济鱼类的生态学资料。1957年，刘建康开始主持长江鱼类生态调查工作，分别在重庆木洞、湖北宜昌和上海崇明岛设立工作站。历时两年多的采集、观察和记录，刘建康带领的团队，总结出一套系统的鱼类生态学资料，填补了我国淡水鱼类生态学的空白。其参与或率领开展的五里湖、梁子湖和长江上中下游鱼类的生态调查研究，是新中国成立以来有关淡水生态研究最系统最完整的集体工作，所得资料是论证葛洲坝和拟建的三峡大坝对鱼类生态影响的重要依据。在50年代初期，他曾与助手在长江宜昌江段调查过家鱼产卵场的分布情况，并成功地进行了草鱼和鲢鱼的人工授精和孵化：通过给未充分性成熟的青鱼注射鱼类脑垂体催情，使其提前产卵。这为日后我国“四大家鱼”人工繁殖打下了基础。

在“以阶级斗争为纲”的年代，刘建康仍然坚持“科研机构业务是灵魂”，并因此受到批斗和劳动改造。1961 年，他撰写《中国淡水鱼类养殖学》一书中《饲养鱼类的繁殖》一章却未被署名（该书被评价为集养鱼之大成的权威专著）。1971 年，他的科研工作被恢复。他首先赴武汉钢铁公司攻克淡水壳菜堵塞冷却管道的防治研究的难题并发表了相关成果。1973 年接手“东湖渔业增产和稳产高产试验”，提出了“调整放养对象”、“提高鱼种规格”、“改进拦鱼设施”、“控制凶猛鱼类”和“改革捕捞技术”等五项措施。1978 年，这项研究成果获全国科学大会科技成果奖和湖北省科学大会奖。1979 年 10 月，刘建康作为我国“人与生物圈”国家委员会代表团成员，出席在巴黎举行的“人与生物圈”第六次国际协调理事会，并访问了荷兰、联邦德国、英国和法国的有关院校和研究所。后来发表《关于淡水生物学发展的方向》一文，提出了“人类经济活动对湖泊生态系统的影响”并受到联合国教科文组织的关注，该话题被列入“人与生物圈”科研项目中。早在 1950 年代，他即开始关注葛洲坝和拟建的三峡大坝对鱼类生态影响，而这次出访和会议则成为他将关注重心全面转向淡水生态研究的重要契机。自此以后，刘建康参与了更多有关淡水生态的国际国内学术活动，从对东湖生态的个案研究到湖泊环境的研究，从揭开东湖蓝藻水华消失之谜到防控水质污染，从鱼类资源保护到生态环境工程，他开始着眼淡水生态的改善，并发表了《用鲢鳙直接控制微囊藻水华的围隔试验和湖泊实践》，这样就将鱼类学研究与生态学研究结合起来。1980 年 11 月刘建康当选为中国科学院学部委员（院士）。1980 年后，刘建康又先后担任中国科学院水生生物研究所副所长、所长、名誉所长等职。水生所在 20 世纪 80 年代中期确立了以水域的生态学为主攻方向。这也为后来“淡水生态与生物技术国家重点实验室”和“中国科学院生态系统台站网络”在水生所的建立打下了基础。

综其学术研究，刘建康的主要成就和贡献体现在三个方面：一是把传统的静态的鱼类学研究逐渐延伸到生态方面和生理实验，在低等脊椎动物性别分化和性别转化方面有重要发现，得出了“鳝鱼的始原雌雄同体”这样具有国际影响力的科学结论；二是开展了湖泊渔业增产示范试验，对我国传统池塘养鱼方法进行科学总结的同时，通过“养鱼池单位面积产量试验”揭示了“从生物生产力角度看湖泊渔业增产的途径”；三是关于鱼类生态和淡水生态的研究，其中主要包括长江鱼类生态调查研究和东湖生态研究。50年代刘建康先后组织实施的梁子湖与长江上中下游的常年生态调研工作，取得了大量和系统的第一手生态学资料，汇成《长江鱼类》①一书。该书是我国第一部淡水鱼类生态学专著，为论证葛洲坝工程和三峡工程对鱼类生态影响和治理提供了科学依据。他在我国淡水生物学研究领域，首先以生态系统概念组织湖泊生态学研究，分析和评估了水中营养元素、细菌、有机碎屑、浮游植物、浮游动物、鱼类种群、水生高等植物群落和湖底沉积物各个子系统在东湖整个生态系统的结构和功能中所起的作用，然后研究了初级生产力的演变、转化及其与湖泊富营养化之间的关系，提出了湖泊富营养化的生物学治理对策，最后在关于东湖生态研究中进行了"用鲢鳙直接控制微囊藻水华的围隔试验和湖泊实践"。他的相关研究成果也获得了多项重要的科研奖励，其中主要有：武昌东湖渔业稳产高产试验获全国科学大会科技成果奖（1978年）；武昌东湖渔业高产和生物生产力研究获中国科学院技术改进二等奖（1981年）；武昌东湖生态系统结构功能与生物生产力研究获中国科学院科技进步二等奖（1988年）；东湖生态学研究获中国科学院自然科学一等奖、国家科学技术委员会自然科学三等奖（1994年）；《中国淡水鱼类养殖学》（第三版）获中国科学院科技进步二等奖及全国科技图书一等奖（1995年）、何梁何利生命科学科技进步奖（1997年）等。

老科学家学术成长资料采集项目的任务包括信息采集和撰写报告两大部分。采集工作是报告撰写的基础，报告是采集的归纳与总结。采集又分为音视频采集和学术成长实物资料采集。刘建康院士学术成长资料采集小组的任务就是全面搜集和整理反映刘建康学术成长的历史资料和音视频信息，并形成关于他的学术传记。大约是出于专业背景的原因，我们在实施采集的过程中，更习惯于在资料前加上"档案"两字，所以整个采集过程中也更

---

① 该书由科学出版社1976年出版，署名为湖北省水生生物研究所鱼类研究室。中国科学院水生生物研究所在1970年～1978年6月曾改名湖北省水生生物研究所。全书实际主编为陈佩薰，刘建康负责全书审稿。

多关注到“档案”信息。

为了使采集工作深入进行，本小组集结了来自生物学、历史学、法学、档案学、图书馆学、新闻学及英语方面的人士，其中以高校档案专业的师生为主。采集小组内部保持着定期的沟通，以发挥不同专业背景成员的智慧。事实上，采集工作表面上看是个技术活，其实需要完整的统筹规划，要有细致的步骤安排；需要真诚的感情沟通，也要有敏捷的智慧引导；需要及时的总结反馈，也要有求实保密的操守。

为了使资料采集全面系统，小组以郑樵的“求书八法”为工作思路，以采集培训阶段获得的相关技术指标为行动指南，由外而内，由远及近，由表入里，分步骤、分阶段、分类型开展工作。首先是争取院士所在研究机构的支持。通过走访综合办公室、图书馆、档案室、人事处等部门，小组获得了管理人员的理解和支持，为持续的采集活动打下了基础。第二步是争取院士本人和亲属的支持。刘建康院士2013年已经96岁，实属高龄资深院士。他自己在履历上填写“有高血压史”，采集活动开始前又因摔伤才出院不久，而他每天仍坚持上班，手上有不少文稿整理的工作要完成，对各种采访活动似无太多的兴趣。针对这种情况，采集小组两次到办公室认真向刘老说明此次采集活动的特殊意义以及我们“档案”专业的优势和工作思路，终于获得刘建康先生的肯定和信任。

实际上，老科学家学术成长资料采集工作的“抢救性”是不言而喻的。我们的采集活动，即使时间紧，任务重，也绝不能影响到老先生的健康状况。

自2012年7月项目正式启动到开始撰写报告，整整经历了一年的时间。其间我们付出了许多辛苦，也收获了许多快乐。从获得水生所相关部门支持，到初与刘老在办公室合影；从刘老在采集任务书上亲笔签名到我们带回三十多本大小相册悉数扫描；从我们隔日拜访刘老，到我们可以随意进出他的书房；从刚开始听不清刘老的苏州吴江话，到能听懂老人乡音浓重的“青蛙歌”；从第一次刘老提示“今天就谈到这儿吧”到最后老人家手扶门框对我们这几个“抄家的”①依依不舍。因为采集工作，我们与刘建康院士建立了深

① 刘建康院士对采集工作给予了热情的支持和信任。在他的办公室、客厅和书房，采集人员都无拘无束，他形象地称我们是“抄家的”。

厚的感情。因为这种感情，采集工作已成为我们和刘老共同的任务。我们真心感谢这个机会！我们更真心感谢刘老！

采集工作分两个方面同时进行，相互推进。一方面我们通过单位干部人事处档案室、综合办公室全面查阅履历档案和名人档案，形成关于院士成长历史和工作变迁的总体概念，同时掌握有关院士学术成长的历史节点。另一方面，鉴于刘建康院士的身体状况，在项目中评之前我们一直将工作重心放在院士本人身上。我们通过档案信息和阅读相关资料分别拟出音视频访谈提纲，录音采访重细节，视频采访重节点。在哈尔滨中评会上，中国科协张藜教授肯定了我们的做法，并且希望我们继续将主要精力放在院士本人身上，且留意他的学术往来。我们先后对刘院士进行了两次视频访谈和6次录音访谈，并深入书房和办公室实地搜集他的工作日记、学术手稿、照片、原始期刊及相关实物等。这在一定程度上保证了采集工作的重点。

在这些即将移交中国科协的采集成果中主要有：手书传记和回忆录4件、学术手稿(原件52件)、实物照片105张、数字照片1 072张、学术著作9册和学术原刊14件(扫描件34件283页)、来往信件(原稿46件，其中包括李约瑟先生来信)、原始存底文档11件、翻拍干部人事档案71件346页；视频访谈711分钟、录音访谈1 692分钟。其中弥足珍贵的有：1945年出国留学途中在海上学习英文的教科书1册，1946～1947年在海外留学期间的实验室实验教程1册、听讲座笔记2册、在海外实验室实验记录稿1件、海关报税单1张，1949年留学归国带回的英文打字机1台，1949年国立中央研究院专任研究员聘任书，1953年赴沙市鱼类调研日志2件，1955年和1962年学习和工作日志2件、铅笔手绘鱼鳞图5页，导师伍献文院士签送的专业书2册，1943年著名科学家李约瑟访问中央研究院动植物研究所时合影1张和1954年李约瑟的亲笔信1封以及能反映其野外考察、实验室工作、学术交流和培养弟子的照片，能反映其代表性成果的手稿等。当我们将发现和收集到的信息反馈给刘建康先生时，他对我们的工作给予了高度的评价。

在采集工作中，我们发现有三种院士传记性资料：其一为他本人亲笔撰写，主要反映了简要家世和求学过程，以及从事学术研究的主要经历、主要

图 0-3 刘建康在办公室工作(2013 年 9 月 23 日覃兆剡摄)

学术活动和获得的主要奖励;二是传记文学性质的公开发表作品[①],反映了院士一生从事鱼类和淡水生态研究的情结和主要经历,其中描述了他出国留学和婚姻方面的经历和思想;三是他个人纪念文集附录中的一篇传记性文章,讲述了他主张的科学研究方法和在科研领域不断拓展的心路历程。这几种传记性资料虽然线索较粗或者偏于文学风格,但为我们写作院士学术传记提供了有益的参考。2007 年和 2011 年,化学工业出版社和科学出版社分别结集出版了《刘建康生态学文集》和《刘建康鱼类学和水生生物学文集》,在前一本书的附录中,专门辑录有"科学思考与方法",其中汇集 5 篇[②](其中一篇为译文)旧文,较为系统地反映了他关于学术研究和科学方法的见解。他在《整体把握,系统思考》一文的开篇写道:"我的科研思维方式的

---

① 吕幼安:《魂系水族——记鱼类学家和淡水生态学家刘建康》。见《寂寞的辉煌》,武汉:长江文艺出版社,1995 年。

② 这 5 篇文章是:《整体把握,系统思考》,原文载于卢嘉锡主编的《院士思维》卷一,安徽教育出版社 1998 年版,第 109 - 119 页;《在创新历程中的点滴体会》,原文载于周济主编的《科技创新院士谈》(上),科学出版社 2001 年版,第 55 - 57 页;《解读东湖蓝藻水华的来龙去脉》,原文载于《世纪行》2003 年 10 月号,第 12 - 13 页;《独立思考,敢于创新》,原文载于《生命科学》2005 年第 5 期;《跨进 2007 年的淡水生物协会——并非尽是坏消息》(译文),原文载《国际理论与应用湖沼学会(SIL)新闻报道》,第 49 卷第 4 - 5 页。

形成，可以追溯到大学时代”，并在文中写道：

> 我的思维特点主要有以下几点：根据科学发展和国家需要确定研究方向；独立思考，走自己的路，大胆创新；系统综合研究问题。

而在上述先后出版的两本书的扉页，则都是他手书的治学格言：

> 重视科学实验，着眼社会实践；不唯上，不唯书，不唯权威；独立思考，敢于创新。

本研究报告希望集刘建康院士学术成长资料之大成，以院士学术成长时间经历为主线，突出学术节点及重要学术成果；以学术档案为据，力图接近真实，更加全面系统，更多着笔学术细节。能以史料说话处尽量以史料进行呈现，意在使报告起到梳理学术文献，保存重要学术原料的作用。研究报告为编年体，大致以时为章，以事为节，跨时段的淡水生态研究专门立为一章，全文计十章五十节。结语部分总结和分析院士的成功因素。

本研究报告的形成得到中国科学院水生生物研究所综合办公室、干部人事档案室、名人档案室特别是刘建康院士本人及家属和同行学者与同事的支持，在此致以真挚的感谢！

第一章
上海租界里的“拆料匠”

襁褓中移居上海

在江苏省苏州市吴江县最北端有个松陵镇，这里历史悠久，人文荟萃，物产富饶，是真正的鱼米之乡。镇上东门外有条航前街，街区沿河道而筑，两岸拱桥相连，街上行人熙攘，桥下船歌不断，确是一处富庶祥和之地。当地的人们信奉一句话，叫做“种竹养鱼千倍利”①。刘建康的祖辈就生活在这个小镇里。

刘建康的父亲刘振奇，字兼云，抗日战争前长期在上海麦加利银行写字间任职员，1938 年 6 月去世。母亲陶漱六，操持家务，1974 年 7 月去世。

刘建康的祖母很早就过世了，后来祖父娶了富家千金黄氏，这便是他的继祖母，在后来的生活中，刘建康得到她较多的照顾。

苏州当地有个风俗，小孩一定要在祖籍地出生才好，所以陶漱六怀孕

① 刘建康访谈，2012 年 9 月 20 日，武汉。资料存于采集工程数据库。

图 1-1 刘建康出生地——苏州吴江松陵镇航前街老街景

后早早地就被安排住在吴江松陵老家。1917 年 9 月 1 日，刘建康(原名刘家骧)出生在这里，排行老二。上面有一个姐姐叫家寿，后来又有了大妹家骐、二妹家勤、三妹家祥。出生三天后，小家骧睡在襁褓中随母亲回到了上海[①]。

刘建康关于儿时的记忆多在上海。小学之前，全家住在上海英租界。作为家里的独子，小家骧肩负着父母殷切期望一天天成长。生活中他并没有得到父母的溺爱，这大约由于教育背景和工作环境，父亲比一般人懂得男女平等。倒是根深蒂固的传统观念——"棒槌底下出孝子"，使父亲对他的学业成绩和品德修养要求格外严格。父亲虽然比较严厉，令人生畏，但他受过高等教育，在银行上班，经常与外国人打交道，外语讲得很好。母亲为人和善，说话轻言细语，对工人和保姆也很尊重并以礼相待，即使遇到他们有不当的地方，母亲也宽容大方不太计较，大家都很喜欢她的性格。父母在教育孩子的问题上配合很默契。父亲总是唱白脸，动不动就变成鼓眼子将军，小家骧的屁股没少挨打；母亲则总是温和笑脸，一旦听到小家骧挨打，便会

① 刘建康访谈，2013 年 3 月 8 日，武汉。资料存于采集工程数据库。

立即过来劝阻，“不要打了！不要打了！”[①]。刘建康先生至今都记得母亲那充满慈爱的目光。

那时，租界里的华人都爱打麻将。父亲平时比较忙碌，每到星期六，大人们就会在家打麻将，可是他们不允许小孩子靠近麻将桌。每当这个时候，小家骧便可以自由自在地与伙伴们在外玩耍。

“赛先生”开启童年梦

1922年春，6岁的家骧第一次背上书包走进了上海毓贤小学。这个时候，国内正值抵制日货，就连军阀吴佩孚、肖耀南、齐燮元都通电反对梁士诒政府在山东问题上“卖国媚外”[②]。这年1月8日，上海工人举行了示威，强烈声讨北京政府起用卖国贼和在山东问题上的丧权辱国行为。2月2日，上海日商第二纱厂一千四百余工人大罢工，并且取得了胜利，大大激励了国人的爱国热情。而时隔两天，上海传来华盛顿会议中日两国代表订立“解决山东悬案条约”及“附约”的消息。在校园里、街市上，大家都在议论着，《九国公约》虽然使日本独占中国的野心受挫，却使我们国家沦为帝国主义联合统治的棋子。全国人民关注着国家领土主权，关注着政府的一言一行。

家骧在回忆这段历史的时候说：

> “我6岁上小学一年级，没有接受过学前教育，第一本书的名字已记不得了，但那个年代有一连串的‘国耻’，都是列强欺负中国人的记录，所以‘救亡图存’对学生有深刻影响。”[③]

---

① 刘建康访谈，2013年1月17日，武汉。资料存于采集工程数据库。

② 1921年11月，中国出席华盛顿会议代表提出尊重中国领土完整等十项原则，但美、英、日代表却秘密协议，中国山东问题由中日双方会外直接谈判解决，中国代表被迫同意。12月，梁士诒令出席华盛顿会议代表向日本妥协。

③ 李士主编：《心迹——中国院士实话实说》。北京：科学普及出版社，2000年，第26－40页。

有一天，放学回家的路上，家骧和同学周贵宝挎着书包并肩走在前面，这时从后面过来两个身材高大的洋孩子，他们大摇大摆，旁若无人地讲着"贾得里，马得里……"。周贵宝觉得他们的发音稀奇古怪，便随口模仿了几声，"贾得里，马得里"，没想到，两个洋孩子不由分说，拉过周贵宝就是好几记劈劈啪啪的耳光，嘴里还不停地辱骂。因为住在外国人的租界上，一切都得靠他们来维持。比如说治安、交通、邮政等等，都是外国人掌控着，所以小家骧只能把恨意埋在心底。但这件事深深地印在小家骧的脑海中。初入学堂的他对这一时期的主要印象就是国家危难，政府无能，中国人备受洋人欺凌。

怎样才能使我们的国家变得强大而不受列强的压迫？时逢"赛先生"的思想在校园里广为流传，小家骧便暗自下定决心，一定要为国家强盛而读书，"科学救国"成了他童年时代的志向。

而且，他还有一个深刻的印象，就是觉得外国人的办事效率比中国人高得多。如果你有问题提出来，他就马上给你办了，不像国内关系那么复杂。家骧从小就对外国人的治理手段比较佩服。比方说邮局，邮局那时候都是外国人掌管，效率很高。大人们经常让他去交电费、水费和这费那费的，外国人见他这么小就能替他人办事，直称赞"smart，smart"。他知道外国人在说他聪明，办事灵活，以后便更大胆地在租界里出入了。这种深刻的印象对小家骧日后选择出国学习有很大关系，同时这种办事高效的作风对他治学严谨和高效办事的习惯也有很大影响。①

家骧是家里唯一的儿子，所以父母都很是宝贝。为了他将来能有出息，在教育上尤其舍得投入。在父亲的远景规划中，儿子是要上大学的，女儿们就不做要求了(家骧的姐妹们都只是高中毕业)。这在旧社会只是一种普遍现象，家长也不隐瞒，姐妹们也心无怨言，在她们看来，父母在儿子身上多花些钱是再自然不过的事情了。

因为全家住在租界，家骧从小接触的是讲英语的环境。上小学的时候，他的国文一点也不突出，父亲心里很是着急。父亲虽在洋行做文案，却深知国文的重要性。因此对子女的国文特别重视，尤其是对儿子。父亲给小家骧请

---

① 刘建康访谈，2013 年 3 月 8 日，武汉。资料存于采集工程数据库。

了中文老师，这是其他姐妹都没有的特殊待遇。中文老师每个星期来两三次，先是讲课文的意思，一篇一篇讲，然后就要求背古文。有时候背不下来，他便每周来补一次课，直到背出课文为止。有一天，上课的内容是《捕蛇者说》，其中有好多生僻的字："永州之野产异蛇，黑质而白章；触草木，尽死；以啮人，无御之者……"读一遍，似懂非懂，老师便一字一句地开始讲解："永州的野外生长着一种奇异的蛇，（它是）黑底子，白花纹；这种蛇碰到草木，草木全都干枯而死；如果咬了人，没有能够抵御毒蛇的办法……"就这样，一遍一遍，终于读熟了，搞懂了，能背诵了，老师才露出欣慰的笑容。那个时候小家骧背诵《出师表》、《桃花源记》，还有唐诗、宋词等等，一个暑假就背了好几十篇。背了几十篇后，感觉中文水平是不同了，背着背着写作文的灵感就有了。

小家骧喜欢自然课，课堂上讲植物，也讲动物。植物是静态的，动物是会动的，所以他更喜欢讲动物的课堂。

家骧至今还会唱小学课堂上音乐老师教唱的儿歌——《青蛙歌》：

"青蛙变化神奇，出生淡水湖里，小小黑点如棋，背后拖一尾。未几四足生齐，尾与体自分离。换上一套新衣，青青真美丽。咕咕咕咕咕，宜水又宜陆，害虫好充口腹，大功报五谷。"①

讲台上的老师一边讲解，一边手舞足蹈。就是这首歌让他对青蛙留下了深刻的印象：青蛙从小蝌蚪慢慢长大，刚开始就像一粒黑色的棋子，后面拖一条尾巴。再后来，长出四肢，尾巴脱离，换上一身绿色的新皮。它叫起来"咕咕咕咕咕"，在水上陆上随心所欲，保护庄稼，专吃害虫，保五谷丰收……这样生动有趣的讲解，将青蛙的神奇变化描绘得栩栩如生，也唱出了它对社会的贡献。今天看来，这首儿歌本身就很有教育意义，人们能够从歌词里面学到东西，有科学思想，有生物学知识，它对喜欢动态事物的小孩有很大的启发②。后来工作了，刘建康专门买了关于青蛙的书，还参加了青少

① 刘建康访谈，2013 年 1 月 15 日，武汉。资料存于采集工程数据库。

② 刘建康访谈，2013 年 1 月 15 日，武汉。资料存于采集工程数据库。

年保护青蛙的活动。

“拆料匠”的快乐

1928 年 7 月，刘家骧从毓贤小学毕业了。9 月，他随全家离开上海迁往苏州，入读苏州中学初中部，1931 年 5 月因患伤寒症辍学。

在上海读小学的时候，虽然学校很少安排课外活动，但他回到家里便会迷上各种玩具。女孩子都喜欢洋娃娃，但是男孩子就喜欢一些会动的小玩意儿，譬如小马、小牛等。尤其是当时特别流行的上了发条便能蹦蹦跳跳的青蛙。他为什么能跳起来呢？小家骧歪着脑袋琢磨半天，总想知道它的内部结构，于是拿来螺丝刀将它拆开，最后又还原装配好，上好发条，青蛙又开始向前跳，小家骧也高兴得跳了起来。他喜欢玩具，特别是父亲刚买回来的新玩具，他对其中的内部结构很是好奇，因此往往新玩具不过两天便被拆得七零八落。有时拆了不能还原，便也只好丢掉。因为他见着玩具就爱拆，家人还送他一个外号，叫做“拆料匠”①。

拆料匠就拆料匠，家骧拆的对象越来越复杂了。到了初中，开始迷上拆无线电收音机。他花了很多时间去捣鼓磁铁啊，线圈啊，终于有一天，家骧自己装的小盒子也能出声了，这让他兴奋了好一阵子。在生病辍学的那段时间里，家骧又花了很多的时间去摸索无线电的原理和结构，之后还自己组装了矿石机、单管收音机和二管、三管收音机。生病在家已经落下了很多的课程，这种自己动手摸索的经历更让他想快点儿回到学校，他想学到更多的知识和技术，可以动手做更多先进的“洋玩意儿”。

---

① 刘建康访谈，2013 年 3 月 8 日，武汉。资料存于采集工程数据库。

爱看英语老师“发神经”

初中阶段，刘建康不太喜欢数学，总觉得数学比较死板，也不大喜欢物理，他依旧喜欢会动的东西。他对生物课比较感兴趣，因为可以看到各式各样的标本，还可以亲自参与采集标本。但最吸引他的是英语课。一位叫沈同侠的老师有着独特的教学方法，这使他的英语语法掌握得较好。比如说学生写文章的时候，有些人第三位现在式后忘加 s。中国学生刚开始不容易懂其中的规律，所以这位老师为了加深学生的记忆，他把英语语法的主要内容、学生老是犯的错误编成一首歌，还在讲台上夸张的表演，看起来样子非常滑稽。直到后来读高中，进入教会学堂，才知道正是这位老师的教学，给他的英语学习打下了较好的基础。

刘建康在晚年的回忆中多次讲到这位老师：

> 我初中时候的英文老师叫沈同侠，这个老师上课想方设法地让学生产生兴趣，对知识加深印象。比如说，中国的学生，不太习惯在第三人称的动词后面加“s”，所以这位老师苦心孤诣，苦口婆心，以唱的形式，编一些顺口溜出来，引起学生的兴趣，但是学生那时候不能理解，就说这个老师喜欢发神经，上课主要是在看他的表演了。所以那时候的老师，都把教学当成一件事情在做，他觉得一定要把学生教好。所以，他那时候就哭着讲，“我岂好发神经哉，吾不得已也”。[①] 现在回想起来，这位老师真的是“苦口婆心”啊！

刘建康履历中的初中阶段填写的是“肄业”[②]。那时候他可是出了名的

① 刘建康访谈，2013 年 1 月 17 日，武汉。资料存于采集工程数据库。
② 刘建康访谈，2013 年 3 月 8 日，武汉。资料存于采集工程数据库。

皮孩子，淘气、好动，但也十分聪明。因为他的调皮，上课总爱打岔，老师都拿他没办法。有时候惹得老师气急败坏只能把他锁在办公室，许久不让出来。可是他往往会想办法从窗户跳到院子然后跑掉。有一次，他上课调皮又惹怒了老师，老师将他送到训导主任的办公室，训导主任对他严加斥责，并让他“好好思过”！末了便加上门锁离开了。办公室里黑漆漆的只有他一个人，对面的教室里传出阵阵读书声。他用尽力气，大门也掰不开一丝缝隙，于是就搬来凳子，从窗户翻了出去，在院子里瞎转悠，引来同学们一阵哄笑。这件事让训导主任和老师特别生气，甚至想找个理由将这个顽皮的学生开除。

初三的上学期，家骧得了伤寒，病得很是严重。医生开的处方说受了伤寒便不能乱动，父亲就给学校写信请假，并将处方一并寄到学校去，证明这个学生是因为伤寒才没有来上课。可一直没有得到回复，后来家里收到校长汪莫柱的来信，明确地告知：“这个孩子无故缺课太久，下学期勿用来学校了。”父亲到学校一问，说没有收到前面寄的东西，还向他特别介绍了家骧在学校的一次次调皮“记录”，父亲无言以对。就这样，小家骧被学校给开除了(其实学校收到了不愿承认罢了，刚好找个借口将这个令老师们头疼的学生开除)。

“你被开除了！你没有书读了！”听到父亲严厉的训斥，小家骧知道自己的顽皮闯了大祸。本来初中毕业后才能考高中的，这下可怎么办呢？看着床上生病的宝贝儿子，父母心中又气又急。小家骧也感觉到了这种氛围的紧张，变得“老实”了许多。过了一段时间，家骧的病慢慢好了，又开始了他的“拆料匠”生活。家里开始商量他继续读书的问题，并让他开始系统地复习初中的功课。因为没有初中毕业文凭，只能以同等学力报考高中，为此还特意将名字改成“刘建康”。

当年报考的是东吴大学苏州附中高中部。结果呢，分数差了一点。对于这种差点分的考生，东吴有个做法，就是收取高额的学费，可以降低门槛录取，放你进来。通过不断的筛选，刘建康最终进入了东吴大学苏州附中高中补习班。那个班，入学时有 50 多人，真正到毕业时仅只有 8 人拿到文凭。

高中历史课点亮爱国心

1931 年 9 月，刘建康入读苏州中学高中部，于 1934 年 7 月毕业。

就读苏州中学高中补给班的时候，刘建康和蒋介石的儿子蒋纬国是同班而且同寝室。在苏州中学附中有个不成文的规定，寝室的同学一般事先约好，三人一间。结果，那一届有三个人没有约好，落了单，便由学校统一安排到一个寝室，这三个人，一个是刘建康，一个是蒋纬国（当时在学校用的名字叫蒋建镐），还有一个姓范的同学，是一个名医的儿子。当时同学们都知道班上来了“大领导”的儿子，而且也知道“蒋建镐”就是“蒋纬国”。蒋介石教育儿子还真有一套，蒋纬国学习只能算是中等，但过关没有问题。他在课外活动中很是积极，比如体操表演、打拳、划船、骑马、吹军号和游泳，样样都很在行，再加上他生活也很朴素，一点也不摆架子，所以同学们都认为这孩子家教还是不错的，大家关系都很融洽。

回忆起这位特殊的同学，刘建康说：

> 我们道不同，我是搞生物的，他是搞炮兵的，我们两个是待不了一起的。当时我们同学都到他家去玩，他家那时候在南园，离我们学校不是很远，但是我就不去，因为我知道他的身份，我将来不会走他的路。我从小就觉得外国人的办事效率高，所以我从小就立志长大以后要出国，去学习外国人的长处。①

整个高中阶段的课程更多了，但聪明的刘建康没有感到什么压力。刘建康上课听讲很认真，总能在课堂上搞懂老师讲的内容，一回家马上完成老师布置的家庭作业，基本不需要课余的时间来补习。但由于初中阶段的辍

① 刘建康访谈，2013 年 1 月 15 日，武汉。资料存于采集工程数据库。

学拉下不少课时，多少对高中的学习还是会有影响。数学课一方面兴趣不大，也有些地方接不上来，每次考试能得个及格分数他就觉得挺高兴了。物理课老师讲得也一般，不怎么吸引人。他喜欢动物，生物课学得很好。生物和化学是两个相关的学科，那时在东吴大学的大学部，只要主科是生物学，那么副科一定就是化学，很多实验都是带化学性质的。对于怀揣大学梦的刘建康来说，化学课自然不敢马虎。

图1-2 2001年，91岁高龄的张梦白教授在苏州大学校园内

但整个高中阶段，刘建康对历史课教师张梦白[①]先生印象最深。96岁的刘建康谈起这位从中学到大学都在教他的老师，仍然深情地说：

> 这位老师在他整个的课程教学中都贯穿着强烈的爱国主义思想，这对于我后来出国的影响也很深。因为我知道自己到外国去，只是去学外国人的本领，是为了救国的。政府给我花了这么多钱，把我送到国外读书，就是为了要我以后回国报效祖国的。当时这个想法很强烈。当时我在外国，到处都有人请，都希望我留在他们国家……但是当时我就说："不行！我的工作在中国！"[②]

高三的时候，世界史的课程由张梦白老师担任。那时候教室在一栋教学楼的底层，一下课同学们都会从窗户跳进跳出。张梦白虽然是老师，却长不了同学们多少岁，见到调皮的同学总是一脸微笑，大家都很亲近他，有的

① 张梦白(1910～2002)，江苏常州人。1930年，大学毕业获文学硕士学位后进入东吴附中任教历史课程。1948年夏，赴美国留学，入纽约哥伦比亚大学研究院历史系。后归国在东吴大学(即今苏州大学)任教。

② 刘建康访谈，2013年1月17日，武汉。资料存采集工程数据库。

甚至成为他球场上的朋友。张老师上课时总喜欢说口头禅“那么”，使得思想开小差的同学足以振奋精神，专心致志地听课。而他传达的正义感给同学们更是留下不可磨灭的印象。有一次，张老师在课堂上给同学们讲了一个外交官蔡公时①在济南被日本人割掉鼻子和耳朵的故事②。张老师告诉同学们，蔡公时曾留学日本，是专门负责山东问题交涉的外交官。1928 年 5 月 3 日这天，日本人因不满在山东的利益受损，不顾国际法，擅自包围蔡公时所在的山东交涉公署。蔡公时用日语谴责日军暴行，日军恼羞成怒，割掉他的鼻子和耳朵，并对公署内外交人员百般凌辱后全部杀害，这就是著名的“五三惨案”……老师的故事讲完，教室里传来轻声的抽泣。突然，不知是谁喊了一声“打倒小日本——”，一时间，“打倒小日本！”“还我山东！”“振兴中华！”……教室里顿时口号声震天。

“日本人实在是太猖狂了！”刘建康在心里想，“他们之所以逞强就是因为技术先进，武力强大”，他再一次暗自发誓，将来一定要科学救国，“师夷长技以制夷”。刘建康这样回忆起当年：

> “那个时候学科学呢，就是要学外国人的本领，使我们的国家富强起来。所以我从小就有这样的想法，要干实事，要做实在的事情，不能搞空的，那时觉得做生意做买卖的都是搞空的，而我们要做的是靠科学来救国。那时候就有‘空谈误国，要干实事’这种说法了……所以我经常写给年轻人的赠言中都有‘脚踏实地做实事’一词。那时候的科学选题，不像现在这样，国家给一个大的选题，然后很多人来投标，你做哪个，我做哪个。那个时候就是自己想题目，你觉得要救国，应该做什么工作，就想什么题目，报上去，上面同意了给钱了你就做。③”

---

① 蔡公时(1881～1928)，别号虎痴、公痴、痴公。江西九江人。幼习经史，曾赴日本留学，并加入中国同盟会。1928 年 5 月 1 日进驻济南，任国民政府外交部山东交涉员。李烈钧的题词称赞他为“外交史上第一人”，冯玉祥为他题词“誓雪国耻”。

② 刘建康访谈，2013 年 1 月 15 日，武汉。资料存于采集工程数据库。

③ 刘建康访谈，2013 年 1 月 17 日，武汉。资料存于采集工程数据库。

刘建康不知道，他十分尊敬的这位张梦白老师于 1948 年夏通过考试赴美国留学深造，在纽约哥伦比亚大学研究院历史系。一年后，获文学硕士学位。同年张梦白费尽周折返抵祖国，进入东吴大学任教。而这个时候，刘建康也正在美国。直到 1989 年 4、5 月间，因东吴大学武汉校友会成立才使得两人通过书信联系上。5 月 15 日，刘建康致信张梦白请他来汉商议指导校友会成立事宜。6 月 4 日两人见面，此时的刘建康已年过七旬，而张老师则已高寿八十。师生阔别五十载，不禁感慨万千。临别了，刘建康对老师返回苏州的行程精心安排，还特别叮嘱一路安全。其间刘建康密切关注苏沪一带交通信息，当从电台里得知京沪列车在上海出事，他十分担心年迈的恩师行程安全，随即拍发电报告知对方中转接站的校友，后又担心地址不详再发电报。从 1989 年 6 月 10 日张梦白给刘建康的来信之仔细，可一窥刘建康对恩师的关切之情：

"我五日清晨从华中师大出发，顺利通过大桥后上船，六日下午一时半即抵南京。何汝鑫兄及另一位校友来接，是日宁埠公交车不通，雇三轮到新站，赶上火车，当晚八时许平安抵苏。该列火车从苏州开出后，未及抵沪即中途受阻，因早一班京沪车在上海出事。所幸兄连拍电报，故何兄为我预购车票，及时赶回苏州。如果当日不走，掩迟半日，则很可能至今还滞阻在南京。因沪宁车中断，目前尚未完全正常。两个电报同时收到，如果不发第二个，很可能会因地址不详而退回发报人。我有可能没法当天离宁……①"

之后，刘建康给恩师寄去在汉的照片，张梦白又及时地回信。刘建康信首总是恭敬地写上"梦白吾师"结尾再署以"生刘建康敬上"，而张梦白则亲切地称他为"建康兄"信尾署"梦白手启"。

高中的生活紧张而有趣，印象最深的要数骑车到吴江。吴江是他的老

---

①《张梦白为告知从武汉返回苏州行程致刘建康信》(1989 年 6 月 10 日)，资料存于采集工程数据库。手稿。

家，读高中以前只是偶尔去过，并不太熟悉。虽然出生才三天就随母亲到了上海，但每次到这儿，心里总会泛起一种少有的亲切感。这是真正的鱼米之乡啊，田野上到处是水波荡漾，荷香四溢。至今他仍记得，那个时候，街市上总是茶坊细语，弹词轻唱：

> “爱梅种竹近深闺，淡淡相交竹与梅。梅爱竹，竹贪梅，相亲相爱竹与梅……①”

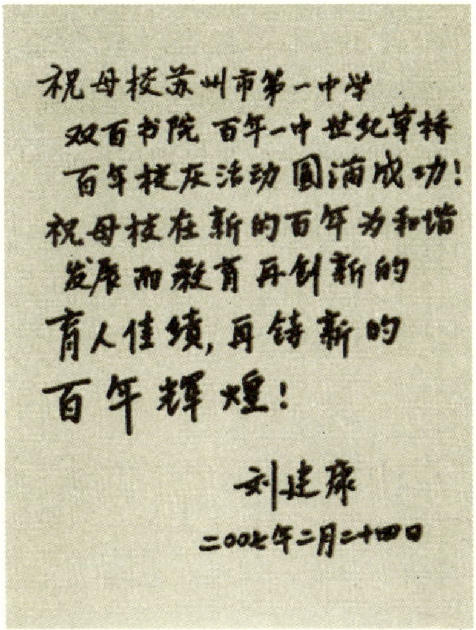
祝母校苏州市第一中学
双百书院 百年一中 世纪草桥
百年校庆活动圆满成功！
祝母校在新的百年为和谐
发展和教育再创新的
育人佳绩，再铸新的
百年辉煌！
刘建康
二00七年二月二十四日

图 1－3　2007 年刘建康为母校苏州一中的手书祝辞

那个时候，每隔一段时间，刘建康便骑上自行车到出生地吴江老家去。苏州离吴江 18 千米，骑车很快就能到。那里住着他的继祖母，她非常疼爱这个没有血缘关系的孙子。每当看到刘建康骑着车回到航前街，她都会立马迎上前嘘寒问暖，生怕错过了点什么。然后如同过节一般，做一桌好吃的招待他。后来，继祖母还干脆给他买了一辆自行车，方便他从苏州到吴江来。这在上海几乎是不可能的，那儿车水马龙，街上熙熙攘攘，父母亲总担心他骑车会出问题，所以一直不敢给他买车。

继祖母待他特别好，除了隔代亲的缘故，还因为刘建康的毛笔字写得不错，可以帮她抄写香牌（就是给死人烧的香纸，外面需要包一个封面，封面上会写上给谁的、多少之类的迷信用语）。迷信归迷信，刘建康的毛笔字却因此练得愈发有长进了。

① 刘建康手书苏州弹词开篇《梅竹》。手稿。实物存老科学家学术成长资料馆藏基地。晚年刘建康喜听苏州弹词。

第二章
大学时代

因为战乱的缘故，刘建康的大学时代被分成苏州时期和成都北碚时期。其间有战火纷飞中长途逃难，还有家庭变故引起的泪洒昆明和东奔上海。

考上东吴大学生物系

高中毕业后，刘建康于 1934 年 9 月考入东吴大学。

图 2－1　20 世纪三四十年代的东吴大学校园

东吴大学是20世纪初中国第一所私立大学,1905年开始招收12名大学生,1907年首次授予毕业生学士学位。1840年鸦片战争以后,中国不断遭受西方列强的侵略,国内有志之士对腐败的清政府失去了信心,呼吁社会改革,希望学习西方之长。同时,西方国家在中国开办的企事业日渐增多,急需兼懂中西方文化的各方面人才。在这样的背景下,美国基督教会来到中国兴办教育。苏州的博习书院、宫巷书院和上海的中西书院都由美国基督教会兴办,这三所书院成为东吴大学的前身。1901年,东吴大学在苏州天赐庄开办。1929年,根据当时关于教会办学的基本政策,国民政府教育部正式批准了东吴大学在国民政府教育部注册立案。当时学校西学课程大体仿效美国大学,国学则自作安排,分设有文、理、法三个学院和附中数所。

刘建康回忆起在东吴大学的经历,十分庆幸。这时的东吴大学东临葑门内城河,与古城墙隔河相望,校内树木葱茏,绿荫红瓦相映,环境十分优美清新。其间点缀着风格各异的堂舍,典雅美丽的校园,浓郁的书卷气令人流连忘返。刘建康尤其对东吴大学的办学理念和教学风格颇为自豪,当时学校以“Unto a Full-grown Man”为校训,强调学生人格的陶冶,讲求实证和效率的思想使刘建康在高中阶段即十分向往。这儿的学习重视理科实验,重视英语教学,教学质量在全国可说是名列前茅。同时外语直接由洋人教学,加上他曾多年在租界居住的环境影响,使他的英语受到了较好的训练,至今仍能熟练地听说读写。当有人问起他,据说东吴大学生物系就出了八位院士时,刘建康颇为自豪地说:

“这八位院士都出自东吴大学(包括当时初中部和高中部),后来在不同的时间,不同的专业领域和不同的单位里被评上了院士。比如跟我最近的一个院士陆宝麟,是跟我一起去成都的,他是学昆虫的,后来去世了。东吴大学校风端正,鼓励学生不要急功近利,所以东吴大学的教育是过硬的。另外还有一个重要的方面,就是英文。因为英文的科学文献特别多，所以，要了解学术前沿，英文很重要。东吴大学重视英文，重视跟国外的学术交流，为学科突破提供了有利条件……东吴大学为什么学风特别好呢？就是学校的老师都很投入，一心一意地要想把学生教好，这点我很受感动。因为你有什么问题，他即使当时不能回答你的问题，也会记得这个问题，下一次会告诉你是怎么样一回事。所以学生就觉得他很真，很真性。你提出的问题，他当时不能回答你的，过了一个星期，下一次他兴许就回答你了，就当一件事情做。所以我觉得这里的老师们都很投入，对待学生都是一心一意的[①]。”

刘建康当时就在东吴大学理学院生物系学习。

随刘承钊参加淡水生物展

在刘建康的记忆中，生物系的老师徐荫祺[②]、刘承钊[③]、陆近仁[④]等老师既授课又做科研，教书育人，使他深受教益。刘建康回忆起这些老师时满怀深情地说：

“这些老师讲课深谙其道，都很真心，他们知道的都会告诉你，很有耐心。我经常问他们问题，他们都会很耐心地解答。特别是实验课，当

① 刘建康访谈，2013 年 3 月 8 日。武汉。资料存于采集工程数据库。

② 徐荫祺(1905～1986)，江苏苏州人。1926 年毕业于东吴大学生物系，1932 年年获美国康乃尔大学研究院昆虫学系哲学博士学位。历任东吴大学教授。

③ 刘承钊(1900 年 9 月 25 日～1976 年 4 月 9 日)，原名承诏，字令擎，动物学家，教育家。我国两栖爬行动物学的主要奠基人之一。1955 年选聘为中国科学院院士。

④ 陆近仁(1904～1966)，江苏省常熟市人，中国第一位研究鳞翅目昆虫幼虫分类学的教授。昆虫学家、昆虫形态学家、昆虫教育家，中国昆虫形态学的创始人之一。

我迷惑的时候，就找老师来指点，这些老师都很耐心，都把上课很当一回事。所以他们上课的内容，我们都记下来了，做了笔记的，以后查看的时候就很有用处。当你再去问他们的时候，他们就会很详细耐心地跟你解释。所以我认为他们很真，他们的态度让我很感动①。”

特别需要提到的是刘承钊老师，他对刘建康的培养倾注了很多心血，对刘建康后来的事业发展产生了重要的影响。

1935 年，刘建康已是大学二年级的学生了。生物系决定去上海举办一个纯属科普性的淡水生物展览会，这次活动由刘承钊教授负责，系里还指派两名品学兼优的学生随同前往协助。刘建康荣幸地被选中，参加了这次筹备展览。也正是这次经历让刘建康了解到刘承钊让人羡慕的学术经历，并且成为刘建康选定学术方向的重要机遇。

图 2-2　刘承钊教授

在前往上海的路上，两个同学向刘承钊问起他的求学生活。刘承钊讲了自己的情况：1927 年，他毕业于燕京大学生物学系，获学士学位。1929 年又获理学硕士学位。1932 年，刘承钊远赴美国，师从康奈尔大学 Albert. H. 芮特(Wright)教授，主攻两栖爬行动物学，曾利用假期到芝加哥等地博物馆查看标本。刘承钊为了在获得两年资助的短时间内完成研究生课程及学位论文，学习非常勤奋刻苦，成绩也很优秀，颇受导师芮特的赏识。芮特对他的评语是“特别能干的学生”，“他是我所遇到最有才华的学生之一”，并在评语单上的最高档次“excellent”之前用笔加上“very”一词。1934 年春，刘承钊获得美国康奈尔大学哲学博士学位。他的毕业论文题目是《中国无尾两栖类的第二性征(Secondary Sex Characters of Chinese Salientia)》，被刊印入

① 刘建康访谈，2013 年 3 月 8 日，武汉。资料存于采集工程数据库。

该校学位论文集，荣获科学和教育两项金钥匙奖励，被选为 Sigma-Xi 自然科学荣誉学会会员。毕业后，刘承钊到华盛顿等地参观考察，然后取道欧洲，去英、法、德、意、奥地利等国博物馆查看收藏于该处的中国标本，尤其是一些模式标本。1934 年 9 月 4 日，刘承钊回到阔别两年多的祖国，从上海转苏州东吴大学执教，并继续从事两栖爬行动物研究。

听了刘承钊老师的介绍，刘建康更加佩服眼前这位年轻帅气的老师了，他希望这次上海之行好好向刘老师学习些真本事。只是刘建康并不打算将来从事两栖爬行动物研究，他想学经济价值较大的动物门类。

到了上海，淡水生物展可谓盛况空前，前来参观的人络绎不绝，各种咨询也让工作人员应接不暇。淡水动物里面包括鱼、虾、蟹、螺蛳、蚌壳等等，但人们似乎对鱼最感兴趣。“这是一种什么鱼啊？鱼都吃些什么啊？四大家鱼的生活习性是什么啊？……”观展的大人带着小孩在各类鱼标本前仔细观察，怀着极大的兴趣问这问那，刘建康跟在一边，希望能对人们的提问有所帮助。可一直是课堂发言佼佼者的他，面对人们关于鱼的追问却知之甚少，很难堪，只能干着急。

展览结束后，刘建康向刘承钊老师反映展览过程中遇到的问题，并向他说明观众来问的问题大部分都是关于鱼的。刘承钊老师说，系里目前也没有研究鱼的教授。这么受人关注的水生动物怎么就没有人专门进行研究呢？就在这个时候，一种信念在刘建康心里开始扎根：以后我要专门研究鱼，我要研究与人类生活关系更密切的淡水生物！

回苏州的路上，刘建康想对刘老师说他心中的这个想法，可他又有顾虑，他担心没有选择研究两栖动物刘老师会不高兴。刘老师看出了他的心思，鼓励他有什么大胆说出来。那个时候要做这样的选择是需要有点勇气的。因为大学毕业并不好找工作，往往毕业就意味着失业，所以很多家长都希望孩子能够留校。如果跟一个老师做助理，继承他的专业，将来就有可能做他的助教。刘老师自己的专业是研究两栖爬行类动物，也希望刘建康能留下来帮他，可是刘建康此时却明确地表态：“我想研究鱼。”没想到当听到刘建康志在做鱼类研究的想法时，刘老师不但没有生气，而是高兴地点点头，颇为欣赏弟子的坦率和主见。

于是，刘建康载着满满的收获和对理想的向往回到了东吴大学。从此，他暗中开始留意鱼类方面的书籍和文献。说起大学生活，刘建康认为当时有一种做法特别有效，这就是东吴大学生物学系每次授课前的“5分钟测试制度”：

“这个制度逼得学生在上课之前把老师指定要预先自学的课文过一遍，每次上课，老师先用5分钟进行测试，你已自学过的，很容易答题；你没看过的，猜都猜不了①。”

初识导师伍献文

大三的一天，刘建康在教学楼看到一则通知，是关于南京国立中央大学教授伍献文②来东吴大学讲学的预告，海报上预告的题目是《泥鳅的肠呼吸功能及其组织学基础》，还称请来的专家是堪称鱼类学泰斗的知名教授，刘建康恨不得马上见到这位教授。

那是一个平常但又难忘的日子，刘建康早早地来到报告厅坐在靠前的位置，希望能一睹国立中央大学教授的风采。

报告厅里来了好多学生，伍教授在刘承钊老师陪同下最后走进来。报告开始之前，刘承钊老师向同学们介绍了伍献文教授的学术经历和成就。

---

① 刘建康访谈，2013年3月8日，武汉。资料存于采集工程数据库。

② 伍献文（1900年3月15日～1985年4月3日），字显闻，浙江温州瑞安人。著名动物学家，是中国鱼类学和线虫学的奠基人。1921年毕业于南京高等师范学校（后更名国立东南大学、中央大学、南京大学）农业专修科（今南京农业大学），在校时师从近代动物科学的创始人秉志。毕业后任教福建厦门集美学校。1955年当选为中国科学院院士，1983年当选为英国林奈学会外籍会员。历任中央研究院自然博物馆动物学部主任、中国科学院水生生物研究所所长、中国科学院武汉分院院长。是中国研究鱼类学和水生生物的奠基人之一。

图2－3 青年时期的刘建康

伍献文1917年考取了南京高等师范学校农业专修科，遇到我国近代动物学研究的创导人秉志①。1920年，秉志从美国回国，并在南京高师执教，其传授的动物学、达尔文生物进化理论、动物比较形态学等新知识，引起了伍献文的极大兴趣，从而下定决心，把从事动物学研究作为自己的努力方向。1921年，伍献文以优异成绩毕业，到厦门集美学校任教。厦门大学成立后，他到厦大动物学系担任助教。1925年在秉志的鼓励下，伍献文向厦大申请注册为动物学系学生，一边给秉志当助教，一边完成自己的学业。从厦大毕业后，他应聘到南京中央大学生物学系教动物学。虽然此时他已在线虫学等方面的研究上取得一定成就，但他对鱼类学研究兴趣更加浓厚。当时鱼类分类学这个研究领域，几乎完全被外国人垄断，中国人要深入研究，除了天涯海角地搜求外国资料外，还得到外国去核对模式标本。1929年，伍献文怀着研究鱼类学的夙愿，接受中华教育文化基金会的资助，到法国留学。在巴黎大学读书期间，曾在巴黎博物馆当客籍研究员。三年后，完成博士论文《中国比目鱼类的形态学、生物学和系统学的研究》，于1932年取得巴黎大学科学博士学位。据悉，其论文记载了中国比目鱼类5科33属65种，对比目鱼类器官系统的解剖和生物学作了详尽描述。

听完刘承钊老师的介绍，刘建康颇为伍献文教授的经历所心动，迫切希望从事鱼类研究。他心想，如果能师从眼前的这位先生，该有多好啊！

伍献文教授那天所讲的题目是“鱼类的气呼吸学”。这是什么意思呢？

① 秉志(1886年4月9日～1965年2月21日)，满族，河南开封人。动物学家，教育家。1908年毕业于京师大学堂。1918年获美国康奈尔大学哲学博士学位。1955年选聘为中国科学院院士。

报告开始前，刘建康对题目并不理解。待伍教授开讲之后，他才明白，原来先生的大意是讲能呼吸空气的鱼类。因为正常鱼类都是吸收水里溶解的氧气，可是有的鱼却能直接吸收空气里的氧气，那效率就很高了。那天的讲座中，伍献文还向同学们讲了不少关于鱼的科普知识。

图 2-4 伍献文教授

报告会结束时，同学们都在往外走，这时听到刘承钊老师说了声“刘建康同学你留下”。他问刘建康：“上海展览会时你说的想法有无变化?”刘建康回答说：“没有!”“那就陪伍献文先生一起吃个饭吧，一会儿你有什么问题，就当面请教伍老师[①]。”原来刘老师是希望借此机会向刘建康介绍这个鱼类学专家，刘建康心里顿时涌起一阵感动。刘承钊老师的夫人那时已过世了，所以刘建康经常和刘老师一起买菜做饭，也是在老师的宿舍里第一次与伍献文先生相识。

第一次这么近距离地接触一位知名教授，刘建康心里不免有些紧张，他毕恭毕敬地给伍先生倒茶后，再毕恭毕敬地坐下来。这时，刘承钊老师指着他向伍献文教授介绍说“伍先生，这可是我很优秀的弟子啊，他就是前不久我给您提过的那个一心想从事鱼类研究的学生，今天特地让他来陪您聊聊……”。还说了些什么刘建康已记不清了，只记得刘老师一个劲儿称赞他是个难得的好苗子，而且讲到上海展览时很多关于鱼的问题。听罢，伍先生感到十分欣喜，心想好啊，大都市里竟有这么多人对鱼感兴趣。眼前这个帅气的小伙子，竟选择了鱼类为研究方向。嘴上直说现在我们的国家正是需要从事鱼类研究的人才，欢迎你将来报考中央研究院动植物研究所的研究生。席间刘承钊老师还和伍先生谈起伍与同事深入广西、贵州、云南等边远山区，采集大量标本的事，据说发现了许多尚未曾被记载的物种。刘承钊老

① 刘建康访谈，2013 年 1 月 17 日，武汉。资料存于采集工程数据库。

师还向伍先生询问起往年的海洋考察事①等等。

伍献文先生当时是国内知名的研究鱼类学方面的专家。上海有一位姓朱的教授也很有名，但是他主要研究的是鱼的分类。而伍先生的研究不仅涉及鱼的分类，还涉及鱼的其他方面，特别是鱼的生理、生态方面，并且那时候就已经公开发表文章了。刘建康见伍先生如此谦和，也慢慢放松了紧张的心情，便开口问："伍教授，上次在上海办展览会，人家都问起关于鱼的问题，可是我们系里没有关于鱼类学的老师，请问我要学鱼的知识，需要看什么文献?"伍老师便建议了一个书目，特别向他推荐了诺尔曼的《鱼类的博物学》英文原著，说这本书可读性强，通读后可对鱼类学专业知识有较全面的了解，然后在此基础上开展创见性的研究。他要刘建康逐期阅览 Copeia 杂志上的鱼类学论文，以便了解鱼类学研究的国外动态，并且告诉他关于以前重要的鱼类学文献，可以从 Bashford Dean 编著的英文书《A Bibliography of Fishes》(鱼的文献)一套三本，让他去找来看，里面有鱼的分类、生长、年龄、结构等。又另外说了七八篇文章，在这些资料里面，可以翻到更多的信息，像鱼的生理、分类、生态、呼吸系统、疾病之类，都可以找到。伍老师讲得非常仔细，书的出版社、出版年份、都有些什么主要内容……凡是知道的可以讲出来的伍老师都讲给刘建康听。这种对鱼类文献如数家珍的感觉也令刘建康大开眼界，而这种渊博，这种专注，这种对学问老老实实的态度，更使刘建康心里对伍先生充满了敬佩和崇拜。伍献文向他强调英文的重要性，说掌握了这项工具就像多了一只眼睛，学习别人，向别人介绍自己的工作，都得靠英文。他还进一步强调，学者介绍自己的工作主要靠论文，国外都是"以文会友"，别人会按论文的水平对你进行评价，所以要勤于将自己的科研成果写成论文发表。这些教导在后来的学习中刘建康都多次听到，可以说是终身受益。刘建康感慨这种拜师的经历："立雪程门话当年，教诲之恩铭

① 1935 年 6 月至 11 月，伍献文组织了我国第一次海洋科学综合考察，对渤海湾及山东半岛的海洋及海洋生物进行调查。与此同时，他继续研究鱼类学和蠕虫类学，并开展对河蟹、蝎类等方面的研究，发表《中国河蟹志略》等论文，这些都是国内学者研究该类动物的领先之作。

心间。[①]”

在晚年有人谈到关于对伍献文先生的评价时，刘建康多以武汉大学7位教授联名给伍先生所写的挽联来说明：“责己严、待人宽、著述等身，道德文章传后起；从学精、治学博、鱼龙得水，湖山风雨忆先生。”[②]问起伍献文对他的最大影响是什么的时候，刘建康则不假思索地回答：“启蒙，一种对学问老老实实的态度。[③]”

刘建康和刘老师一起送走了伍献文先生。望着伍先生渐渐模糊的背影，刘建康心中的人生目标变得更加清晰了。他在心里下定决心：将来我也要成为伍先生这样的鱼类学家！

战时逃难并借读华西协合大学

1937年，抗日战争爆发。用刘建康的话说，就是“读大学三年级的时候，日本鬼子打进来了”。他开始带着母亲和姐妹，随着东吴大学的师生一起开始了逃难的生活。

8月13日，日军进攻上海，东吴大学被迫于10月15日迁往浙江省湖州(吴兴县)。战火一天天迫近，同学们最害怕最烦的是敌人的轰炸，一有空袭警报就得躲进防空洞。学校完全无法进行正常的教学，只好于11月14日关闭。次日，刘承钊带领部分生物系学生及职工共18人于深夜离开湖州西行，尝尽艰辛，逃到了湘西，那时候只要有向西开的军车，跟军官一说，就可以上去搭顺风车，一家老小都可以不用买票。只要是向西走，车子开到哪里，大伙就到哪里。中途停下来休息，大家就下来活动活动。停下时就住教堂，都是基督教的教堂。就这样，走一阵停一阵，后来到了湖南湘潭，车队的给养

① 贾宝琦：《当代科学家诗文选》。北京：电子工业出版社，2002年，第89页。
② 贾宝琦：《当代科学家诗文选》。北京：电子工业出版社，2002年，第91页。
③ 刘建康访谈，2013年3月8日，武汉。资料存于采集工程数据库。

不够，没有办法继续向前开了，刘建康和家人只好下车。身上没有钱了，怎么办呢？那时跟他一起逃难还有他姐姐的夫家，他们是浙江湖州人，大家一合计，便在湘潭开了个小吃馆，还起了个名字叫“维生苏（苏州）湖（湖州）食品社”，没有想到，生意竟好得很，当时内地还没有打仗，苏州湖州的小吃又很有名，大家都喜欢吃馄饨、汤包之类的。刘建康不会做，就专门充当送吃品的伙计，还因此收到不少小费。后来大家觉得路费差不多了，便向西继续前行，于 1937 年底到达四川成都。① 1938 年，从苏州东吴大学来的这部分师生被并入华西协合大学（也是教会办的学校），刘承钊受聘为该校生物系教授。

刘建康就在这里读完了大四直到 1938 年秋毕业。他大学的毕业论文题目是《鲤鱼的骨骼系统》②，实实在在地让自己和鱼类研究打上了交道。

在大学期间刘建康一直被评为优等生，并获得国内和美国教会大学校际“BBB”（Tri-Beta）荣誉毕业生金质奖章。

刘建康深以他所读的东吴大学为荣，晚年谈起来显得十分自信：

> 我觉得不一定要上最好的大学，但是一定要读大学里面最好的专业。东吴大学有两个强项。一个是在上海的法学院，很有名的，后来日本战犯判罪的时候，都是我们法学院毕业的同学去当国际法的律师，通过审判，将战犯处死。另外一个就是在苏州的理学院生物系，也很强。其次就是化学。东吴大学的生物系很强的原因，一个是它的老师都是外国的教授，另外一个原因就是生物系有一个生物材料处，向国外卖中国的标本。外国人有时点名要东吴大学的生物标本，所以其生物系也是声名远扬，成了中美沟通的桥梁。美国要从中国买什么标本，就通过东吴大学来买。所以，那个时候中美之间的文化沟通，东吴大学是有贡献的。当时东吴大学的生物系，可以说比国内任何一所学校都强，甚至包括清华大学。那个时候上课，无论是外国老师，还是中国老师，讲课

① 刘建康访谈，2013 年 3 月 8 日，武汉。资料存于采集工程数据库。

② 《刘建康之情况介绍》（中国科学院上海处 1955 年 3 月整理），干部档案，藏中科院水生所档案室。

时都是用英语讲，学生提问也都是用英语提的。所以，对于专业英语，我们可以说是“滚瓜烂熟”。①

至今，刘建康的书架上还藏着《东吴大学校歌》，而当念起时仍那样的充满深情：

> 天开图画，地秀山河，佳胜蔚东吴；人杰地灵，云兴霞起，黉序创宏图；中西文艺，并蓄兼输，国运待昭苏；古今完人，天地正气，更勉以同符。资筹中美，经始规模，堂厦峙姑苏；道契大同，教无畛域，一体冶江炉；致知格物，学应时需，中外早驰誉；古今完人，天地正气，更勉以同符。茫茫禹域，整顿匡扶，责任在吾徒；法治兴邦，培材沪上，几辈已前驱；经纶政法，理国嘉谟，群治最相须；古今完人，天地正气，更勉以同符。春风感被，化雨沾濡，永念系东吴；天涯一室，气求声应，同乐共艰虞；辅国维才，广才维学，众望注东吴；古今完人，天地正气，更勉以同符。

当刘建康随学校师生南下西迁时，父亲刘振奇还在上海工作。因为逃难的时候太急，大家都来不及商量。后来，父亲知道刘建康已带着家人走了，便跟着南下，同时也想向西走到云南投靠建康的叔父刘振清。结果两路分开了，很长一段时间都没有联系上。

1938 年 6 月，有高血压病的父亲刘振奇思念着自己的亲人在昆明去世。因为战乱再加毕业在即，刘建康没能及时到昆明奔父丧。等到终于毕业，1939 年 1 月，刘建康才急急地赶赴昆明，并在昆明与上海间往返，料理先父在上海麦加利银行遗留的存款事项。

---

① 刘建康访谈，2013 年 1 月 17 日，武汉。资料存采集工程数据库。

第三章
北碚时期

拜师伍献文

大学毕业时，正好中央研究院动植物研究所从南京迁到了北碚①，当时所长是动物学家王家楫②，伍献文教授也随迁到了这里。因为不久前在苏州的约定，刘承钊正式推荐刘建康做伍献文研究员的研究生。这时伍先生的研究工作境况也很困难③，对战时还能有心从事鱼类研究的青年求之不得，

① 中央研究院动物研究所的前身，是1930年1月建立于南京的中央研究院自然历史博物馆。1934年7月，该馆改名为动植物研究所，由王家楫任所长。抗日战争爆发后，王家楫率领研究所人员撤离南京西迁，先至湖南衡山，继至广西阳朔，最后落脚于四川的北碚。1944年5月，动植物研究所分建为动物和植物两个研究所，王家楫任动物研究所所长。

② 王家楫(1898年5月5日～1976年12月19日)，江苏奉贤人，动物学家。1920年毕业于南京高等师范学校，1924年获国立东南大学农学学士。1928年获美国宾夕法尼亚大学哲学博士学位。1955年选聘为中国科学院院士。

③ 抗战爆发后，动植物研究所奉命迁往湖南的长沙和衡山。伍献文和同事为了保存多年积累的珍贵标本，将重要的标本藏于研究所夹墙内，以图在抗战胜利后取出使用。而战火的无情使所有的标本散失殆尽，伍献文为此抱憾终身。此后，战争又把他们赶到广西阳朔。1939年，研究所被迫迁到重庆北碚，工作的重点逐步转移到实验室内。

更何况前不久的苏州之行他对刘建康留下了很好的印象，便欣然答应了。从此，刘建康正式步入了鱼类研究的领域。从这时起直到1945年出国读博，刘建康一直和导师伍献文在一起。

至今刘建康还清楚地记得那些艰难的日子。当时的北碚，山坡上4间平房就是研究所办公室兼实验室，两间以竹片糊上泥巴作墙的低矮小屋，就是导师伍献文和昆虫学家陈世骧的宿舍。国统区政治腐败，经济崩溃，物价一日数涨，导师一家只能靠粗糙发霉的“平价米”勉强糊口。最困难的时候，孩子们连咸菜也没得吃，上学只好带些盐巴当菜。烟囱被炸弹震塌，茅屋为秋风所破，导师便和孩子们爬上房顶去修理。最困难的时候，导师只能卖掉师母仅有的几件首饰还有跟随他多年的一套象牙筷子，甚至卖掉刚刚穿上身的毛衣以支撑家庭的开支。伍献文回国后曾立志将祖国的鱼类资源调查清楚并做好记录。动植物研究所在迁徙途中，曾在广西阳朔短暂停留。这期间伍献文还完成了《漓江的鱼类》一文，描述了发现于漓江的11个鱼类新种。可烽烟四起的战火中断了他调查鱼类资源的计划，但那些宝贵的鱼类标本和图书资料，导师却始终完好无损地珍藏着，这种对学术的执著让刘建康心生敬仰。战时的北碚，缺医少药。伍献文经常应同事和邻里的约请带上他自己常备的急救箱义务“出诊”，多次使病人转危为安，被同事们誉为“儒医”。导师这种善良和助人为乐的言行，使他在刘建康的心目中变得更加高大。而伍献文在学术同行中的低调和融洽，更是影响到后来他的学者交往之道。人们常说“同行是冤家”“文人相轻”，但这些在伍献文身上从来看不到。那时已有好几位本国的鱼类学家，像朱元鼎、方炳文、费鸿年、薛芬、林书颜、陈椿寿等。刘建康从来没有听到伍献文讲过一句贬低这些同行的话，反而总是能看到别人的优势和长处。正因为如此，有

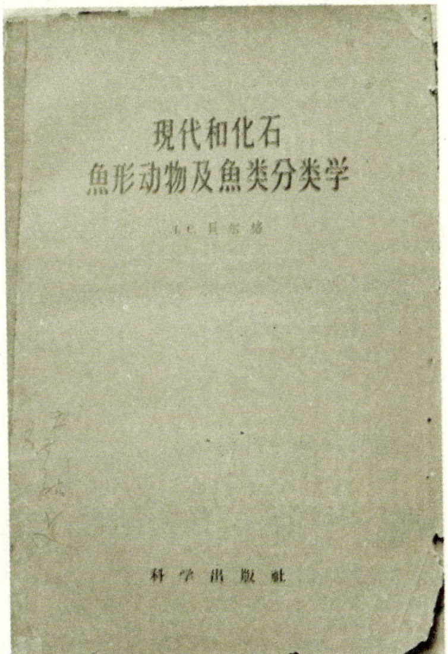

图3-1　伍献文签送给刘建康的专业书

同行抵川，总是会造访他。并且由于伍献文的兴趣不局限于动物学，所以他的稔友中不乏知名的植物学家、化学家、数学家、地质学家、气象学家、天文学家和人类学家。这种开阔的学术视野给刘建康以耳濡目染，为他后来从鱼类学向淡水生态学的不断拓展给以方法论上的启发。

在李约瑟先生的笔下，我们可以读到当时在川的科学界面貌：

他们所处的环境如何困难，实不易描写……都住在东倒西歪的不易清洁的古老式房屋中。他们的待遇只增加7倍，而云南生活程度已增加107倍……常常有人名闻欧美而尚不得一温饱。我们之中有多少人愿意过这种放逐的生活，而不愿在侵略者统治之下，过一种较为舒适的生活！

……

此研究所（即中央研究院动植物研究所）高踞嘉陵江上（西岸），环境清幽，其中工作人员身形紧张。参观之人，欣美之余，深觉其具有世界上最优良的实验室之研究空气①。

就是在这样的环境和条件下，刘建康在导师的带领下，沉浸于鱼的研究，做出了一系列的研究成果。从1940年到1947年，刘建康或与导师伍献文合作，或独立研究，连续发表多篇有关黄鳝和其他几种鱼类的气呼吸机理的研究报告，这是一批被印在当时内地土制毛边纸上的科学文献。这一时期，成为刘建康晚年认为自己最具创新成果的时期。

在北碚，刘建康也开始了他与伍韵梅的恋爱。刘建康的二妹刘家勤与伍韵梅是国立药学专科学校的同班同学，作为伍献文的研究生，刘建康每个周末都要带着几个问题去请教导师。每次伍先生都让女儿伍韵梅出来招呼，端茶递水，热情地让座。那时屋子里，庭院里，甚至杂物间里，到处都是

---

① 李约瑟：《战时中国之科学》（徐贤恭、刘建康译）。上海：中华书局，1947年。

水缸、水池，水中养着用于研究的多种鱼类。忙的时候，伍韵梅便会参与帮忙。长此以往，两人便萌发了好感。

在伍韵梅眼里，爸爸收下的这个弟子文质彬彬，浑身透着书卷气。爸爸的表情告诉女儿，他非常喜欢这个勤奋好学的助手。

曾在法国留学的伍献文对年轻人的感情很开明，表面上对两个年轻人之间悄悄发生的变化视而不见，其实他也希望女儿能够找到这么优秀的郎君。

尤为让伍献文先生欣赏的是，从东吴大学出来不到一年，刘建康就独立发表了论文——《中国鲤科鱼类出鳃动脉在"头圈"上的排列方式》[①]。头圈是由血管在头部组成的血管网，排列方式影响毛细血管的走向，在分类上比较有意义。当初刘建康看到一些相关的文章，主要是外文的，他便想通过解剖，试图在分类系统上有新的发现。

这篇论文是刘建康在导师带领下以自己为主完成的。老师给出题目，由他通过解剖实验得出结论。伍献文采集了许多标本，当时一路逃难，人多车少大家都忌讳带多的行李，这可为难了伍献文。他只好将家人的、自己私人的东西都丢下，以保全标本带在身边。刘建康获得允许，他可以利用其中多余的、没什么保存价值的标本用于解剖实验。虽然这篇文章是关于鱼的分类的，而且他本人对分类也不是特别感兴趣。但是通过解剖实验并参考相关外文文献得出的，是严肃的科研成果。

那个时候刘建康刚刚从大学毕业出来，虽然解剖学的理论课程在东吴大学的时候都修了，可真正应用到鱼的解剖还是第一次。全程都有导师指导，自己完成操作。在回忆伍先生教书风格时，刘建康说：

> 他很尊重学生自己的思想，这一点我觉得和现在的导师不同。现在的导师要研究生跟他做他的题目，老师的想法只有通过研究生来做，来证实、来充实他的内容。那个时候不同，那个时候伍献文老师一开始

① 刘建康：《中国鲤科鱼类出鳃动脉在"头圈"上的排列方式》。《中央研究院动植物研究所丛刊》第十卷，143－146页。

> 就问学生："你有什么想法?"，就是自由选题，他不干涉你，他不要求你跟我做课题……我的导师鼓励我们自由选题，你自己有想法，他认为可以，你就去做。[①]

当时伍献文教授看好刘建康还有一个原因，他的英语好，而且外语理解能力强。读大学的时候，专业课老师无论是中国老师还是美国老师，都必须用英语讲课，学生提问也必须用英语提问，这培养了刘建康的语言优势，他自己也爱好看一些外文书。当时是中国最困难的日子，外来的渠道都封了，什么东西都进不来。幸好在英国学者李约瑟的帮助下有几千本图书运到国内，专门供研究院使用。刘建康发现外文参考就像一块"宝地"，可以从外文的学习中获得一些新的观点，借用国外一些先进理念，也能读到相对前沿的学术信息，用以和所做的解剖实验研究结果相比照。当时中央研究院是国民党时期的最高学术机构，大家的学术论文即便是在国内发表，正文也是英文，加上中文摘要。

这次的研究过程，刘建康得益于伍献文教授的学术开明和鼓励学生创新的态度：

> 我(跟着)这个导师的好处是什么呢，他欢迎学生提自己的思想，"不要问老师，我应该做什么"，他教你一个方法，"头圈"，血管在头上的部分是怎么排列的，方法懂了之后(想想)头圈有没有什么用处，在研究、分类方面有没有什么用处，那是你自己的研究问题了。所以(跟着)伍献文老师的好处就是他提倡自由学术思想。
>
> ……
>
> 他对我写的东西是肯定的，因为我写的东西都是真实的，不是造假，而且往往有适当的方法来做这个题目，他尊重学生的想法。现在的导师一般都是自己有一个想法，然后他就要求学生跟他一起做这个题目，实际上都是老师的思想。伍献文老师那个时候做分类，他晓得我对

---

① 刘建康访谈，2013年1月17日，武汉。资料存于采集工程数据库。

分类并不是太喜欢……他尊重学生自己的学术思想。[①]

在晚年谈到这篇文章刚发表时的感觉：

"自己觉得满意的是把一个真实的东西公布在学术界了。

不管你这个东西有没有用处，我自己也不知道，可是我就是这样子去做了，用我们中国的材料，做出结果，很快就发表了。所以只要是真实的东西，自己做出来的，没有造假，很快就能发表。[②]"

深山激流中的探索

刘建康发表的第一篇文章，就受到老师的肯定，这大大激发了他的研究和创新热情，他的研究潜质也引起了领导的关注。

研究所专门请了对地形熟悉且具有野外工作经验的老工人帮忙，一方面是为他引路，另一方面保护他的安全。刘建康至今记得这个来自动植物研究所的刘相全。他为人淳朴实在，对山里的情况特别熟悉，关键时刻反应很机敏。四川的大山对一个从城里来的年轻人是相当危险的。

有一天，他和刘相全一起到野外调查时，一不小心踩上石头上的青苔，整个人摔到湍急的水流中，一下子冲出十来米，幸好刘相全及时冲过来将他拉上岸。但这一次也有额外的收获，他们发现了一个有趣的现象。四川的山多水急，在一条湍急的溪流中，很多鱼只能顺流被冲下来，而有一种鱼却稳如磐石，像粘在石头上一样。这就是"文胸鱼"，当地的老人叫它"下趴鱼"（就是趴在山头上的鱼），在水流湍急的地方都有发现这种鱼。

---

① 刘建康访谈，2013 年 7 月 4 日，武汉。资料存于采集工程数据库。

② 刘建康访谈，2013 年 7 月 4 日，武汉。资料存于采集工程数据库。

为什么文胸鱼能够不被水流冲走呢？原来它胸口有一个吸盘，这个盘子有这么神奇的力量么？是不是和通常所说的带吸盘的鱼一样呢？刘建康要弄清楚这些问题。于是他开始实地观察并采集样本。

当采集到足够的文胸鱼标本，刘建康兴奋地回到所里，立即投入了细致的切片解剖工作。原来，文胸鱼之所以能在激流中驻足，因为其身体下面吸盘的特殊条纹结构，这一发现，被全面系统地写进了他和导师共同署名发表的《文胸鱼吸着器的结构》一文中。文中分析了文胸鱼吸着器的结构和功用，认为此器由表皮真皮两部分构成。此器首先当为保护之用，次为增加阻力作用，因而不能与有吸盘的鱼类混为一谈。

这篇论文的主要内容和创新在其中文摘要中可见：

> "文胸鱼之胸部有一圆形区域，为多数直行及斜行之外皮皱褶所构成。前人均认此构造有黏着之功用。此鱼籍此以固着其身体于其他物，而其组织从未经人研究。
>
> 黏着器为表皮及真皮二部所组成，其表皮部则具自八至十层之细胞。底层细胞为长锥形，渐向外而变为多角形，是为生长层。唯最外一层之细胞最扁，其胞膜角质化，故可认为角质层。此层之细胞在皱褶区域各具一小刺，唯在两褶之间下陷区域内则无之。小刺长千分之十二至千分之十八公厘，为细胞之一部分，由角质形成一锥形之外壳，中实细胞质，其基部更存有退化之胞核及特别发达之核仁。此种情形与任何鱼类之角质化表皮曾经前人研究过者均不相同。
>
> 依其构造，此器当为保护之用。此处与外物相接触，既无甚多之黏腺细胞又角质甚剧故也。其次为增加阻力之用，当此鱼静止于外物之上时，易于固定，但不能与具有吸盘之鱼类相提并论。[①]"

关于文胸鱼研究的经历对刘建康在学术上一步步靠近生态学有着不同寻常的意义，也就是在这样的环境观察和鱼类的生理研究中他开始关注鱼

---

① 伍献文、刘建康：《文胸鱼吸着器的结构》。《中央研究院动植物研究所丛刊》第十卷，143 - 146 页。

的生态学，而不仅仅止于分类学上的意义。他在晚年谈及这篇文章时说：

> “光知道文胸鱼这个名称是不够的，要晓得中国的文胸鱼生活在哪种环境中——在激流里头，有什么特点呢——其他的鱼都待不住，它待得住。像这样子呢，就是从生态学实验的角度进行研究。”

在野外激流中对文胸鱼的考察，还使刘建康获得了意想不到的收获，这便是 1940 年，他发表了《淡水虾虎鱼类两新种》。

一次，刘建康正和老工人在野外激流中寻找鱼的踪迹，突然惊喜地发现虾虎鱼也可以不被水冲走，于是也采集了一些回来准备做实验。

虾虎鱼本不为大家所陌生，当时鱼类研究的学者都知道。可是通过阅读一些讨论虾虎鱼的英文文献和以往对其的描述，刘建康发现采集的样本中竟然有两种不同于以前所记录的情形，这让他感到兴奋不已。于是广泛地查找相关文献，刘建康发现国外并没有文献讨论和报道这两新种，唯有印度有位女科学家的研究，具有一些参考价值。尽管刘建康对鱼的分类兴趣并不大，但这毕竟是一个值得告诉学界同行的信息。

虾虎鱼标本是刘建康自己采集获得的，可“新”在什么地方需要发表文章说明理由。判断是否新种，主要是从身体结构，比如说咽喉齿（即生在咽喉里的牙齿），这是很重要的一个分类学指标。咽喉齿几排，几条，每一排几个，都有明确的数字，不同的种有不同的咽喉齿特征。刘建康通过解剖实验获得了直观而具体的证据。文章发表后，学界也没有人出来反对，用他自己的话说，就是没有造成“论争”，大概大家算是承认了他发现的这两个新种。

在北碚的这一段时光，虽然生活比较艰苦，但过得极充实而有成就感。1940 年 12 月他从中央研究院动植物研究所完成研究生的学习后，受聘为该所助理研究员。从 1941 年 1 月到 1945 年 12 月间，他和导师多次在中央研究院动植所丛刊上合作发表研究成果，加上此前读研究生阶段发表的论文，一共有十多篇。在他独立发表的好几篇论文中，有具有国际学术影响的《鳝鱼的始原雌雄同体现象》等。这一时期，也正是他自己认为最能出成果、最风华正茂的 23～30 岁。

以下是他在论文目录中自己亲手填写的有关这一时期的论文成果：

1940 年，口喉部表皮是鳝鱼的主要呼吸器官（与伍献文合作），中央研究院动植物所丛刊，1940，221－239 页。

1940 年，On the structrue of the "adhesive apparatus" of Glyptosternum（与伍献文合作），Sinensia，11：69－75 页。

1942 年，鳝鱼的生殖习性和幼虫变态（与伍献文合作），中研院动植所丛刊 13 卷，1－13 页。

1942 年，鳝鱼的幼期器官和它的呼吸功能（与伍献文合作），"科学记录"1 卷，250－255 页。

上述文章中，有多篇是与导师伍献文合署发表的。

这些成果，记录了师生共同经历的那艰苦而充实的六年。其间，刘建康从伍献文那儿学到大学期间没有学过的基本技术操作，以及统计实验、水族箱的饲养管理、查找文献、分析数据、撰写论文和清对校样等等，可伍献文从来没有要刘建康帮他做与业务无关的工作，更不要说他的家务杂事了。伍献文学术民主，实事求是，他们合作的文章，一般由伍献文写成初稿再征求刘建康的意见，而刘建康也能无所顾虑地在论证内容和文字上进行大胆地"挑刺"，很多意见都被老师接受。

这一时期刘建康协助伍献文教授进行了大量生物标本资料的整理工作，特别是关于中国寄生蠕虫、寄生圆虫等的文献搜集和整理，为后来的相关研究准备了丰富的基础资料。这项工作不如前面所讲的创新文章过程有趣，却是要伏案积累，有甘于奉献的精神才行。伍先生便常耳提面命，强调一个大学者是要能花大量的工夫投入文献资料工作的，而且告诉他很多大学者都在基础学术文献的编纂整理方面有为后人称道的贡献。

1940 年，刘建康和导师伍献文一起整理了《中国寄生蠕虫志二》，专门记载从广西瑶山、阳朔和四川北碚等地采集的多种寄生蠕虫及其数量、宿主和寄生位置。其中包括寄生于眼镜蛇和竹节蛇肺部、寄生于猪的盲肠和鹧鸪的直肠以及寄生于蝙蝠和树蜥小肠中的寄生蠕虫。到了 1943 年，他们又一起发表《中国寄生蠕虫志三》。

看着那些从广西瑶山、阳朔和四川北碚采来的标本，刘建康仿佛看到在战乱中南下西进的恩师正带领同学们采集标本，心里更是增添了敬意。刘建康心里明白，导师训练他安静踏实的学术品格，是希望他能在学术道路上走得更深入。因此，他对每一项任务都全心投入，查文献、对实物、整理数据、统筹文稿，毫无怨言。看着眼前这个勤奋吃苦又极富创新活力的弟子，伍献文教授喜在心里。

1941 年他们一起发表了《多肢金线蛙的记述》，记述陈世骧博士在阳朔所采得之五足金线蛙并说明此例为蛙类赘前肢形成的胸生情形①。

1941 年，他们一起又整理出一篇《数种寄生圆虫的记载》。这次，伍献文教授鉴于刘建康在前面学术资料中严谨认真的态度，完全放手让他进行整理，且特别要他署名在前。这篇文章介绍了当时四川食用鱼江团鱼胃中有寄生圆虫附着的情形，补记了前人记述过于简略的细鳞鱼肠中寄生圆虫之雄性虫，还记述了蛤蚧直肠中寄生圆虫、果子狸肠中之寄生圆虫、野兔胃中之寄生圆虫等等。

在这一过程尤其是关于蠕虫的实验中，刘建康向伍献文先生学到了一些先进的实验观测操作方法。伍先生在海外留学时曾有一个德国导师教给他一套科学实验的方法，在北碚他教给了刘建康。譬如线虫的分类，它比头发丝更细更长，可是分类学要求观察它的头顶，刚开始根本就无从下手。于是伍先生介绍了一种“agar”解决这个问题。“agar”我们土名叫洋菜，实际上是一种植物胶。因为洋菜受热的时候是液体，冷下来了成为固体，所以就利用这个特性来进行观察。把这个线虫的头用玻璃丝割下来放进热洋菜里头，放在显微镜下察看，趁洋菜热的时候可以轻轻拨动，慢慢调整到正对着你的瞳孔，然后在显微镜下进行操作。如何观察蠕虫的头顶，刘建康当时就学会了用这套方法。

1943 年，鱼类学界很多人在争论关于鲤鲫杂交的话题，有人说须鲫 Carasioidescantonenensis(Heincke)是鲤鲫杂交种，不是独立的种。

---

① 前人所述蛙类赘前肢形成的情形大致有肩生和胸生，后者罕见，作者即描述了五足金线蛙的情形。

在现实生活中，鲤鱼和鲫鱼是很容易杂交的，因为鲤鱼和鲫鱼的产卵期在时间上差不多，都是阳历四五月份，所以往往有杂种出来。那时人们在市面上可以买到又像鲫鱼又像鲤鱼的鱼，到底是什么鱼呢？那个时候便有学者在杂志上发表文章争论，有人说这是鲤鱼，有人说这是鲫鱼。分类系统上一直是有争无果，有的说是鲤鲫杂交，有的说不是鲤鲫杂交；有的说公的是鲤鱼，有的说母的是鲤鱼，当时没人能弄清楚。只是嘴上争来吵去谁也不服谁。怎么办？刘建康不想参加打无凭无据的口水战，他希望靠实验解答。

于是刘建康开始做远缘杂交实验。值得一提的是，这种实验多少有一些是出于生态学的角度考虑的。按他的话说，鲤鲫的杂交实验并无太大风险，了不起鱼都死了呗，重要的是考虑的问题要全面，实验的过程要细致周全。譬如用雄性鲤鱼和雌性鲫鱼的组合，后来又用雌性鲤鱼和雄性鲫鱼杂交的组合，看结果有什么不同。如果只做其中的一种，便不可能了解全面情况。

1945 年，他再一次以第一署名和伍献文教授联名发表了研究成果，题目叫《鲤鲫的人工杂种》的研究成果。在 1979 年的中国科学院院士推荐书中，做了这样的描述研究的细节[①]：

> 这篇论文报道了 1943 年所做的远缘杂交试验，实验鱼是鲤与鲫两种鱼。以鲤为母本，鲫为父本，杂交后放入小池中培养成体长为 15～17 厘米的幼鱼 120 尾；以鲫为母本，以鲤为父本，杂交后投入另一小池中培养成体长 12～14 厘米的幼鱼 100 尾。依口须、侧线鳞数、下咽齿的性状来检查这两组杂交鱼所表现形态，检验结果以鲤为母本的杂交鱼基本上是鲤鱼的性状掺杂有一些鲫的性状；以鲫为母本的杂交鱼其性状比之以鲤为母本的杂交鱼更多的像母本。
>
> 这个试验还对于细胞核与细胞质在遗传上的作用问题提出一点供人思考的线索。

---

① 中国科学院学部委员候选人推荐书，1979 年 10 月。实物资料存于老科学家学术成长资料采集工程馆藏基地。

试验的最初目的是试图通过杂交以解决分类学上问题。有人说须鲫 Carasioidescantonenensis(Heincke)是鲤鲫杂交种,不是独立的种,以作者鲤鲫杂交所得结果去比较完全可以否定这种说法,须鲫确实是一个有效的种,而 Carpiokolleri 这个种倒有可能鲫×鲤杂交的产物。

这篇文章主要是靠实验的结果来说话,也让刘建康建立起一种科学信仰,那就是在研究中要高度重视通过实验拿证据出来说话,有时候人们习惯于理论上争论却不做实验,这样的争论再多也是无济于事的。他后来告诉弟子们,有许多未知的事实就是靠实验来揭示的。

这个时期,刘建康也独立发表了好几篇受到伍献文教授肯定的论文。

战争将刘建康这样的研究者逼到了蜀地,他们便因地制宜地开始了苏浙地方所不可能进行的研究。在激流水溪中,不仅发现了文胸鱼、虾虎鱼,还发现了戈婢亚科鱼类。这种鱼国内并无研究,因为一般情况下也没有研究者远赴深山中来,但国外却有这方面的文献。当时的外国鱼类研究者发表文章,认为鱼的气鳔结构可以分为好多种,而且这个气鳔在分类学上很值得研究,甚至可以把它作为分类学的一个标准。特别是印度人发表的文章强调了气鳔的结构很可能将来在分类学上有它特定的地位。这些文献给刘建康以启发——山里的戈婢亚科鱼类为什么能在激流中安闲地生存?他想从气鳔出发开始对这种鱼的研究。这一次,他主要运用了比较研究的方法。

1940 年独立发表《戈婢亚科鱼类气鳔及其毗邻构造的初步研究》。

他在概述其中内容时写道:

前人曾指明鲤鳅两科,浮鳔各异,然鲤科中戈婢亚科(Gobioninae)一两种之浮鳔,又与鳅科相似,其中关系,颇多未明了处,作者乃就十六种戈婢亚科鱼类之浮鳔与其毗连之结构,作一比较研究。

结果有八种鱼,其鳔具有各种普通性质,与一般鲤科相近似。其余八种,则较特化。其特化之程度,各自不同,为一般鲤科及鳅科之中间情形,不过对于鳅科,似较有近姻。此类具有特化浮鳔之鱼,经审查其他性格后,作者认为应行独立一科,兹拟采用石虎科(Gobiobotidae)以名之。

所谓浮鳔特化者，系指下列数事而言；(一)鳔之全体缩小(二)后腔萎缩(三)通喉管消失(四)前腔裹以纤维膜质或骨质之外壳(至于Rhinogo biotypus 一种，则膜质与骨质外壳兼具)。此外尚有与鳔之特化有关者，即：(一)前腔变宽(二)第二脊椎骨之横棘与第三肋骨接近(三)tripus 骨萎缩(四)有一横行小管使鳔与皮肤相沟通是也。凡此种种，俱与鳅科相近似。因是吾人可推想鳅类鱼当导源于类似戈婢亚科之鱼类，现时虽形体上相差甚远，当由于长期演化之结果也。①

考察鲤鱼产卵场

1941 年刘建康独立发表了《渠河的鲤鱼产卵场》一文，是对渠河下游的调查，记述产卵场的水文环境及其他情形。

那时，鲤鱼产卵场在四川渠河下游渠嘉镇附近。根据当地老百姓的经验，鲤鱼产卵期多在每年的惊蛰春分清明三节期或前或后。一到那个时候，周围居民常常先在水中围好竹枝形成的护栏，并在其中投入蕨萁(羊齿类)或红草(禾本科)作为鱼食。这样，鲤鱼便可以此为巢产卵。如此，老百姓便可伺机采集鱼苗。据四川农业改进所合川养鱼实验场提供的信息，当年鲤鱼产卵期第一次为 3 月 6 日起连续三天，第二次为 3 月 19 日起连续五天，第三次产卵期从 4 月 3 日到 5 日。刘建康便按这个时候提前进入观察测试。他要弄清楚，一个自然形成的鲤鱼产卵场，是一个怎样的环境呢？如果弄清楚其中的奥妙，对于将来有可能进行的人工繁育不是大有帮助了吗？

刘建康在刘相全的陪同下来到合川东北十五公里左右的渠嘉镇附近的

---

① Liu, C. K. Preliminary studies on the air-bladder and its adjacent structures in Gobioninae. Sinensia, 1940. 11:77～104. (戈婢亚科鱼类气鳔及其比邻构造的初步研究)。此处转引自《刘建康鱼类学和水生生物学文集》，科学出版社，2011 年。

鲤鱼产卵场，他的调查受到当地政府的欢迎。他很欣赏那里的人们关于产卵场的保护，也想通过自己的工作来验证他们的经验。当地的政府很重视老百姓的经验，往往将这些经验写进管理制度。譬如关于产卵场，当地就有很多经验性的管理办法。在接下来的调查工作中，刘建康借助于产卵场已有的条件，希望通过自己的科学调查验证他们的经验，并能清晰地揭示产卵场的秘密，以帮助产卵场的管理。

这里环境清净，河面宽达三百米，东岸多为石质，西岸则是沙质。鱼卵是产在植物上的，所以刘建康首先观察鱼巢所在的水域有些什么水草和植物。鱼巢所在的浅滩上，水深约三到七尺，河底为石质，有薄层的泥沙覆盖。水中石块上长有大量丝状硅藻、绿藻和蓝绿藻类，底层泥沙中则主要是硅藻。水中没有什么高等水生植物，如果说有的话，也只有少量的眼子菜科的一两种植物。近岸的水湾内，往往有枝角类和桡足类动物。用网眼约 1/20 毫米见方的丝网，在离岸稍远处采集到浮游生物可以说是极少，只发现一些硅藻。

这里的水质情况如何？测定结果为：产卵期间，水温为 18～21℃；浊度为 16；这个时期，水流非常缓慢，自停滞到每小时 400 公尺；溶解氧重量从 $9.1\times10^{-4}\sim10\times10^{-4}$，也就是说每升中含 6.35～6.98 立方厘米，饱和度达到 96%～110%，氢离子浓度为 1.26×10^{-8}（pH7.9）；全硬度相当于百万分之 185 碳酸钙；硅量相当于每升 3.14 毫克二氧化硅；氯根每升 12.2 毫克。

可是，因为天气骤然变化，水温太低，当第三次产卵期到来时鲤鱼突然中止了产卵。而前两次鱼卵孵出后全是鲤鱼，第三次除鲤鱼外，其中还有鲫鱼。刘建康注意到水面上大量的小鱼在游动，这些刚孵出的小鱼都吃些什么呢？他通过检视长约 8 毫米的小鲤鱼消化管发现，小鱼几乎吃的全部都是小型枝角类动物，而很少有植物性食物。

这段时间，刘建康走访当地老百姓，听他们讲述关于鲤鱼产卵场的故事，认真记录鲤鱼产卵场的环境，包括水温、气温，分析气温与下雨之间的关系，以及下雨对鲤鱼产卵的影响等等，虽然辛苦，却乐在其中。

应该说，这是一次典型的鱼类生态研究的生动体验。事实上，关于产卵场的调查也为后来他的相关研究打下了厚实的基础。

斗鱼渗透压和利用鱼类灭蚊的研究

刘建康坦言，关注鱼类渗透压问题完全得益于李约瑟①的资料贡献和成果推荐。他先后两次独立进行了有关斗鱼渗透压调节的实验和研究，主要从李约瑟带来的大量英文文献中受到启发。有一天刘建康发现了几篇关于鱼类渗透压的文献，便想着通过实验来探讨其中的真伪。而选择“斗鱼”作为实验对象实际上还有另一个原因，因为这种鱼可以吞食蚊虫，因此研究可以获得国民政府卫生部的支持。四川山多水多，蚊子十分猖獗，看到有研究可以有助于消灭蚊虫，政府自然持鼓励的态度。

他对这一选题作了系统性的研究。1942 年，刘建康在中研院动植所丛刊发表《斗鱼的渗透压调节与氯化物分泌细胞》。1943 年，又在《科学》杂志上发表了《鱼类的渗透压之调节》。1944 年，在英国《自然》杂志上发表了《用硫酸钠刺激斗鱼“氯化物分泌细胞”的形成》。

依据前人的报告，淡水鱼不能进入海水，海产鱼不能进入淡水的主要原因是鱼类体液的渗透压是一定的。有些具有海水、淡水洄游习性的鱼类必须有调节渗透压的机制，才能对付外界介质与内部介质之间的不协调。此种调节机制的器官在淡水鱼是肾，从体内排出水分；在海水鱼是鳃小叶上氯分泌细胞的形成并依此排出从海水进入体内的氯化物。

刘建康在《斗鱼的渗透压调节与氯化物分泌细胞》一文中记述了他的实验过程：

将原始淡水鱼放在水族箱中，分为两组。一组逐日加入食盐，另一

① 李约瑟(Dr. Joseph Needham，1900～1995)，英国伦敦人，著名生物化学专家、汉学家，英国剑桥大学李约瑟研究所名誉所长。1954 年，李约瑟出版了《中国科学技术史》第一卷，轰动西方汉学界。

组则不加，以资比较。经过四个月以后，水中食盐量达到3%，相当于盐度27.3‰，也就是一般海水的盐度，而斗鱼安全无恙。而将未经适应的斗鱼置入，则短时即告毙命。由此可知，长期适应的斗鱼，已经改变其渗透压。再将这种实验鱼的鳃作切片，他发现有极明显的氯分泌细胞，而对照实验的另一组鱼，其鳃上的氯分泌细胞就很不明显。这个实验表明，通过体外介质中盐度的增大，可以促进氯化物分泌细胞的形成。

《鱼类的渗透压之调节》则介绍了多种鱼类的渗透压调节方法，诸如淡水产硬骨鱼类、海产硬骨鱼类、海产板鳃鱼类、淡水板鳃鱼类和广盐度性鱼类渗透压的调节方法，并描述了氯化物分泌细胞与渗透压调节的关系，最后从渗透压调节说到脊椎动物发展的原始地，认为脊椎动物早期的进化，是在淡水中完成的。

《用硫酸钠刺激斗鱼"氯化物分泌细胞"的形成》一文得益于和上述实验过程相似的试验和分析，只是这时的刘建康想到以二价盐硫酸钠代替食盐，结果发现同样能促进鳃上分泌细胞的形成，那么所谓的氯化物分泌细胞未必专门分泌单价的氯盐。同时有人认为硫酸根及其他二价化合物是由肾排出的，值得进一步研究。

这一时期，刘建康还和他的同事张孝威①一起，开展了利用鱼类灭蚊的研究，于1945年由刘建康主笔联名发表了《利用土产鱼类消灭孑孓之试验》。孑孓，是蚊的幼虫。

张孝威也曾是刘建康东吴大学的师兄，但比他后进入中央研究院。当时，民间疟疾流行得很厉害，而蚊虫在其中起重要的传播作用。由于研究所经费紧张，他们便向卫生部申请，用本国的鱼来控制蚊虫。之所以强调土产鱼类，是因当时国外已有关于利用鱼类控制蚊虫幼虫的做法。从1905年利用鱼类消灭孑孓的实验在檀香山取得成功，人们便对鱼类灭蚊的价值开始注意。当时被认为最具灭蚊效果的是中美洲所产的柳条鱼（Gambusia），可

---

① 张孝威，鱼类生态学家。江苏苏州人。1941年毕业于东吴大学生物系，1948年留学英国，1951年回国。后任中国科学院海洋研究所研究员。培育成功十多种海洋鱼类种苗，并找到了轮虫和卤虫两种仔鱼饵料，为海洋鱼类养殖增产创造了条件。

这种鱼能否在中国生存并不敢断言，所以对土产鱼中有无在此方面能利用价值的探索，便是一项值得进行的研究。

刘建康和张孝威的论文首先对万年鲹、斗鱼和罗汉鱼等三种鱼进行了鱼类分类学的记述，然后记述了他们的实验过程和结论。刚开始，他们发现一个问题，那就是从野外采集的孑孓大小各异，无法用于比较。于是，他们将缸盆盛水，放在容易滋生蚊虫处，并在其中放入去了头的腐鱼，几天内大量的蚊子便产卵其中，然后他们采集卵块放入玻璃缸培养，待其长至 4 毫米左右，再取出用于实验。他们在玻璃缸内分别养着上述三种鱼，然后各投入孑孓若干，记录其连续一段时间内吞食孑孓的数量，以求得每尾鱼在 24 小时内吞食孑孓的平均数字。接着又对三种鱼的嗜食习性做了比较试验。随后进行了田野观察。他们在论文的结论中指出：

>……鱼类初步实验之结果，证明万年鲹虽然与柳条鱼血缘关系颇近，事实上不足以充当灭蚊之用；罗汉鱼较胜，然亦有其限制；就吞食量及嗜食性而言，当以斗鱼为最适宜也。

实验说明，在本地鱼里，斗鱼控制孑孓最为有效。

鳝鱼"雌雄同体"论受到国际关注

北碚的时候，生活十分艰苦，谁要是想吃上一次鱼是颇为难得的。那时民间，四川的老人到临死前才能想法子吃上一点鱼，笑称吃点鱼好上路，可想当时的悲惨情形。来自鱼米之乡的刘建康希望能想些办法改变这种状况，也改善一下生活。鳝鱼，好吃又易养，还可以用作研究的对象。伍献文教授关注鱼的种类，研究领域颇为宽广，此时关于鳝鱼的研究也是他一直带领研究生们在进行的课题之一。

刘建康也在导师的带领下参与关于鳝鱼的研究，并先后和导师联名发表了几篇相关的文章。

1940 年与伍献文第一次联名发表了《口喉部表皮是鳝鱼的主要呼吸器官》，这篇文章是根据鳝鱼口喉部表皮的组织学结构立论的。以前教科书上都明确地写着“鱼是一类用鳃呼吸、用鳍运动的脊椎动物”。可这个定义准确吗？在反复的观察中，刘建康提出了质疑。伍献文鼓励他大胆地通过实验去证明自己的想法，因为他之前也已发现泥鳅是用肠子呼吸的，这说明教科书上的写法并不一定就是正确的结论。

于是刘建康开始了这样的试验：以灼红的解剖针烧掉鳝鱼的全部鳃丝，放回池中，结果鳝鱼依然能长期存活。反复的实验证明，鳝鱼并不是用鳃呼吸的。那它是不是和泥鳅一样是用肠子呼吸的呢？又经过细致的解剖分析，发现原来它是用口喉部的上皮组织进行呼吸的。在以导师为第一署名作者的文章中，他们欣喜地揭示了这一结论：

> 鳝鱼之鳃，极形退化。经审查后，得知其薄片几乎缺如，呼吸面积因而大减。若使此独立完成呼吸生理，殆不可能。故除鳃之外，恐尚有别种器官可以在水中营呼吸作用。因而即以灼红之镊，去其鳃而作实验，结果证明鳃之有无，无甚关系，决非重要之器官也。更审视该鱼皮肤之构造，亦无特别适应于皮肤呼吸之特点。虽实验证明皮肤呼吸作用之存在，究竟量有限，不足于单独维持该鱼之生存。然则鳝鱼在水中之呼吸作用，当犹依赖于口喉部之表皮也。
>
> 综合实验之结果，鳝鱼之辅助呼吸器，即其口喉部表皮，实其主要之呼吸器。此器平时虽为呼吸空气之用，然当闷在水中时，该表皮亦兼营水中呼吸作用，以撮取溶氧。因此鳝鱼在空中可不死，在水中可免于窒息，故该器构造虽甚简陋，然其本身实为一完善之适应，其效用实超越外观复杂之辅助器官之上也①。

① Wu, H. W. &C. K. Liu, The bucco-pharyngeal epithelium as the principal respiratory organ in Monopterus javanensis. Sinensia, 1940. 11:221～239. 此处引自《刘建康鱼类学和水生生物学文集》，科学出版社，2011 年。

这次研究，特别是伍献文老师的指导给了他很大的启发，对其后来的学术实践有着重要的影响，他在给研究生讲课说到敢于创新时都要讲到这次经历。这次生动的研究过程，使刘建康体会到：科学研究不能“唯书是从”。

1942 年，刘建康与伍献文共同发表了《鳝鱼的生殖习性和幼期变态》，同年又一起发表了《鳝鱼的幼期器官和它的呼吸功能》。1943 年，他们又一起发表了《一种气呼吸鱼类——鳝鱼的血管系统》，就鳝鱼的幼期变态、呼吸功能和血管系统进行了较系统的观察和研究。

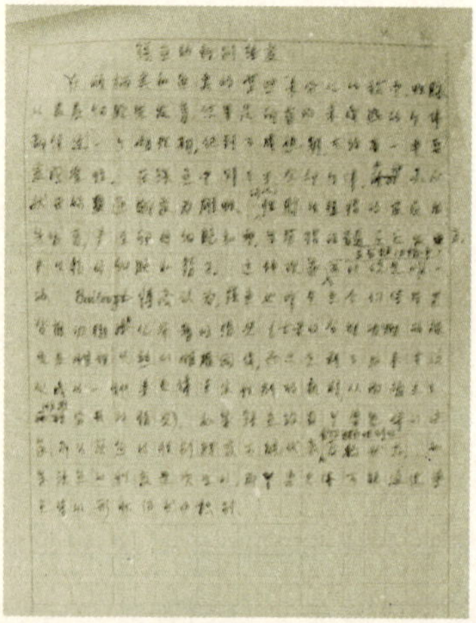

图3-2 刘建康描述鳝鱼性别转变研究成果手迹

农历 6 月，四周的稻田已经扬花抽穗，黄鳝也到了该产卵的时候。黄鳝产卵时有一个特征，那就是雄黄鳝守在洞口，大量吐出黏性很大的泡沫团浮在洞口水面上，以作为对卵的保护。会逮黄鳝的农人知道这一情况，便在筷子的一头绑上钩，插到泡沫下面的洞口内，只听得噗的一声，黄鳝死死咬住钩，钓鳝便获成功了。黄鳝产卵对水温有一定的要求，多半在中午的时候。不同的鳝鱼产出来的卵颜色也是不同的。

可刘建康在自己的试验池里，没发现这种泡沫。没有泡沫，也就等于没产卵。

刘建康隔一阵便去趴在水池边上仔细观察，一天天过去了，根据之前的实验解剖经验，他想该到鳝鱼的繁殖期了吧，可怎么就不见产卵更没有多出一条鳝鱼仔呢？养了一年，池中的鳝鱼没有生殖；第二年，情况仍然如此。为什么这些鳝鱼都不产卵呢？

刘建康实在等不下去了，便捞起几条鳝鱼进行解剖观察，全部都是雄的。再捞起几条观察，仍然全部都是雄的，怪了，不可能这些鳝鱼全部都是雄的吧？刘建康一口气捞出所有这些大鳝鱼，经过认真地解剖观察，发现真的全部都是雄的！

难道……？刘建康带着自己怀疑到市上买回一批小鳝鱼进行解剖观察。一条，雌的。两条，还是雌的。结果发现全部的小鳝鱼都是雌的！

就这样，一个关于鳝鱼的重要发现浮出水面：鳝鱼刚生下时全是雌的，长大后就逐渐变成雄性了，在这一变化过程中有一个阶段则是雌雄同体的。①

这个发现的过程是既兴奋又辛苦的工作，一步一步做切片，把它从卵巢变化到精巢，整个的变化过程都全了。

1944 年，他将这一发现写成《鳝鱼的始原雌雄同体现象》论文发表。在论文中刘建康向世人揭示了这样一个事实：

> 检查了 659 条黄鳝的性别，体长 5.3～57.6 厘米。检查的结果：幼年时期体长 36 厘米以下的个体全部是雌性的；反之，体长 38 厘米以上的个体是雄性，只有在 36～38 厘米的这一段性比为 1∶1，这也是一个体同具两性生殖腺的时期。结果表明，黄鳝一生是从小时雌性开始，经过产卵之后转变而成为雄性，但一旦变成雄性之后不再逆转。转变时期的过程是雌性生殖腺逐渐变成雄性生殖腺，雌性生殖细胞逐步消失而雄性生殖细胞逐渐滋生②。

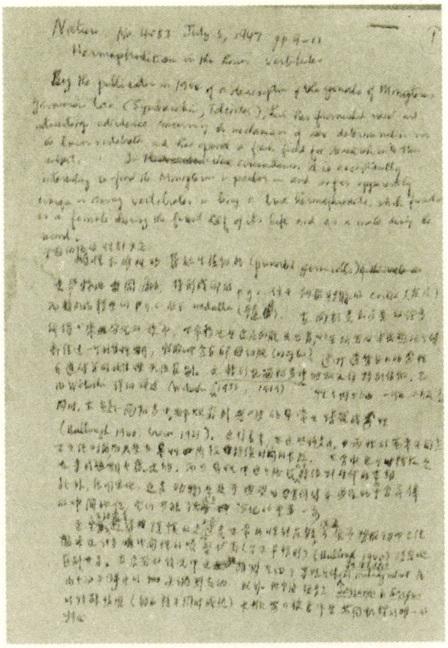
Nature No 4053 July 5, 1947 pp 9-11

图 3-3　刘建康有关鳝鱼性变成果在 *Nature* 上反映的手迹

《鳝鱼的始原雌雄同体现象》用英文写出，用当时质地粗劣的土纸印出。但这篇用粗劣土纸印出的论文，开始受到国际动物学界的高度关注。谈性别

① 刘建康访谈，2013 年 8 月，武汉。资料存于采集工程数据库。

② 中国科学院学部委员候选人推荐书，1979 年 10 月，实物资料存老科学家学术成长资料馆藏基地。

的变化，譬如说人是男的还是女的，是由 XX、XY 染色体决定的。性别转变在脊椎动物里绝大多数属于畸形状态，但在鳝鱼中则是正常的、规律性地由成熟的雌性转变成为成熟的雄性。它生下来都是雌的，产过卵以后都变雄的了。这种古怪的事情第一次被中国人发现，自然引起了生物学界的强烈兴趣。

1944 年，远在英国的波洛注意到这篇有价值的论文。但一开始并不是所有人都承认这样的结论，虽然实验切片资料包括精细的照片积累了一大摞，可当时国内的刊物因为印刷技术和纸张的限制，无法全面地反映。直到 1945 年刘建康出国后才将相关的照片印出，国外的学者看到实验素材后，不得不真正相信了这一结论。西方没有黄鳝，形体似蛇的黄鳝，除了中国外，只有苏联、日本、印尼及东南亚一带才有。文章发表后，这些国家的相关学者也通过研究证实了的确这是一个了不起的发现。论文发表后，英国皇家学会波洛（W. S. Bollough）博士在荷兰乌德勒支大学讲学时就做了介绍。1947 年 7 月 5 日，在世界顶级的科学杂志英国《自然》杂志（*Nature*），160 卷 4053 期 9～11 页上波洛写了一篇专题评论《低等脊椎动物的雌雄同体》。文章开头便说："从 1944 年一篇描述黄鳝性腺论文的发表，刘提供了新的和有趣的有关低等脊椎动物性别决定机制的证据，并打开了一个新颖研究领域之门。"

他认为黄鳝性逆转论文的发表为低等脊椎动物性决定的机制提供了一个有趣的证据，而且，对这方面的研究开辟了一条新的途径。因为以往对鱼类及两栖有关性决定的问题做过不少工作，描述性与实验性都有，而黄鳝这种情况是很特殊的，而且在脊椎动物内是独一无二的。在早期是成熟的雌体，到后期转变为雄性，任何个体都是如此，这才是真正的雌雄同体，此种情况的发现还具有理论上的重要性。①

这一评价对刚刚 30 岁的刘建康是极大的鼓舞。以后在日本、美国的有关研究论文和苏联的农学教材中都引用了这篇文章。重要的是，鳝鱼属低等脊椎动物，刘建康关于鳝鱼始原雌雄同体现象的发现，不仅以翔实的材料揭示了鳝鱼性别转变的规律，还为低等脊椎动物性别分化机理的研究开拓了新的思路，提供了有意义的新论据。

刘建康在学术上展示的才华和创新能力，不仅让导师伍献文觉得骄傲，

---

① 中国科学院学部委员候选人推荐书，1979 年 10 月。实物资料存于老科学家学术成长资料馆藏基地。

也让这位年轻人受到生物学界的关注。

关于这篇论文的发表还有一个故事。

刘建康从读研究生开始到后来参加工作，经常会与伍献文教授联名发表文章。有的研究伍先生主持，刘建康参与协助；有的研究以刘建康为主，伍先生提些参考意见。刘建康却也习惯了将先生的名字放在前面。尽管这篇论文伍先生并没有实际参与，但刘建康仍将老师的名字放在前面，伍先生看到后亲自用毛笔将自己的名字划掉了。刘建康心想，是不是看不起我的这篇文章啊，伍先生拍着他的肩膀说：这篇文章你花了很多工夫，而且成果很有分量，应该会有识货的杂志发表，你就单独署名吧。还说，一篇单独署名发表的文章，说不定对你将来的发展有意义，会对你的成长有用处。而他自己，只是提了些不一定有用的参考性意见，没有做多少实质性的工作。①

其实，在1944年之后，刘建康关于鳝鱼的研究仍在继续。

1945年，刘建康与导师发表了《鳝鱼幼期的皮浆细胞和孵化作用》，其中皮浆细胞是帮助呼吸的一种比较显著的细胞。这是伍献文教授主持的研究，刘建康协助做了一些工作。论文告诉人们，鳝鱼并非从小身体就是一条光杆，它小的时候，刚孵化出来什么都有，它有胸鳍，也有腹鳍，跟其他鱼差不多，而且靠鳍不断地摆动来进行呼吸，待慢慢长大慢慢褪掉，到后来才变成一条光棍了。这篇文章将这个一般不为人们所知的有趣的变化过程记录下来了。

翻译李约瑟《战时中国之科学》

抗战时期，许多原在沦陷区的大学和研究机构内迁至云南、贵州、四川等大后方。而战时的中国科学界也受到一位热爱中国且具有伟大成就的科

① 刘建康访谈，2013年1月17日，武汉。资料存于采集工程数据库。

学家——李约瑟的关注①。

早在20世纪30年代，李约瑟就与中国科学界有了交往。1937年，沈诗章、王应睐、鲁桂珍三学者来到英国剑桥大学研究生物化学。李约瑟从他们那里了解到关于中国的情况，感到地球另一边的中国文明不亚于西方，从而激发了他探索中国古代文明的强烈愿望。1942年9月，李约瑟经美国、印度辗转，率英国科学文化考察团飞抵战时陪都重庆。在重庆忙完了一切事务，然后搭车来到成都。1943年他创建了中英合作馆，地点设在重庆嘉陵江边的西浮路胜利新村，李约瑟自任馆长。合作馆直属于英国文化委员会，主要就是对战时中国的科研和教育提供援助，从医药仪器到书籍等等。当时各种资料奇缺，李约瑟就通过英国文化委员会将6 675册图书通过海路运到印度再中转空运来到中国，并将近200种英国科学工程和医学杂志复制成缩微胶卷运到中国，成为中国战时科学界的主要信息来源。这些宝贵的资料在当时起到了至关重要的作用，为中国科学家打开了一道通往世界的大门。李约瑟还不遗余力地推荐了许多中国科学家的论文在国外发表，从1943年到1945年，就推荐发表论文100多篇，大多发表在英国的《自然》及美国的《科学》等重要刊物上。

图3-4　李约瑟(Dr. Joseph Needham)

1943年4月9日，李约瑟访问中央研究院动植物研究所并与译员刘建康等合影留念②。刘建康也就在这个时候第一次读到李约瑟的《化学胚胎

① 李约瑟的英文名Dr. Joseph Needham，出于对中国道家始祖李耳(即老子)的崇敬，他以李为姓，将英文名译成李约瑟。抗战时期在重庆时，他还给自己取了个“丹耀”的道号。

② 合影中王家楫(1900～1985，时任动植物研究所研究员)。伍献文(1898～1976，时任中央研究院动植物研究所所长)，钱崇澍(1883～1956，时任中国科学社生物研究所所长)，陈世骧(1905～1988，时任动植物研究所研究员)，饶钦止(1900～，时任动植物研究所研究员)，刘建康(时任动植物研究所助理研究员)。

学》，访问过程中，他流利的英文给李约瑟留下了深刻的印象。李约瑟访问了中国近 300 个学术研究机构，足迹遍及十个省份，行程超过 25 000 公里，对中国抗战时期的科学进展状况有了总体的认知和局部深入的考察，将陆续写的文章翻译成中文集结成《战时中国之科学》一书。他希望以英文写成的这本书能为中国科学界所知悉，因为书中谈到他在中国发现了什么，他对战时中国科学界的印象。《战时中国之科学》一书篇幅并不长，共约 6 万字，汇集了 9 篇文章。其中 6 篇是李约瑟先生访问这些地区的学术研究机构记录下的所见所闻，2 篇是他 1943 年在重庆对中国农业协会和中国科学社年会的演讲词，还有一篇是他接受《大公报》采访的答记者问。

图 3-5　1943 年 4 月 9 日李约瑟访问中央研究院动植物研究所时参加合影。第一排左起依次为王家楫、钱崇澍、陈世骧、饶钦止、刘建康，第二排左二李约瑟，第三排左一为伍献文

刘建康至今对书中李约瑟先生记述的中国战时科学界印象很深，如在重庆的中央农业实验所，朱凤美博士曾制造了一种几乎全部用竹子做成的仪器，可以使感染线形虫病毒的麦粒与未受病毒的麦粒分开；在兰州农林部的刘行骥博士主持血清制造，设法从黄河运来冰块用于保存产品；由于缺乏玻璃管，中央卫生署在兰州的一所医院利用蛋壳来保存病理标本。还有，那

时许多庙宇被研究机构借用。清华大学统计与调查研究所就设在一所孔庙里，李约瑟先生风趣地说："神龛中设有镀金的圣人牌位，神龛下面放有计算机与统计学家的卡片索引，料想孔子必很高兴地看见他的屋子这样用来为众多乡民服务。"①

教育部医药研究所在另一座庙中，"在其正厅有一座很大的观音像，望着那些已编目的植物之采集品露首肯之色"。设在昆明的国立防疫处由汤飞凡博士主持，所制造的血清不仅供给中国军队，还提供给同盟国在亚洲的军队。用中国科学家新发明的方法所制造的无线电器材，也为同盟国空军所利用。李约瑟先生还特意写道："有一件很值得记住的事情，即在1937年金陵大学有一位王先生曾选择一种品系叫'王氏大麦'。后来罗夫博士(Dr. Love)带回到美国去种植，据有人计算其给予美国的利益比它派遣专家到中国来所花费的金钱还要超过甚多。"特别是，当《大公报》记者提问对于中国科学水平的印象如何时，李约瑟先生回答道：

> "由于我在实验工作上与中国科学界同仁8年合作的经验，并由于我来到中国以后所见的许多情形，我深信中国科学家无须怕不能与世界任何国家的科学家相匹敌。"②

其目的正如李约瑟先生在书中所说：

> "因为战争与世界环境之情势所使然，中国与世界其他国家已隔离得太久了，现凡有关于中国科学界同人从事于何种工作之记载，均为英美两国《自然》《科学》杂志之读者深感兴趣。现在也要让中国科学界人士，有一个机会知道我怎样叙述和赞美他们克服战争与流亡的种种困难的努力才好。"③

---

① 李约瑟:《战时中国之科学》(徐贤恭、刘建康译)，上海:中华书局，1947年。

② 同①。

③ 同①。

1944年刘建康考取了中英文教基金(庚款)第八届留英公费生,为选择专业对口的学校和导师,曾特意到中英科学合作馆请教李约瑟先生。这之前李约瑟先生曾来动植物研究所访问,当时也由刘担任翻译。李约瑟将刘建康推荐给英国剑桥大学的瓦丁登博士,去信联系后才得知瓦丁登博士正在英国皇家空军服役,短期还不能复员。李约瑟先生便又将他介绍到加拿大(属英联邦)的麦基尔(McGill)大学。成行之前,中国地理研究所的林超(亦是中英文教基金留英公费生,已学成回国)约刘建康承担《战时中国之科学》生物学部分的翻译工作,另一位译者是徐贤恭(后曾任中山大学校长)。刘建康便认真地投入了对这本书的翻译中[①]。刘建康译完后将译稿交给林超,便于1946年1月来到加拿大。获得博士学位后,又在美国工作了一年多时间,于1949年2月回到祖国。以后因种种原因,一直不知《战时中国之科学》的出书情况。

1945年,刘建康升任副研究员,1～7月兼任当时迁至北碚黄桷树镇的复旦大学生物系副教授,接替伍献文教授的脊椎动物比较解剖学课程。

---

① 李约瑟:《战时中国之科学》(徐贤恭、刘建康译)。上海:中华书局,1947年。

第四章 留学加拿大

1944年,国民政府教育部举办中英文教基金留学公费生考试,刘建康报考并以他扎实的专业基础和出众的英语能力被录取。这件事对刘建康后来事业的发展具有重要的意义。在晚年接受采访的时候,记者问他:"对您一生产生重大影响的事件是什么?"他直言不讳地说:"投考中英文教基金会第八届公费留英生,并被录取。[①]"

李约瑟一定要让这个才华出众的中国学者出国见识。他曾给刘建康推荐了一位英国导师,不巧这位导师正在皇家空军服役,需要等到三年以后才能退役回到学校。况且当时英国因为二战,物资很缺乏,生活很困难。李约瑟便推荐他到加拿大留学,因为那里物资很丰富,生活条件也相对好一些。而在加拿大,好多学校都是法语讲学,而麦基尔则以英语为主。刘建康欣然接受了他的建议。

李约瑟给麦基尔大学的系主任写了一封信,介绍了刘建康的成绩,麦基尔大学很快就接受了他的申请。待他出国的时候,李约瑟又写上亲笔信,让刘建康带过去。

在刘建康的眼里,李约瑟很不简单,在中国这样困难的时期,李约瑟觉

① 李士主编:《心迹——中国院士实话实说》。北京:科学普及出版社,2000年,第26-40页。

得中国一定会振作起来的，甚至觉得他比中国人信心还高。因为他发现中国的学生，在当时异常艰难困苦的条件下，依然能在庙里开学上课，绞尽脑汁地学习，准备将来为国家做贡献，所以他觉得中国一定会好起来的。

辗转出洋

出国留学的旅途是很漫长的。1945 年 9 月，刘建康由重庆登机，取道昆明，经印度加尔各答到孟买，转乘远洋轮，穿过红海、地中海、大西洋到纽约，再乘火车到达加拿大蒙特利尔市。

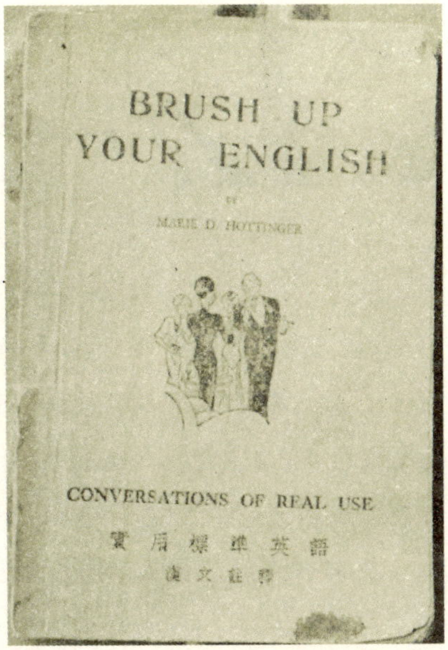

图 4－1　1945 年刘建康在海船上读的英语书

让刘建康印象最深的是海上生活，茫茫的大海上，日出日落，整整一个月的时间。在船上，看书成了唯一的消遣。因为当时他对专业英语很熟，但是在生活中并不讲英语，所以生活口语就比较生疏。比如说要到邮局里头去买个邮票怎么表达，要取几分面值的邮票怎么表达，要汇款要住宿等，真正要到外国去留学了，生活方面的用语，刘建康心里还是没有底。为了到加拿大能与导师和同学们更好地交流，尽快适应那儿的学习和生活，刘建康出发前就带好了英文强化教材《BRUSH UP YOUR ENGLISH》意思就是“刷新你的英语”。这一个月的海上行程，让他的英语口语有了一个新的提高①。

12 月，刘建康终于到达李约瑟介绍的麦基尔大学。

① 刘建康访谈，2013 年 3 月 8 日，武汉。资料存采集工程数据库。

在麦基尔大学获博士学位

图 4-2 海外留学时期的刘建康

当时中国的留学生普遍很受欢迎，因为他们都很勤劳。外国学生到了周末是一定要去跳舞狂欢的，而中国的留学生心里明白远涉重洋为的是来学本事，所以他们把更多的时间放在学业上。刘建康不仅勤奋而且专业基础好，英语交流也毫无障碍，很快他就获得了大家的认同。

留学是什么？伍献文先生最有发言权。"多少年来，中国由于连年战乱，自然科学发展很缓慢。传统的鱼类学，我们古书上记载太粗，新的东西主要是外国各研究机构学者在进行分类学研究。传教士来中国大量采集鱼类样品，我国海关大开绿灯，他们把鱼类样品带回去后，进行分类，做成标本，存放于大英博物馆、巴黎博物馆。我们出去留学，一方面看存放在外国的中国鱼类标本，最主要的是逐步形成自己的分类研究体系，另外，要开展实验生物学的研究。"伍先生在刘建康出国前，语重心长地对他说了这番话。

从 1946 年 1 月开始，刘建康进入了为期两年的海外博士研究生学习生活。在麦基尔大学，他先师从实验胚胎学家 H·霍尔弗雷特(Holtfreter)博士，并兼任大学本科比较解剖学课程的实验指导员。不久，因霍尔弗雷特应聘到美国罗彻斯特(Rochester)大学任教，麦基尔大学研究生院便指定本校动物系的司屈拉康纳(Strathcona)讲座、后来当选英国皇家学会会员的贝锐尔(Berrill)教授担任刘建康的博士论文导师。

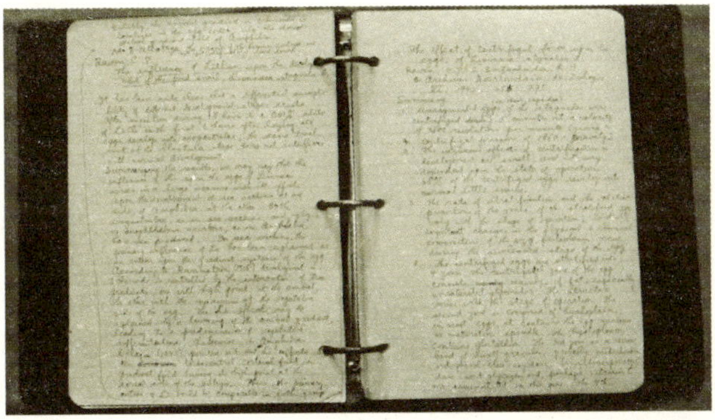

图 4-3　1946～1948 年，刘建康暑假在伍兹霍尔实验室学习和听讲座时的笔记

这年 7 月至 8 月，刘建康远赴美国麻省伍兹霍尔海洋生物实验室进修海洋无脊椎动物学课程，并进行博士论文的实验工作。1947 年暑假，刘建康又在美国伍兹霍尔实验细胞学实验室进修了胚胎学。他在麦基尔系统的基础理论学习和在美国专业实验室的严格训练，使其在专业上底气更足了。这期间，他有机会听到多个高水平的学术讲座，包括一些诺贝尔奖获得者的演讲。① 接下来，刘建康回到学校，开始全心投入到论文的写作、完善中，经常是很晚才回宿舍。东方青年的执著藏在温文尔雅的外表里，刘建康的表现，使贝锐尔教授从心底赞赏和喜爱这位中国弟子。②

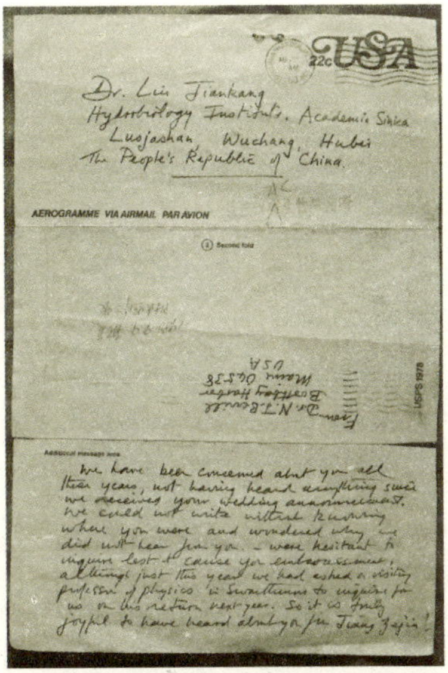

图 4-4　1980 年贝锐尔教授写给刘建康的信

1947 年 10 月，刘建康在麦基尔大学研究生院进行论文答辩并顺利通过。他的博士论文分为两篇发表，一篇为《简螅生殖巢的形成与种质细胞的起源》，另一篇为《种

---

① 1946～1948 年暑假在伍兹霍尔实验室学习与听诺贝尔奖获得者讲座时记录。笔记本实物存采集工程馆藏基地。

② 贝锐尔致刘建康信，刘建康很快回复并寄去照片。书信原件存采集工程馆藏基地。

质、魏斯曼与水螅纲》。刘建康以实证的态度和优秀的答辩获得了导师们的一致肯定，当他手捧哲学博士学位证书的时候，心中想起了远在中国的亲人和师长。

对于刘建康来说，1947 年还发生了一件颇为重要的事。这一年，英国皇家学会会员、著名的生物学家波洛博士来加拿大讲学。波洛 1944 年在荷兰乌德勒支大学讲学时曾介绍过刘建康的“鳝鱼性变”发现。波洛回国后给刘建康写来信函，要求看到关于鳝鱼雌雄同体的实验证据。刘建康给波洛寄去了一片组织切片，波洛清晰地看到了鳝鱼的卵细胞中已出现精子细胞，终于相信刘建康的论文内容是无懈可击的，于是，他在英国《自然》杂志上大胆撰文介绍并高度评价了刘建康发现的“鳝鱼的始原雌雄同体现象”。

挑战学术权威魏斯曼的“种质连续学说”

图 4－5　魏斯曼(Weismann)

刘建康的博士论文对德国生物学家、世界生物学权威魏斯曼①的“种质连续学说”提出了质疑。晚年的时候，刘建康笑称自己当年的博士论文“占了一个便宜”，原因是自己初生牛犊不怕虎，针对了这位世界上有名的生物学家。

魏斯曼于 1883 年提出有名的“种质论”。种质论主张生物体由本质上根本相异的两部分——种质和体质组成。认为生物体在一生中由于外界环境的影响或器官的用与不用所造成的变化只表现于体质上，而与种质无关，

① 魏斯曼(Weismann，1834～1914)德国动物学家。1834 年 1 月 17 日生于法兰克福，1914 年 11 月 5 日卒于弗赖堡。魏斯曼于 1883 年提出著名的“种质论”。

所以后天不能遗传，认为种质只存在于核内染色质中。魏斯曼认为染色质是由存在于细胞核中的许多遗子集合而成的遗子团。遗子中又含有许多的粒状物质，称之为定子，定子还可再分为更小的单位——生源子，后者是生命的最小单位。随着个体发育，各个定子渐次分散到适当的细胞中，最后止于一个细胞含一个定子。生源子能穿过核膜进入细胞质，使定子成为活跃状态，从而确定该细胞的分化。而种质（性细胞）则储积着该生物特有的全部定子，遗传给后代。意思就说决定种的这个细胞很早就决定了，是不能换的。在第二次世界大战中，这种学说刚好被纳粹所利用，认为民族分为优劣，并以此作为消灭犹太人的重要依据。

魏斯曼的“种质连续学说”是通过对水螅类动物的观察得出结论的。水螅是一种腔肠动物，在淡水里生长的为水螅，在海洋里生长的包括筒螅和其他螅。筒螅生长特点是出生在哪个地方（如海洋码头水泥石墩上，木桩或珊瑚上）就终身不动，体长约 3 毫米，却有一双长满毒棘的手，饿了时伸出手，麻醉了毫无警惕的弱小生物后，张嘴就吃。

正在从事实验胚胎学的生物学家不信他这套，导师贝锐尔支持刘建康的研究，可导师本人是英国人，并不懂德文。按照留学的规定，刘建康的中文和英文都不能算外文，规定还得考两门外语，于是他选了德语和法语，好在这项考试的要求不是很高，主要针对德文的专业术语和法文的专业术语。魏斯曼的论文是用德文发表的，刘建康便将外语学习主要精力放在德文上。

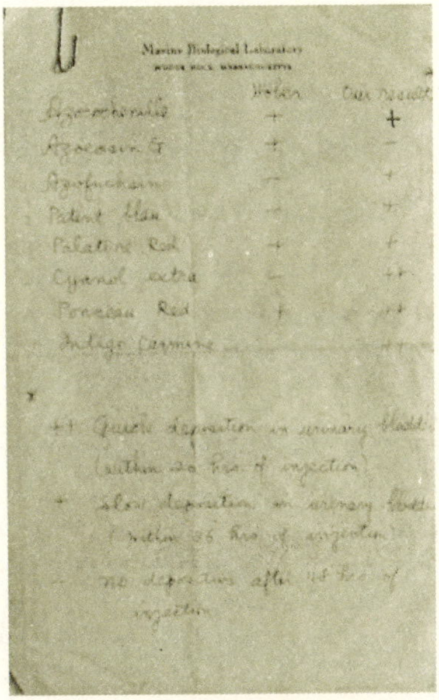

图 4－6　刘建康 1948 年暑期的实验记录单

魏斯曼的结论是从水螅动物得出来的，因此刘建康也从这类动物的考察做起。

那时的刘建康在美国伍兹霍尔租了一个实验室，开始了对筒螅，也就是魏斯曼得出结论依据的水螅类动物的实验。

从 Agassiz(1860)至 Dupont(1942)止,80 多年来许多研究工作对于筒螅(腔肠动物)中生殖芽体(Gonophore)的形成和生殖细胞的起源一直存在分歧。争论的焦点是生殖芽体内球(Entocodon)的起源及其生殖细胞起源之间的关系。

刘建康对在自然状态下和在再生实验中的筒螅生殖巢和种质细胞进行了组织胚胎学的研究,得出了与前人不同的新结论。最简单的办法,就是作切段实验。筒螅的生殖细胞长在上面,剪切掉后,过了一段时间出现了有趣的再生现象,筒螅又长出生殖细胞。怎么回事?又剪切掉新生的生殖细胞段,过了一段时间又长出新的生殖细胞。他通过筒螅的研究,结论跟魏斯曼的却完全不同。刘建康通过实验反复证明了魏斯曼在观察上的错误①,并在《筒螅生殖巢的形成与种质细胞的起源》这篇论文中说明了自己的发现:

"筒螅的生殖细胞不是起源于外胚层;生殖细胞的形成过程与间质细胞(Interstitial cell)毫无关系;生殖细胞在"内球"中生成并完成其发育,既没有早期的"隔离"(Segregation),也没有所谓的"游移"(Migration)。而前人工作中所谓"游移中的生殖细胞"实际上是发育中的刺细胞(Nematocysts)。作者认为,前人对筒螅生殖巢早期发育的材料研究得很不够,再加受了魏斯曼种质学说的影响,以致对比较简单而明显的事实反而加以牵强附会的解释。②"

在《种质、魏斯曼与水螅纲》中,他更多的是对种质学说的评论:

"在概述魏斯曼的种质学说在生物学不同分支学科中不同反映后,指出不论是魏氏本人或其信徒都已把魏氏对水螅纲的研究作为种质学

① 刘建康访谈,2013 年 3 月 8 日,武汉。资料存于采集工程数据库。

② 中国科学院学部委员候选人推荐书,1979 年 10 月,实物资料存于老科学家学术成长资料馆藏基地。

说的主要依据。在分析了魏氏对水螅纲性细胞的研究之后，发现魏氏的理论过分着重于重演学说(Recapitulation theory)而所提供的事实根据太少。种质轨迹论(Germtrack)实际上已变成一个形态学上的概念，这一事实已把许多研究者引入歧途。魏氏又把种质这种抽象的概念与形态学上生殖细胞混为一谈，已经造成不必要的困难。他通过各种来源直观地或推导地形成思想，使他在水螅纲的研究中忽视了客观的事实，却看到了想象中的那些看得见和看不见的"生殖细胞"。因此，魏氏种质学说不是全依据水螅纲研究所得的事实是明显的。①"

刘建康将论文交给导师，分别发表于1948年的美国《形态学杂志》和《生物学季度评论》上。为了署名前后次序，学生与导师曾经有一番友好的谦让，最终各领衔了一篇。一篇刘建康署名在前，一篇刘建康署名在后。从那以后，生物学界知道有一个中国留学生刘建康，通过科学实验论证了魏斯曼观察上的错误，质疑了他的"种质连续学说"。这种敢于挑战权威的勇气赢得了生物学界同行的尊重，更是令人看到了中国生物学界的希望。

艰难回国路

刘建康仅用了一年半时间便拿到了博士学位。1947年10月，应美国伍兹霍尔实验细胞实验室主任细胞学实验室主任R・钱伯斯(Chambers)教授聘请，刘建康任该实验室副研究员至次年9月，从事微体操纵和组织培养实验，主要是研究细胞的结构、功能。在实验室里，实验师将青蛙杀死，取其心脏，切下一块培养。这时的心脏仍可收缩，再切开，如此无限制地更新培养，无限制地传下去，这就叫组织培养、微体操纵。刘建康在该实验室当了一年

① 中国科学院学部委员候选人推荐书，1979年10月。资料存采集工程数据库。

副研究员，一边干微体操纵和组织培养的活，一边充实自己的积累。钱伯斯教授是个成就斐然却十分挑剔的人，但刘建康对工作的认真细致让他十分满意。他心里明白，找一个忠实的合作者容易，但遇上一个有睿智头脑的助手却很难。声名远播的钱伯斯教授拥有私立的实验室，实验的成果拿出去发表便可以申请到个人的专利。

一年的聘任期终于结束了。可"戈登总统号"轮船停班了，"玛丽皇后号"也停班了。1948 年秋，刘建康四处张罗回国的船票，几乎每天都打电话询问远洋轮船公司为什么还不开班，可答复都是"无可奉告"。原来是因为物价飞涨，海员要求增加工资，美国爆发了海员大罢工。

1948 年 10 月，刘建康几乎一贫如洗了，一边应美国麻省北安普顿史密斯学院(Northampton Smith college)M・罗士(Rose)教授之聘，任该学院动物系癌症基金科研项目研究员至年底，一边等着海轮复航。

这期间，导师和外国同行没少劝刘建康干脆留在美国工作。早在论文答辩之后，贝锐尔教授就对刘建康说："刘，我们合作得非常愉快吧?"刘建康点头，并谢谢导师的指导。"那取个英文名字吧，我希望你留下来"。面对导师的欣赏，刘建康借用西洋肢体动作双手一摊，表示对不起，无能为力，婉言谢绝了。

此时的刘建康再次想起导师临别前的叮嘱和所里同事们的期望，他格外思念北碚的山水，思念相恋已久的师妹伍韵梅。他说他是公派留学生，学完自然是该回去服务国家才对，而且中央研究院动植物研究所在他留学期间照样支付工资，如果不回去，实在说不过去呀。①

后来，钱伯斯教授、罗士教授都向刘建康发出邀请，希望他能留在美国，成为自己长期的同事，都被刘建康婉言谢绝了。

三十而立，刘建康心想该回去了。当好心的外国导师和同行再一次提出要留他下来，他便以回国结婚为由希望他们能理解。

"我要回去，我的工作在中国!"这是当时刘建康异常坚定的信念。说到

① 吕幼安:《魂系水族——记鱼类学家和淡水生态学家刘建康》。见:《寂寞的辉煌》，长江文艺出版社，1995 年。

这种情怀，晚年的刘建康仍显得很激动：

> “我们那时候的留学生没有听说有多少不回国的，都是要最后回到自己的国家，报效国家。但是，到现在都很奇怪了，怎么出国的留学生都不愿意回来了？①”

刘建康从秋天开始便计划着回国的行程。可因为海员大罢工，刘建康的回国行程一延再延。他一边整理期间的研究成果，一边焦急地等待复航的消息。

1948年，他除了与导师联名发表了《筒螅生殖巢的形成与种质细胞的起源》②外，还在美国《生物学通报》上发表了《X射线对于支解了的红海绵复原作用的影响（英文）》③一文。

在此期间，刘建康经常到处去听生物学的讲座。每当他向主讲人提问过后，对方都会了解他的情况，希望能参与到对方的学术团队中。

到了1949年1月，全美海员大罢工历时3个月结束。刘建康谢绝了罗士教授的盛情挽留，毅然登上了回国的海轮。

在他收拾的行李中，主要是他的学习笔记，还有不少从国外买给所里的原版书，另外还有一台保存至今的英文打字机。刘建康记得还在大学念书的时候，班上有个女同学就跟他讲，打字一定要学好，学会打字以后将来工作会非常方便。由于当时没有国产打字机，刘建康心想带它回去不仅可以自己抄打英文文献，打印英文信件也能用到；而且对所里的同事们也会有帮助，便用节省下来的生活费买了一

图4-7　1949年刘建康归国时带回的英文打字机

---

① 刘建康访谈，2013年3月8日，武汉。资料存采集工程数据库。

② 美国《生物学季度评论》23卷124-132。

③ 美国《生物学通报》95卷2期259。

台。时隔数十年,这台英文打字机还保存完好。而且在他看来,由于键盘与今之电脑相似,对他后来使用计算机也发挥了不小的作用。①

从旧金山出发,刘建康乘"亚细亚皇后号",在太平洋上航行了10余天。他再一次被地球上水的浩瀚和丰富的海洋生物所折服,同时又感叹道,人类赖以生存的淡水总量之少,保护好淡水资源,保护好淡水生态是多么重要!

刘建康作为一名科学工作者,他用科学的眼光看待美国,看待世界。他看到的是美国繁荣富强的社会以及世界日新月异的变化,想到的是自己能为祖国做些什么,能通过自己的研究贡献于人民的生活。

1949年2月,刘建康终于回到阔别已久的上海。此时正值国民党当局命令中央研究院各研究所迁往台湾,王家楫带领全所职工,不顾国民党的威逼利诱,展开护所斗争。② 5月,上海获得解放,动物研究所得以完整地保存了下来,交给了新中国。③

1949年10月4日,刘建康获得国立中央研究院(李亚农④签署)颁发的国立中央研究院专任研究员聘任书。⑤ 他终于可以重新开始自己的科研学术生活了。想起回国前M·罗士教授的美好祝愿,他致信大洋彼岸,兴奋地向罗士教授报告回国的感受:

① 1949年归国时带回英文打字机一台。打字机实物存老科学家学术成长资料馆藏基地。

② 抗战胜利后,中央研究院动物所迁至上海市岳阳路320号。

③ 当时中央研究院共有13个研究所,即社会研究所、历史语言研究所、数学研究所、物理研究所、化学研究所、天文研究所、气象研究所、地质研究所、动物研究所、植物研究所、心理学研究所、医学研究所筹备处、工学研究所。其中傅斯年为所长的历史语言研究所大部分人员与全部图书、仪器、古物、标本、明清内阁大库档案、研究资料以及其他行政文件,迁往台湾。数学研究所在抗日战争胜利后接收日本人设立的"上海自然科学研究所"数学方面的图书、刊物被运往台湾外,其余研究所均完好无损地留在了大陆。1949年11月5日、1950年3月21日和4月6日,中国科学院接管了包括动物研究所在内的原中央研究院、北平研究院在北京、上海、南京等地的全部机构,并以这些机构为基础加以调整,组建了第一批新的研究所及其分支机构。

④ 李亚农,1949年5月上海解放后,代表上海军事管制委员会接管并主持上海市科学文化工作。

⑤ 国立中央研究院专任研究员聘任书。原件存老科学家学术成长资料馆藏基地。

"亲爱的罗士教授，上海解放了，我有了一个和平安宁的环境，希望您为我高兴……①"

罗士教授很快回信并祝贺且相信他志在中国的科学事业。

① 吕幼安：《魂系水族——记鱼类学家和淡水生态学家刘建康》。见：《寂寞的辉煌》，武汉：长江文艺出版社，1995年。

第五章
上海和无锡四年

师生又成翁婿

回到上海，还没来得及多向母亲和妹妹介绍海外几年的情况，刘建康便立即回原单位报到。1949年2月7日，他来到已迁至上海的前中央研究院动物研究所并被聘为研究员。同事们见他带回很多原版的专业书，一个个都很兴奋。而伍献文教授对刘建康能不负所望并按期归来更是喜在心头。因为几年的海外经历，刘建康专业眼光更开阔了，处事待人更稳重了。能经受海外优厚生活的诱惑，可见刘建康是一个诚实可靠的人。想着女儿伍韵梅已经不小了，她和刘建康的恋情所内人人皆知，作为父亲，他心中的一块石头终于落地。伍献文将刘建康和女儿伍韵梅叫到一块儿："你们都不小了，赶快把家成了吧，然后可以安心发展事业。"

3月，刘建康在上海与伍韵梅结婚。当时家中有母亲和妹妹两人，加上新婚的妻子，刘建康成了家里名副其实的顶梁柱。

解放初期

回国初期的刘建康，经历了一个短暂的环境适应期便很快投入工作。

1949 年 5 月，刘建康所在中央研究院动物研究所由军管会接管。10 月 4 日，国立中央研究院院务委员会聘刘建康为动物研究所“专任研究员”。聘书上签字的是院务委员会主任委员、军事代表李亚农，所定薪水为每月 480 元。这一年，他与朱宁生合作进行了黑斑蛙的发育阶段标准的研究，《科学》杂志上登载了结果摘要。

图 5－1　刘建康夫妇和孩子们

1950 年 1 月，中国科学院水生生物研究所（以下简称水生所）在上海成立，由原中央研究院部分专业人士分流集合而成，从事淡水生物研究的刘建康自然成了该所的研究员。从此，他开始了回国后的专业重新起步，并在所里的《水生生物学集刊》上不断发表研究成果。

从 1950 年 1 月开始，刘建康便在上海中国科学院水生生物研究所所属无锡太湖淡水生物研究室工作至 1954 年 7 月。1950 年 5 月至 12 月，他在北京参加华北人民革命大学政治研究院第二期第八班政治理论培训，获毕业证书。11 月 24 日，他迎来了长女刘军出生，开始体会到为人父母的感情。

1951 年 11 月 23 日，刘建康在上海由王家楫所长介绍加入九三学社。[①]这一年，刘建康还被自己的母校东吴大学生物系聘为兼职教授。

1951 年，刘建康与顾国彦合作发表了《鳝鱼雌雄逆转时生殖腺的组织学改变》一文，在《鳝鱼的始原雌雄同体现象》一文之后，进一步就鳝鱼在由雌变雄的过程中，生殖组织所发生的变化进行了详细的研究。文中对鳝鱼的性变从组织学角度进行了细致的描述，指出：

> （鳝鱼）性变没有开始前，卵巢全部为大小卵细胞充塞。等到精原细胞出现前后，卵细胞开始发生退化的现象。
>
> 随着生殖腺内卵细胞与雄性细胞所占区域的消长，鳝鱼的生殖腺经历了雌性—近乎中间性的雌性—中间性—近乎中间性的雄性—雄性五个阶段。我们研究成长鳝鱼生殖腺的组织切片，从未发现有精巢重新变为卵巢的迹象。而少数成长鳝鱼的生殖腺外表仍属雌性的，在组织切片中，可发现雄性细胞已开始发展。根据这个理由，我们的结论是鳝鱼的性变是单向的，只能由雌变雄。至于少数成长鳝鱼之仍属雌性者，是由于转变的延迟，而非由于从雄性再变回雌性。[②]

五里湖调查和宜昌产卵场的人工育苗试验

水生所在上海成立时，下辖太湖淡水生物研究室（位于无锡蠡园）和青岛海洋生物研究室。水生生物所所部与太湖淡水生物室，是以原中央研究

① 刘建康曾先后担任九三学社湖北省委会副主任委员、主任委员，九三学社中央委员、中央参议委员会常委，九三学社湖北省委会名誉主委等职。

② 刘建康、顾国彦：《鳝鱼雌雄逆转时生殖腺的组织学改变》。《中国水生生物学报》，1951 年，第 1－2 期。

院动物研究所(昆虫部分除外)为主体,加上中央研究院植物研究所藻类学部分组建而成的。动物学家王家楫任所长。

刘建康在建国初的工作主要是在太湖淡水生物研究室度过的。1951 和 1952 年主要是进行五里湖鱼类资源调查,同时进行池塘养鱼高产试验,最终整理出五里湖及太湖鱼类的分类、食性和生殖资料。1952 年,刘建康和易伯鲁、朱宁生等人一起开展了外塘养鱼及鱼病调查,撰写了部分报告。

1953 年是国民经济建设的第一个五年,全国开展学习苏联经验,科学研究需服务于新中国的经济建设成为共识。作为水生生物所鱼类组公认的专家,刘建康发挥着越来越重要的组织和指挥的作用。

图 5-2　1953 年夏刘建康(右)与张孟闻摄于无锡蠡园太湖淡水生物研究室

我国养鱼业最重要的几种对象——鲩(草鱼)、鲢(白鲢)、鳙(花鲢)、青鱼和鲤鱼,除了鲤鱼外,都不能在鱼池中成熟产卵,所以要得到这几种鱼的鱼苗,必须年年到大江中去捞取。长江和西江是全国鱼苗取给的命脉。根据 1935 年调查的结果,长江鱼苗的产量只有西江的三分之一,而长江流域的需求量却远远超过西江。那个时候,人工授精孵化的工作虽在西江已有开展,但在长江因为产卵场的调查资料不够所以尚未进行。因此刘建康决定将人工授精与孵化的试验重点放在长江上。而且,当时全国有些省份如河北、四川及东北均发现了亲鱼产卵场,但鱼苗供应又不能自给,所以希望通过人工授精解决一部分鱼苗供应和运输问题①。

1952 年秋，中国科学院水生生物研究所湖泊调查队得到渔民关于宜昌产卵场的报道，引起了刘建康的注意。1953 年 2 月，他带领朱宁生等一起从上海来到宜昌产卵场开展调查，4 月初再度抵宜昌展开工作。他们在宜昌专署建设科的协助和当地渔民的共同努力下，除了进行鲩鱼和鲢鱼的人工授精孵化试验外，还对于产卵场的水文、亲鱼的习性和产量以及鱼卵和鱼苗的低温处理等工作，分别进行测定、调查或试验。这次试验，成功地进行了鲩鱼和鲢鱼的人工授精和孵化，通过给未充分性成熟的青鱼注射鱼类脑垂体催情，使其提前产卵，为日后我国“四大家鱼”人工繁殖打下了基础。后将报告中的人工授精及孵化部分在 1954 年予以发表。

图 5-3　1953 年 6 月，刘建康与本所同事在湖北宜昌研究人工孵化鱼苗实验成功，离开宜昌前留影（第一排左二为刘建康，左三朱宁生）

从刘建康当年发表在《生物学通报》上的这篇报告中，我们可以清楚地看到 1953 年的试验和调查情形：

“宜昌市的江面主要是鲢鱼、鲩鱼和鳡鱼的产卵场。至于鳙鱼，则捕获较稀。青鱼的产量虽不少，但截至我们 6 月 13 日离开宜昌时，30～

① 刘建康任鱼类组组长时拟写的“1954 年鱼类组研究工作计划表”，1953 年 11 月 29 日。资料存于采集工程数据库。

40 斤重的青鱼，虽满腹怀卵而尚未成熟。因此工作的对象，只限于鲢鱼和鲩鱼两种。从 4 月 25 日江水首次上涨起，至 5 月 26 日，共进行了 11 次人工授精的试验，试验的结果，不论在鲢鱼或鲩鱼里，受精率一般均在 95%左右，个别情形高达 100%。孵化率最初因所准备的孵化箱布质过密，箱中流水不够通畅，只有 40%左右。经过几次改进，最后也上升到 90%。至于每条亲鱼中挤出的卵数，则鲢鱼为 13 700～88 000 不等，鲩鱼为29 000～138 600 不等。最多的一次，是一条重仅 14 斤的鲩鱼，挤出的连同自然流散在船舱中的成熟卵共达 430 900 粒之多。鱼苗孵化后 5 天，移入临时开掘的鱼苗池饲养。经过 28 天的饲养后，鲩鱼苗体长为 30～35 毫米，个别达 41 毫米，鲢鱼苗因放养密度稀，生长更为迅速，同期内体长达 70～75 毫米。①”

在鲩、鲢鱼卵的人工授精和孵化过程中，人工授精的手续倒是非常简易的，只要用手自前向后轻挤成熟雌鱼的腹部，使卵流入空盆内，然后立即用同样的方法将雄鱼的鱼白（精液）挤入该盆，用鹅毛或手指轻轻将精卵拌和，静置 10 分钟，用清水将鱼白洗净，然后再注入清水，一两个小时后就可检查受精率，并置入孵化箱静候孵化。一般来说，一碗普通鱼卵，用一小酒杯鱼白就够了。

可困难的是挤卵或精液时，必须使鱼保持静止不动。刘建康和同事们通过多次试验想出一个方法：

由于鱼身过大，挣扎猛烈，所以我们用一根木棒，一端缚上一个木滑轮（“木葫芦”），先在水中把鱼的尾柄部分绑在木棒上，然后将头部的套索绕过木滑轮，再抽紧套索至鱼身紧贴木棒不能动弹为度，最后将木棒连鱼拖出水面，这样鱼才完全就范，保证挤取精卵工作的顺利进行。②

---

① 中国科学院水生生物研究所淡水生态研究中心编：《刘建康鱼类学和水生生物学文集》。北京：科学出版社，2011 年，第 167 页。

② 同①，第 169 页。

宜昌虽是良好的产卵场,却不产鱼苗。因为卵产出后,一直流到下游200里以下才孵化成鱼苗。因此人工鱼苗的出现,颇受当地的老百姓欢迎。从30里外的"古老背"到200里外的"江口",都有人来运刘建康他们试验成功的鱼苗。一位老年渔民在看到人工授精的鱼苗在卵中扭动欲出时说:"活了一辈子,这种事情听也没有听到过,现在亲眼看到了才相信"。[①] 有些渔民则主动学习相关技术,准备来年亲自进行。

刘建康还对人工授精孵化能大规模的进行提出需要解决的几个问题,他认为首先要改良渔具,希望能使用机船和更新式的网具,还要改良孵化器,但更重要的工作是亲鱼催青的试验。而且,他强调鱼类生殖生理的研究仍旧是一项基本的研究,只有掌握了鱼类生殖机能的规律后,才有可能变革现实,从而从根本上解决鱼的供应问题。

也有人认为,人工授精推行之后会影响到天然鱼苗的事业,而且也不可能解决我国鱼苗的全面供应问题,所以有关这方面的经营和试验都应马上停止。一个叫黄绍瑀的作者以1952年广西鱼苗的自然产量减产为例,发表文章对人工授精予以公开否定。针对这种质疑可能会在研究者和实践中引起的思想混乱,刘建康在给简焯坡[②]的回信中给予了详细的解释:

> 天然鱼苗的产量,早在1936年林书颜、陈椿寿的《中国鱼类志》里就提到是"年有丰歉"。没有一定的把握,黄同志在文章里说,"近数年来在广西鱼苗的自然产量上呈现了鲢鳙鱼苗的严重减产现象",但所举出的数字,只是1952年一年的数字,与1933年的产量相比较,要证实广西鲢鳙鱼苗确在减产,必须提供更多的资料,不论减少是否确实,这样的论证方法是不科学的,因此也难以令人信服。
>
> 姑假定减产确是事实,是否由于人工授精所引起,还不能遽下结论。因为根据作者的资料,东塔村42只渔船全年的渔获记录只捕到鲢

① 中国科学院水生生物研究所淡水生态研究中心编:《刘建康鱼类学和水生生物学文集》,科学出版社,2011年,第168页。

② 简焯坡,时任中国科学院计划局生物学地学组负责人。

鳙雌雄合共54尾，这样说来，东塔地区500只渔船全年的捕鱼量也不到650尾（鲢鳙均计算在内），而宜昌地区四五两月捕获的亲鱼，单就白鲢而论已达二万斤以上（约合一千三四百尾），这样的捕捉亲鱼，在宜昌已有三代的历史，但长江鱼苗却没有减产。因此，我认为广西天然鱼苗如果经过科学的研究后确有减产现象，其减产的原因，还值得研究，不能遽即归咎于人工授精。

作者说人工授精刺激了亲鱼的捕捉，所以要保护亲鱼就要停止人工授精工作。这点我也不能同意。渔民捕鱼，主要的还是要鱼不是要做人工授精。如果单是停止人工授精工作，渔民是不是就不捕捉亲鱼了呢？宜昌在1953年以前，人工授精还是"闻所未闻"，但渔民大量捕捉亲鱼，已有百年以上的历史。显然不能说是由人工授精工作引起来的了。停止人工授精，仍不能达到保护亲鱼的目的。

最主要的一点，是作者把人工授精和繁殖保护对立起来，认为这两件事是矛盾的。这是完全错误的。即令广西天然鱼苗确实是在减产，而减产的原因又确是由于受人工授精的刺激致亲鱼捕捉过多，我们是不是在确有滥渔现象的地区，政府应制定适当的保护法令，限制亲鱼的捕捉，但这不等于全部停止捕捉（政府应该掌握一部分亲鱼作人工授精之用）。举个例来说，东北的大马哈鱼，整个渔业就是一个在生殖时期捕捉亲鱼的渔业。我们应制订繁殖保护的法令。苏联在下游已有了保护法令，但这个保护法令绝不是取消大马哈鱼渔业，而是规定禁渔区或禁渔期，使一部分亲鱼能完成其生殖作用。所以，我们完全可以做到一方面要进行繁殖保护，一方面又要做人工授精……

人工授精能不能全部代替天然鱼苗呢？在催青试验还没有成功前，的确还有些困难。但我们没有任何理由因为人工授精目下还不能解决全部鱼苗供应问题而建议人工授精工作应该停止。我们不能单从数字上来看，而须从运输问题上来着想。宜昌地区的亲鱼，如在出售前利用作人工授精之用，据我们的估计（凭现在已能达到的规模）即在一千万尾之上，除了供宜昌本地之用，还可供应四川，缩短1 400里逆水的鱼苗运输线（四川所需鱼苗是从汉口运上去的）。华北和东北如果能做鱼类的人工授精，就可适当解决一部分或全部长途运输问题①。

……

最后刘建康强调，其中关键在于组织和领导。在有组织有领导的方式下进行这项计划，我们完全有可能做到扩大人工育苗的范围，同时不影响天然鱼苗的生产。

在太湖时期，刘建康还与伍献文教授一起编写了10万字的通俗读物《鱼》。1952年1月初稿完成后，他们怀着满腔的爱国热忱，把稿费全部捐献，支援抗美援朝，购买飞机大炮。

即便是在极“左”路线的氛围中，刘建康对科研的认真和投入，也得到承认：

“（刘建康）在业务上的确是努力的而且肯开动脑筋去搞的。对本门科学以外的一般知识各方面都有一些基础，工作中也能下‘苦功’想办法，如要看日文书，便从日文字母去学习。在工作中还能发现问题。但也有一缺点，就是对问题过早地下结论，以至以后工作要受限制。刘在工作中认真负责，并且能专心一意搞下去，富有朝气，在无锡时几乎每天搞到深夜而不知疲倦，做鱼运输的工作，自己也轮值夜班看守鱼苗，参加水库调查时，刘会徒步走50多公里而不叫苦，在工作中能钻研想办法，如设计了三层网装置，找出各层鱼类的种类和数量来。”②

淮河上游山谷水库调查

淮河发源于河南，流经安徽、江苏。1950年夏，淮河流域大雨成灾，毛泽

① 刘建康因关于鱼卵人工授精争议致焯坡信（1954年），资料存采集工程数据库。手稿。

② 刘建康之情况介绍，干部档案，中国科学院上海处整理，1955年3月。资料存采集工程数据库。

东主席连续4次作出重要批示，要求尽快治理淮河。1951年5月，毛主席题词“一定要把淮河修好”。并要求河南、安徽、江苏“三省共保，一齐动手”。河南境内列为“治淮方略”的工程项目主要是在干、支流修建石漫滩、板桥、白沙、薄山、南湾等16个大中型水库。这些淮河上游山谷水库建成后，在淮河防汛中发挥了重要作用。而水库除了蓄拦山洪外，还可以加以多样的利用，其中养鱼便是一个重要的选择。当时，如何利用水库来增加鱼产量，成为我国生物学工作者和水产部门的一个重要课题。

1953年9月，水生生物研究所派出刘建康为首的调查队来到河南省，对板桥、石漫滩、白沙三个已成水库进行调查。由于他们到达时板桥水库已排水殆尽，没能采得水库本身的水样，白沙水库当时尚无船只，水样只能在库边采取，应该说代表性较差。所以，1954年8月，刘建康再次率队对板桥和白沙水库进行了补充调查，当时的调查队员中有朱宁生、王祖熊、蒋一珪、褚新洛、王精豹、吴文星等。

所谓“山谷水库”，是由建立巨大的拦河坝横断山谷中的河流而形成的。板桥水库位于汝河上游，距离驻马店45公里；石漫滩水库位于洪河上游，距离舞阳县18公里；白沙水库位于颍河上游，距离禹县30公里。调查队详细

图5-4　1953年，从河南驻马店到板桥水库途中（右起：朱宁生、吴文星、褚新洛、王精豹、蒋一珪，左一是当地的马车夫。刘建康摄影）

调查了三个水库的水文、浮游生物、鱼类等情况。

据王精豹回忆，从驻马店出发到板桥水库45公里，大家徒步走了整整一天，途中几位队员实在走不动了，才雇了一辆马车运送部分队员及行李，而刘建康和褚新洛两位坚持全程走到板桥水库。调查工作中刘建康非常认真，晚上在小店住下，还把几位年轻队员召集到一起在煤油灯下学习俄文。刘建康晚年看到这张照片回忆起几个细节：照相机是所里的，在调查队里由他负责使用和保管；自带被褥（照片中马车上可见）住在小店里，小店门口的灯笼上还写着“未晚先投宿，鸡鸣早看天”。他回忆，通过实地调查，提出了渔业利用的初步意见，强调了拦鱼设施、大规格鱼种和“除野”问题。为了避免鱼种的逃逸，需要在水库出口处加设阻拦鱼类的设施；由于阻拦网眼不应密到足以严重妨碍水流的速度，鱼种必须是大规格的，不小于13～14厘米；水库中存在若干种食鱼的“野鱼”如鲶鱼、鳜鱼、乌鱼、鳡鱼等，对鱼种是有害的，须在放养鱼种前用曳网进行“除野”。调查队在板桥水库和白沙水库都记录了渔民以鸬鹚捕鱼，在白沙水库，“11只鸬鹚在3个小时内捕得鱼100斤以上，其中大多数是尺余长的鲶鱼。”在石漫滩水库，“鲫鱼生长良好，一般在1斤以上，个别达2斤4两。[①]”

刘建康在1955年发表的《淮河山谷水库的调查及其养鱼的利用》中，详细介绍了山谷水库的具体情况，认为水质条件适宜利用养鱼，因为这些水库的水温条件合适，冬季库水也不封冻，水稍带碱性，溶解氧量即使在底层也够维持鱼的呼吸，氯化物的含量不致影响到鱼的繁殖，水中又有相当数量的能为鱼类所利用的浮游生物。刘建康还提出了关于如何利用的初步意见。其中，通过分析水库本身的或其他所在地河川中的鱼类，以及向附近渔民了解当地渔产情况后，指出：当地天然的鱼族不宜作为利用的基础。鉴于水库面积大，不可能人工饵料喂鱼，因而主要依靠天然饵料。根据三个水库中浮游生物的特点，他建议花鲢应该作为当时放养的重点，在花鲢之外搭配少数其他鱼种。针对鱼种容易逃逸的情况，他又根据地形和水文特征提出了针

① 此处资料和图片由中科院水生生物研究所张晓良提供。张晓良围绕这张照片，分别于2013年8月18日、27日、28日三次访问王精豹，又于8月26日访问刘建康。

对性的具体防范措施，建议水库在输水道和溢洪道中须配备拦阻网，库床及上游河流中的个别地区需进行适当的地形改良工作。还对水库的鱼产量进行了初步的估算，认为板桥水库可以年总产量达到 400 000 斤，白沙水库可达 375 000 斤。至于水库养鱼所需要的大量鱼种，刘建康认为首先须在大小上达到一定的规格，而要解决鱼种供应上的困难，只有就地准备鱼种池，运入鱼苗自行培养。他建议水库在鱼种放入前，须经过清除野鱼的过程。报告还具体设计了两水库第一年的放养量和各种“鱼种”的组合比例。

在这些分析和研究中，刘建康虽然参考了苏联的资料，但他同时又非常明确地指出：

“我国大型水库的养鱼还是一项崭新的、计划中的事业，没有过去的材料可资依据，在利用的方式方面，可能有些地方也不适于直接搬用苏联的先进经验。①”

从沙市到武汉的鱼类生态调查

刘建康在总结鱼苗人工授精孵化时，强调了鱼类生理和生态的研究不能放松。1953 年 10 月下旬，他便在沙市、荆门和武汉之间，进行了有关鱼类生态的调查。不妨来看看他当时亲笔填写的“中国科学院水生生物研究所出差工作日志”：

日期：1953 年 10 月 25～28 日（星期日—三）

工作人员：刘建康

① 刘建康，朱宁生，王祖熊：《淮河山谷水库的调查及其养鱼的利用》。《水生生物学集刊》，1955 年 1 期。

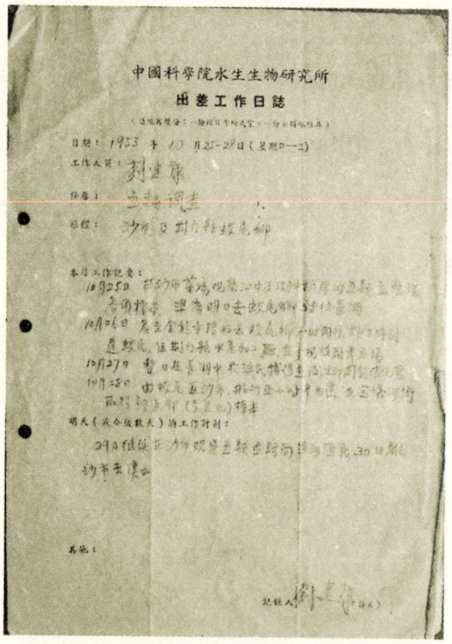

中國科學院水生生物研究所

出差工作日誌

图 5-5　1953 年刘建康工作日志一页

任务：鱼类调查

旅程：沙市，及荆门县蛟尾乡

本日工作纪要：

10 月 25 日　在沙市菜场观察江中及湖中捕得的鱼类，并整理各项标本，准备明日去蛟尾乡转往长湖。

10 月 26 日　晨至金龙寺搭船去蛟尾乡，十时开行，下午三时到达蛟尾，住荆门县水产加工厂，并参观该厂养鱼场。

10 月 27 日　整日在长湖中，于渔民捕得鱼后，立即固定消化管。

10 月 28 日　由蛟尾返沙市，船行五小时半而达，去宝塔河街取得鳇鱼卵（呈黑色）标本。

明天（或今后数天）的工作计划：

29 日继续在沙市观察鱼类并访问渔民，30 日离沙市去汉口①

而在紧接着关于 29～31 日的工作日志中，他的日程是：

29 日　至沙市宝塔河街鱼市场观察鳇鱼及鲟鱼并予摄影，与渔民谈鳇鱼及鲟鱼生活习性，观察长江中当年鲢鱼及鲤鱼的生长情形。

30 日　上午十时搭民和轮离沙市赴汉口，船于上午十一时开行。

31 日　上午十一时抵汉口将标本箱及显微镜寄存江汉路 87 号，下午来武昌，住北城角十四号湖泊调查队。

明天（或今后数天）的工作计划：

为湖泊调查队讲养殖方面的问题，因等候队员集中武昌，该讲演暂

① 出差工作日志，手稿。1953 年 10 月 25－31 日。资料存老科学家学术成长资料馆藏基地。

定于六日七日两天举行，讲毕即候轮返沪。[1]

读上面的日志，我们仿佛仍能听到他当年匆忙的脚步声，可以看到他精力充沛、全心投入鱼类生态研究事业的身影。这一年，他还主持进行了鱼苗类的垂直分布、鱼苗120小时不换水试验、弹网中所采得的野鱼苗的鉴定等研究活动。

① 出差工作日志，手稿。1953年10月25－31日。资料存老科学家学术成长资料馆藏基地。

第六章
迁往武汉

养鱼池单位面积产量试验

按照上述水生所第一个五年计划的要求，淡水渔业的发展是这一时期的重中之重。首先当是搞清中小型湖泊放养“四大家鱼”①的一些基本问题，如饲养鱼的食料、生长与生态，湖泊中天然环境与有害鱼的生态，以及湖中生物的生态与培养、养殖方法的改良和鱼病的控制，然后是江中天然鱼苗的获取、运输、产地普查，接下来是饲养鱼的人工授精与人工孵化等。这又必然牵涉到鱼类的生态、生理与生化各方面，如各个类型湖泊的调查、浮游生物的分类、淡水鱼的体型、淡水鱼的分类与生态、鱼类寄生虫的分类与生活史等。刘建康以饱满的热情投入到所分配的任务中。

1953 年，当时正值苏联集体农庄、国营农场和国家池塘养鱼企业蓬勃发展，而以学习苏联经验为主要借鉴的中国水产养殖界，池塘单位面积产量如何提高成为共同关注的话题。

① 四大家鱼指人工饲养的青鱼、草鱼、鲢鱼、鳙鱼。

早在公元前5世纪，我国就诞生了世界上第一部养鱼著作《养鱼经》。进入20世纪，各类学科日益发达，养鱼似乎还停留于恪守一种传统，新兴的鱼类人工繁殖以及淡水生物技术有待普及推广。偏偏这时，有外国科学家向中国科学院问询："中国的池塘养鱼何以能高产?"当时的中国科学院把这个问题交给了水生所。

刘建康主持了这一方面的攻关研究。于是五里湖畔时常出现这位文质彬彬的"渔民"。他心里装着先祖的养鱼经，下决心要将祖国民间宝贵的经验进行科学总结。古人知道草青鲢鳙各自的喜食爱好，却不知其中的关系，尤其是"饲料系数"：草鱼食多少草长一斤肉？青鱼食几斤螺蚬才长成十来斤重的躯体？这都是需要揭开的科学密码。他以总结中国传统养鱼经验为目的在两口池中进行试验。第一口池塘面积为6 065平方米，大约合9.1亩，放进以青鱼及鲤鱼为主要养殖对象，兼放鲢、鳙、鳊，定期放入螺和蚬等为食料，经过一年时间的养殖再进行产量比较。第二口池面积为3 657平方米，大约合5.5亩，以放养鲩鱼鱼种为主，鲢、鳙、鳊、鲤为副，定期放入水草饲料，同样经过一年的饲养再进行产量比较。配合进行试验的有一批经验丰富的渔工，他们对刘建康的课题颇感兴趣，往池塘里投草放螺打破了传统，过磅称斤，逐日观察，仰天看日头，埋头测水温。这古老的活计注入了新鲜的程序，他们期盼着试验的结果。1954年刘建康完成了著名的《养鱼池单位面积产量试验》并于1955年发表。关于这篇文章的主要内容，刘建康在摘要和结论中这样描述：

"1. 我国民间的养鱼事业具有悠久的历史和相当完整的一套经验，单位面积的丰产纪录达到世界最高水平，但正确而具体的资料却非常缺乏。要推广养鱼技术和进一步提高产量，须从总结群众经验着手。

2. 本文报告了纯粹按群众的养鱼方法进行的两组试验的结果，第一组以青鱼为主体，配搭鲢、鳙、鲤、鳊、鲩。第二组以鲩鱼为主，搭配鲢、鳙、鳊、鲤。单位面积产量第一组为每亩产鱼1 183斤；除去鱼种重量后每亩净产1 004斤；第二组为每亩528斤，除去鱼种重量后每亩净产401斤。

3. 两组鱼池的情况、鱼种的规格、放养量、组合比例、投饵量、鱼的生产率、死亡率、收益计算以及水温和浮游生物等资料，均经详细记载（浮游生物方面的有关资料另文发表）。

4. 试验的结果，除了提供各项资料之外，指出上项单位面积产量尚有显著提高的余地。

5. 在水温和鱼类食欲的关系上，试验的结果指出这几种鱼旺盛摄食的条件，是日平均水温不低于22℃。

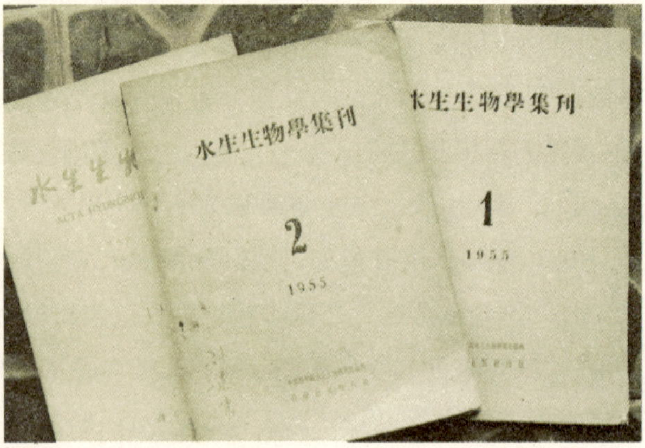

图6-1 20世纪50年代的《水生生物学集刊》

6. 在饵料对于主体鱼的增肉率方面，试验证明，每40市石的动物性饵料（螺、蚬和蚌），可增加青鱼和鲤鱼的一市担。在鲩鱼旺食季节（5月至10月），平均每天投喂水草0.9～1.26市担，至收获时可增加鲩鱼1市担。同池中作为配搭的其他鱼类一概不需另给饵料。

7. 从收益计算的结果来看，养鱼是有优厚的利益的。按照苏联的范例，在农业生产合作社中广泛组织养鱼副业，既可替国家创造财富，丰富劳动人民的食品，又可增加社员的收入，是应该提倡的。

8. 就单位面积产量和利润来看，以青鱼为主体的鱼池，较以鲩鱼为主体的鱼池高出很多，在动物性饵料（螺、蚬和蚌）条件充分的地区，应该尽量以青鱼为主体鱼饲养。①”

① 中国科学院水生生物研究所淡水生态研究中心编：《刘建康鱼类学和水生生物学文集》。北京：科学出版社，2011年，第188页。

这篇论文被水产界公认为我国传统养鱼经验的科学总结，文中首次提出了草鱼、青鱼的饲料系数，引起了外国同行专家的关注。1962 年，Hickling, C. F. 在其专著《鱼类养殖》中，对全世界鱼类养殖作了介绍。这本书所写的中国池塘养殖部分，主要采取了上面论文中的信息，并体会中国养殖的特点：

1. 总产量是惊人的高，同时每尾青鱼可从重量 2 斤长到 8.5 斤。

2. 混合养殖的实效就是一种主养的鱼种吸取饲料而生长，其他鱼种就不用饲料。所以在 Hickling 书中说草鱼(指鲩鱼)在混养条件下，用 57 份水草就能获得一份鱼肉，如果单纯养草鱼就需要 94 份水草才能获得一份鱼肉。

3. 放养量大而死亡率不高。①

从中我们可以看到这篇论文产生的重要影响。

1955 年，刘建康还与王祖熊合作发表了《江中家鱼苗垂直分布的初步观察》②一文，对江中家鱼苗采集和计算方法以及所得数据的讨论，为鱼苗生产提供参考。观察发现：在同一垂直位置上分层设弶网采集鱼苗的结果，证明在采集地点(水深 3.1～4.0 米)江水的上、中、下层都有家鱼苗的分布；在 11 次专为比较各层鱼苗分布密度而进行的采集中，家鱼苗的密度以上层为最高的有 5 次，以中层为最高的有 4 次，以下层为最高的有 2 次；上层弶网家鱼苗的平均捕获率占三层弶网中家鱼苗总捕获率的 43.5%，中层占 27.6%，下层占 28.9%；“蒙子”的分布主要集中在上层，上层弶网所捕获的“蒙子”的数量，占三层总捕获率的 93.2%；在蒙子和家鱼苗的数量对比上，上层弶网在白天采集时与夜间采集时有极大的差异，中下游弶网中就没有这种情形；由于家鱼苗在中下层的分布密度有时可大于上层，而且中下层的鱼苗又很少蒙子的掺杂，所以当上层家鱼苗稀少时，试行中下层的采捕可能是有实践意义的。

① 中国科学院学部委员候选人推荐书，1979 年 10 月。资料存采集工程数据库。

② 刘建康、王祖熊：《江中家鱼苗垂直分布的初步观察》。《水生生物学集刊》，1955 年，第 2 期。

初到江城

新中国的建设百废待兴。1952 年初，中国科学院计划局生物学地学组负责人简焯坡，责成计划局对应水生所的联络员薛攀皋用几个月时间调查了解我国水产生产和科学实验研究的情况，以及需要中国科学院协助研究解决的科学问题。于是薛攀皋开始了和农业部水产总局[①]的接触。夏秋之季，他到上海、江苏、浙江、江西、福建等地进行了实地调查，然后向水产总局局长高树颐汇报。高局长听完汇报后，认为他所到之处相对而言是水产发达地区：湖北一带，水域面积很大，淡水渔业有很大发展潜力，但基础较差，科学研究工作非常薄弱。特别是湖北省有“千湖之省”的美称，无论从水生生物学本身的发展，或联系水产生产的实际，都有广阔的天地。他希望中国科学院领导考虑，可不可以将水生生物所和太湖淡水生物研究室迁往武汉市。薛攀皋以书面报告和口头报告，如实向简焯坡提出了高树颐的建议。随后，在一次会议上，高树颐又向简焯坡重申了水产总局的建议。

中科院副院长竺可桢非常重视这个建议。他首先征求水生生物所王家楫所长和伍献文副所长等人的意见。据竺老 1952 年 9 月 9 日记载：“农业部希望(太湖)淡水生物室去武汉，太湖室同仁均主张搬。”11 月 1 日，中国科学院第 42 次院长会议，同意水生生物所、太湖淡水生物研究室迁武汉。12 月 9 日，伍献文副所长向竺可桢汇报他在武汉的考察情况。伍献文两次去武汉进行湖泊调查，同时考察了新所址，认为“地点以东湖最好”。12 月中旬，竺可桢先后亲自与武汉大学校长李达、教务处长高尚荫谈水生所迁武汉并商请从武汉大学靠近东湖附近划拨一块地作为该所所址，获得同意。湖北省

① 当时水产总局局长是高树颐，负责该局科技的专家有费鸿年等。

武汉市也欢迎水生生物所落户东湖。[1]

1953年，正是新中国第一个五年计划（1953～1957）的第一年，百废待兴的中国，正大规模开展经济建设。中国科学院水生生物研究所开篇这样描述他们的第一个五年计划"总精神"：

"淡水生物是水生生物学的一支，它可从多方面为祖国社会主义建设服务。在目前国家大规模经济建设第一个五年计划开始，它同淡水渔业相结合是一条最广阔的道路。旧中国淡水渔业科学的基础非常薄弱，所以淡水生物学初期的工作应以推动淡水渔业的发展为主要任务，从而提供并丰富研究的题材，使淡水生物学可在密切结合生产原则下发展起来。淡水生物学水平提高了，再指导生产事业，又使淡水渔业不断地向前推进。就实际情况而言，发展我国淡水渔业必须以天然湖泊与水库的利用为重点，而其中尤以中小型湖泊的放养为重点中的重点，而且必须是首先实行的。因此第一个五年工作计划主要是为解决中小型湖泊放养上一些基本问题而制定的。[2]"

就在这样的背景下，大家对水生所搬至武汉表现出很高的热情。诚然，湖北位于长江中游，人称"千湖之省"，具有得天独厚的水域优势。武汉市内又有全国最大的城中湖——东湖，搞淡水资源和水生态研究搬到那里是最合适不过的。

而此时刘建康的专业成就已为所内同事公认，他性格直爽，态度认真，同事们对他的意见往往都很重视。特别是在重要的业务问题上他开始表现出规划组织的能力和前瞻性眼光。他在1953年11月26日晚上七点的一次工作会议上，率先表达自己对来年"鱼苗工作和生态工作"的理解，而且对迁

① 薛攀皋：《水生生物研究所从上海迁武汉五十周年有感》。见：《薛攀皋文集》，中国科学院自然科学史研究所院史研究室印行，2008年。

②《中国科学院水生生物研究所第一个五年计划工作大纲》（1953年）。资料存采集工程数据库。

至武汉后如何开展梁子湖的调查研究也提出了自己的设想。针对当时只重学习苏联方面的做法，刘建康提出自己的意见，譬如对实习生的培养训练："练习生训练主要在工作中学习，工作中有领导……每周书报讨论一次，全体人员参加，每组每周一次谈有关业务问题……我以为把业务学习与学习苏联结合起来""练习生也需要专门化，然后与工作结合学习。"①

然而刘建康对1953年鱼类组的工作并不满意，他非常具体地分析和总结了在计划执行、学习苏联经验和研究队伍培养方面的教训，强调了研究方向、团队精神、深入基层、周密计划、重视理论基础与实际相结合、重视外文并加强与外国同行专家建立学术交流。鱼类学组1953年工作情况书面报告这样写道：

"一年来的工作，环绕着发展淡水渔业的中心目标而进行，在这方面有一定限度的收获。对于本门科学的生长点——鱼类的生态研究（结合生理研究）——还停留在初步搜集资料的准备阶段。在组织力量方面，特别是在组织所外力量方面完全没有做到，所有的研究题目，都是"单干"性质，没有和院外机构适当地分工合作，与产业部门的联系停留在上层，故与地方机构之间的联系很差，以致很多有关的资料没有掌握，地方机构在试验方面所得的经验也未能吸收。

一般来说，准备工作做得不够，在对外联系、资料文献的搜集、出差需用的仪器用具，以及进行的步骤上，都表现有此项（指研究计划）缺点，以致影响到工作的效率。根本原因在于计划性不够，必须争取加强。

学习苏联方面，在去年俄文速成学习之后，很多同志开始接触苏联文献，在阅读能力上都有了提高，但因没有组织形式，学习抓得不紧，多少有自流现象。对于达尔文主义或米丘林学说的学习，缺乏足够的重视，仅有个别同志自发的学习，因此也就难以深入。

---

① 会议记录，1953年11月26日。实物资料存采集工程数据库。

助理研究员在实际工作中得到了提高，但在本门科学的理论钻研上，领导同志未给予应有的指点。由于人员分散和工作的流动性，书报讨论迄未开始……助理研究员的业务提高方面过去没有明确的方向，随着本组今后人数的增加，应适当地分别专业，使业务的钻研易于深入。研究实习员在掌握鱼类学的一般知识后，应在实际工作中受到训练，培养做研究工作的能力，练习生应结合工作，培养动物学和外文的基础，使能安心于工作岗位并逐步得到提高。[①]”

在1953年11月29日刘建康亲笔填写的“一九五四年研究(鱼类组)工作计划表”上，他细致地对来年的工作进行了策划。在这份计划书中，记录了当时准备开展的项目和拟达到的目标，并有具体的工作进度安排。其中包括鱼苗育殖试验、鱼苗运输方法的改进、淡水鱼类的生态研究、水库调查。其中明确提出了“对于梁子湖(或湖北省其他中小型湖)鱼类的一般生态情形有初步的认识，特别对其中经济上最重要的鱼类有较系统的了解”。[②] 而且说明，梁子湖的鱼类生态研究工作将持续一年，目的是积累经验，为此后更深入地研究做好准备。事实上，他的这些策划和目标都在后来的工作中得以实现。

1954年4月23日至6月9日，他带领组内同事到宜昌进行了为期一个半月的鱼类标本采集，采集到的标本分别属于10目22科共73种，还获得了大量关于鱼类生态的实际经验：

自四月二十三日至六月九日，约一个半月的时间里，与催青工作同时，我们收集了一些当地的鱼类，采集的方法是以直接与渔民取得联系从而获得标本的方式为主，而以向市场购买的方式为次。在进行该项工作时，我们还访问了很多生产经验丰富的渔民，从他们那里，得到许多生动的有关于鱼类生态方面的知识，虽然此等情况尚待今后实地观

① 鱼类组工作总结，1953年底或1954年初。资料存采集工程数据库。

② 1953～1957年鱼类组主要研究工作简表，1953年11月29日。资料存采集工程数据库。

察与证实，但却涵盖着深刻的参考意义。①

1954 年 8 月，中国科学院水生生物研究所从上海迁至湖北省，而且落脚在武汉市东湖之滨。从决策、选择所址、基建到结束搬迁，为时不到两年。

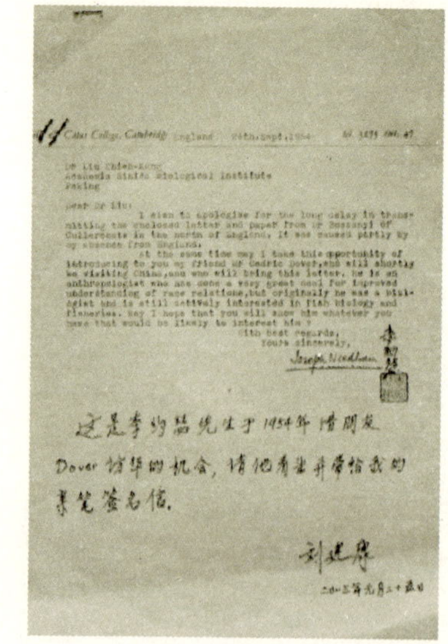

Caius College, Cambridge England 24th Sept. 1954

Dr Liu Chien-kang
Academia Sinica Biological Institute
Peking

Dear Dr Liu:

I wish to apologise for the long delay in transmitting the enclosed letter and paper from Dr [illegible] of Cullercoats in the north of England. It was caused partly by my absence from England.

At the same time may I take this opportunity of introducing to you my friend Mr Cedric Dover, who will shortly be visiting China, and who will bring this letter. He is an anthropologist who has done a very great deal for improved understanding of race relations, but originally he was a biologist and is still actively interested in fish biology and fisheries. May I hope that you will show him whatever you have that would be likely to interest him?

With best regards,
Yours sincerely,
Joseph Needham

李约瑟

这是李约瑟先生于1954年借朋友Dover访华的机会，请他看望并带给我的亲笔签名信。

刘建康

图6-2 1954 年李约瑟写给刘建康的亲笔信。因为只发现复印件，刘建康在其上亲笔写了说明

初到武汉的时候，正逢发大水，城内一片汪洋，湖水漫过堤坝，江堤不断告急。有人开玩笑说，这水也太多了吧。但大水之后，大家很快就喜欢上了这个城市。这儿两江汇聚，湖泊纵横。大家坚信，研究水的人，到武汉定是来得其所，可大有作为的。

水生所迁至武汉后，刘建康提出在东湖设置观测站点，为长期的研究积累基础资料，并且坚持数十年不懈，至今水生所还保存有关于东湖水生态 60 年来的资料。他的这种远见和坚持的精神，深受同行学者的赞誉：

“他 1954 年到东湖，到东湖以后，他就建立了东湖生态站，那时候开始东湖就有三个站点，每个月定期记录采集东湖（水生生物）整个变化的过程，整个生态系统的结构功能的变化情况。这是非常难能可贵的，上百年在一个地方，同一采集技术和同一指标来观测水体，他把这坚持了下来，一代传一代，现在那儿还保存着 60 年的基本资料。可以很清楚地从中知道，60 年来东湖发生了什么。这就是在他的领导下坚持下来的。②”

就在这一年的 9 月 24 日，李约瑟借朋友 Dover 访华的机会，专门捎来手

① 1954 年宜昌工作组所收采的鱼类。资料存采集工程数据库。

② 陈宜瑜访谈，2013 年 5 月 16 日，北京。资料存采集工程数据库。

签亲笔信向他表示问候。

梁子湖鱼类生态调查

按照有关专家的提示，刘建康担任指挥策划梁子湖鱼类生态调查，这是他科研生涯中投入精力多、所获成果多，而自己很少提及的时期。

1955年，水生所鱼类组设立了“梁子湖鱼类生态调查”课题，由鱼类学组组长刘建康负责，他们在长江中游的梁子湖中的梁子镇上设立了工作站，进行鱼类生态学的调查研究。这项工作一直持续到1957年。

梁子湖的设站调研工作是在上海时期即已确定的计划，刘建康曾在那时的会上谈到这项工作。为保证课题的顺利开展，刘建康认真筹划了调查方案，精心设计了“调查表”，并印在大16开纸上，内容有调查时间、地点、鱼类种类、标本数量、性别、长度、重量、消化道内食物组成、性腺发育状况、成熟系数等，统一了调查规范，体现出系统而完整的设计思想。

梁子湖是长江中游冲积地区的一个中型湖泊，位于湖北省东部长江南岸，分属鄂城、武昌、大冶三县，面积687 750市亩。

1954年，水生生物研究所由上海迁至湖北省武汉市。这一年里，当水生所尚未全部搬迁到武汉时，发生了长江大洪水，陈佩薰、蒋一珪、王精豹3人来到梁子湖，准备建立野外工作站，梁子湖中有个梁子岛（即梁子镇），刚在岛上的派出所安顿下来，接着却接到上级通知，说梁子镇有可能淹水，便赶紧撤回武汉，直至大水完全退去，才重返梁子湖。当时在梁子岛上建工作站，条件是很艰苦的，照明都是用煤油灯。[①] 水生所许多科研人员都在梁子湖工作过。以刘建康为首，他在两年的时间里，“一半时间在武昌，一半时间在梁子，每月来梁子两星期”[②]，其他研究者有从事鱼类生态研究的朱宁生、陈佩薰、

---

① 曹文宣访谈，2013年9月16日，武汉。资料存采集工程数据库。

② 刘建康日记（1955～1956，部分）。资料存采集工程数据库。

蒋一珪、朱居宏、陈宏溪、曹文宣、朱志荣、杜金瑞、方榕乐等；从事鱼类分类学研究的易伯鲁、褚新洛等；从事水环境、水化学研究的有王祖熊、王精豹等。

在刘建康的领导下，水生所在梁子湖时期的工作成绩是非常突出的：调查清楚了梁子湖共有鱼类 63 种，收集到近 30 种经济鱼类的第一手生态资料，发表了 15 篇论文。①

同行专家陈宜瑜②院士在谈到梁子湖时期时这样说：

图 6-3　1955 年 9 月 22 日，梁子湖第一批科研人员合影，前排左起：朱宁生、朱居宏、赵素珍、任仲年、张春良、褚新洛、王精豹，后排左起：陈思砖、蒋一珪、陈佩薰、易伯鲁、王祖熊、陈宏溪、朱志荣（刘建康拍摄）

① 这十五篇论文指：《梁子湖的自然环境及其渔业资源问题》（刘建康）、《梁子湖鲤鱼鳞片年轮的标志及其形成的时期》（陈佩薰）、《梁子湖中鳡鱼的食性》（朱宁生、陈宏溪）、《梁子湖湖沼学资料》（王祖熊）、《梁子湖粿业的调查》（王祖熊）、《梁子湖鳜鱼的生物学》（蒋一珪）、《梁子湖戴氏鲌的生物学研究》（陈佩薰）、《梁子湖鲫鱼的生物学研究》（陈佩薰）、《梁子湖鲤鱼的生物学》（蒋一珪、陈佩薰）、《梁子湖的团头鲂与三角鲂》（曹文宣）、《梁子湖沙鳢的生态研究》（郝天和，北大生物系教师）、《梁子湖密鲴的生物学》（朱居宏）、《梁子湖蒙古红鲌的生物学》（朱居宏）、《梁子湖乌鳢生物学的研究》（杜金瑞）、《梁子湖黄颡鱼的繁殖和食性的研究》（杜金瑞），并由朱宁生、陈佩薰、褚新洛、蒋一珪、朱居宏等着手编写《梁子湖鱼类生态调查研究报告》等。

② 陈宜瑜（1944～　）1989 年任中国科学院水生生物所研究员；1991～1995 年任中国科学院水生生物所所长；1995～2003 年任中国科学院副院长。现任国家自然科学基金委员会主任，中国科学院生物学部主任，国际地圈——生物圈计划（IGBP）中国委员会主席，中国动物学会副理事长，中国海洋湖沼学会副理事长。主要从事淡水鱼类分类和系统进化的研究。

“在梁子湖工作的那一段时期，集中最优秀的团体，也训练了一批最优秀的人才。所以，梁子湖的工作对刘建康先生的科学生涯是很重的一笔，值得挖掘一下当时的组织、管理，还有成果。比如，基本的生物学资料，一些培育的新品种。他确定了一个基本的鱼类生物学方向，也带出了一批很优秀的学生。

图6-4 1996年10月27日刘建康与陈宣瑜在三峡工程附近合影

其实梁子湖的工作基本可以说是在他的领导下进行的，他可能自己不会对梁子湖的工作给予什么评价，因为有很多文章他发表了，却都没有署名。

（在梁子湖的）物化成果可以说是非常多的，只是刘建康先生不会把这些归于自己的名下。很简单的说吧，武昌鱼等一些水生生物的名字是在那里定下的，生物学史也是在那里做的，并且大量关于梁子湖一些生物资源的资料在那里被整合出来。没有这个，就没有后来的武昌鱼、三角鳊，可以说武昌鱼和后来一些的生物学资料都是很重要很有价值的物化成果。[①]”

① 陈宣瑜访谈，2013年5月16日，北京。资料存采集工程数据库。

梁子湖的生活是紧张而充实的，刘建康带领鱼类组进行了梁子湖湖沼环境及生物学环境的调查、鲤鱼的生物学、梁子湖一般鱼类的分类和生态调查、家鱼在梁子湖产卵的调查以及渔获物的分析等。但刘建康在回忆时却很少谈及自己在梁子湖调查中的贡献。我们只能从当年刘建康的日记①中，读到这样关于“梁子湖”的片断：

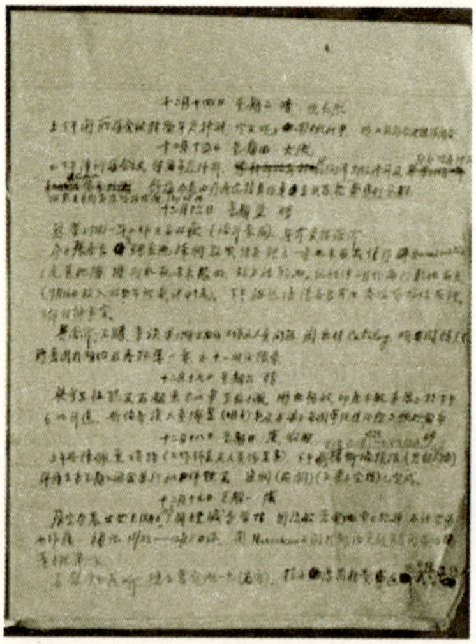

图6-5　梁子湖时期刘建康工作日记的一页

1955 年 10 月 23 日（星期日，晴）本月份定期湖上采集今日分三站同时进行。南北咀站有祖熊、宁生参加，由派出所李桂林同志驾驶船外机前往；葫瓢咀站有居宏、李珍、思砖参加，由石铭、张炳元驾机帆船前往（该船先开磨刀矶送伯鲁、雪峰、金瑞及派出所李副所长等上岸转往樊口，然后转向葫瓢咀）；旷林咀站由精豹、春良参加，由陈才银驾自备木船前往。三站船只于 12 时前同时返抵梁子。

1955 年 12 月 16 日（星期五，晴）（写梁子湖一年工作的主要收获）……与浴沂、王胜等谈梁子湖方面的工作及人员问题，阅器材Catalog、晚阅饶先生所著关于湖泊放养标准一章至十一时后结束。

1956 年 1 月 1 日（星期六，阴晴下午转雨），继续进行室内布置，分别请梁子湖有关机构于下午三时参加联欢会。

1956 年 1 月 4 日，今日为今年解剖鲤、鳡等鱼的第一天，除鲤、鳡外，尚进行翘嘴白和红梢等的检查（今年的工作计划），与伯鲁商定在其

① 刘建康日记（1955～1956 年，部分）。手稿。资料存采集工程数据库。

离此返沪前将梁子湖标本理出一套，并以《湖泊调查基本知识》中所写的检索表与简要说明为基础进行补充，以便作为人员训练之用。

1956年1月6日（星期五，阴寒，晚起六级大风，温度骤降）拟订梁子湖鱼类生态调查中各项工作的要求提纲。

1956年1月8日（星期日，晴，寒，湖边冰冻一寸厚，风全息）晨气温为－4℃，风已全息，渔船均出动捕鱼。至后塘看湖泊冰结对于调查用机船有无影响……派出所李所长称梁子湖计划把最低水位降低三公尺的消息，以及其他有关的发展规划。这项降低水位的计划对梁子湖的面貌将发生巨大改变，而研究工作也将有新的任务提出。约定水产科李惠卿同志明日详谈此项规划的内容及对渔业可能的影响和今后的任务。

……

刘建康的日记很翔实，很具体。从这些生动的细节，我们可以了解到他和同事们在梁子湖调查中的大致情形，能够感受到他在梁子湖鱼类资源与生态调查中的领导和策划作用。那个时候，无论酷暑难当还是天寒地冻，调查的工作一直都坚持不懈地进行着。1956年梁子湖的工作中，朱居宏、曹文宣等五人进行了鲫、鳜、草鱼、乌鱼、戴氏鲌、红鳍鲌、团头舫、三角鳊、黄姑子、沙鲴等10种经济鱼类的生态调查。刘建康本人具体主持了“环境因素对于鲤鲫产卵的影响”研究，因试验失败，没有写报告。鱼类组的王祖熊和王精豹还参与了化学组的“白鲢性

图6－6　梁子湖时期活动的主要参与者、现中国科学院水生生物研究所曹文宣院士在实验室（2013年9月16日覃兆剡摄）

腺成熟问题的生化研究”①。

关于梁子湖的研究报告，早在1955年底刘建康就曾致信科学出版社，②计划于1959年年底交稿。1957年上半年，刘建康领导进行了梁子湖工作的重点补充和报告编写。1959年，《梁子湖的自然环境及渔业资源问题》③发表在太平洋西部渔业研究委员会第二次全体会议论文集中。这篇研究报告是长江沿岸带有代表性的浅水湖泊调查的比较完备的记录。全文报告了以下四个方面的内容：

1. 非生物环境和生物环境。包括全湖的景观、水文、水中化学物质、全年浮游动植物、底栖动植物的情况等。

2. 梁子湖的渔业状况。包括鱼类总名录计63种，全年任何时期均能捕到的鱼类有18种，以鲤鱼的产量最高，达总产量的40%。将鱼类食性和底栖动植物生长情况相比较，就感觉到青、草两种鱼在湖中存在的种群太小，致使双壳类与水草大量过剩。

3. 繁殖保护问题。特别提到亲鱼产卵季节用各种方法捕捉亲鱼，影响了自然群体的补充，这是一个必须解决的问题。

4. 梁子湖减产的原因。1955年梁子湖全年产量曾达到1 300万斤，以后虽然渔民及捕捞工具都增加，但产量却大幅下降。作者认为其减产的原因还不全是繁殖保护措施没有贯彻，主要是鱼苗汛期江中鱼苗被闸门阻隔，无法入湖之故。如果将江湖隔断的闸门能待鱼苗汛期到后才关闭，使湖泊能容纳由江汛带来的一定数量的鱼苗，则湖中的鱼产量必定可以提高。④

刘建康十分注重将科研发现迅速转化为生产生活的现实效益。在梁子湖的长时间实地调查和试验，使刘建康记录下系统完整的习见鱼类。为了帮助

① 1957年，刘建康又率12人在广州和武昌两地进行了“白鲢性腺成熟问题的研究”。

② 刘建康日记(1955—1956年，部分)。资料存采集工程数据库。手稿。

③《太平洋西部渔业研究委员会第二次全体会议论文集》，科学出版社，1959年，第52－64页。

④ 中国科学院学部委员候选人推荐书，1979年10月。资料存采集工程数据库。

水产工作者野外调查时参考，他把长江中下游湖泊中的常见鱼类列成一张简易检索表，并把表中所列的每一种鱼作了简短的介绍，大部分种类都附上图画①。这种具有科普性质的读物自然是备受水产工作者的欢迎。

到了96岁高龄的刘建康回忆起这段历史，最得意的却不是上面这些成果，而是庆幸一种学术态度的转变，一种从实验室标本观察走向鲜活的实物对象、走向社会实践的深刻转变：

> "到梁子湖去，对我是很深刻的教育。因为过去我们研究鱼呀，都是研究已死的鱼，泡在福尔马林里头的，瓶子里头的。可是咧，到梁子湖去，看的是新鲜的鱼。
>
> 从渔民那里（我们）得到很大的教育。当时我们都把"三角鳊"跟"团头鲂"混在一起，因为都泡在福尔马林里头的，所以看起来都是差不多的东西。可是你到了梁子湖去跟渔民一起接触，渔民就告诉我，他们完全不同，一个是吃螺蛳蚌壳的，一个是吃素的。过去（我们）是研究死鱼，一到梁子湖去，都是研究活的东西。这可以说是一个深刻的教育吧，也是我们到梁子湖去的第一课，大家都受教育了。
>
> 实际上这是认识的一个飞跃吧，觉得要跟生活实际联系起来学，而不能光是从标本瓶里头看。
>
> 从梁子湖的渔民那里就学到不少东西，觉得渔民是真正了解鱼的人。他们一年四季在湖里头捕鱼的，这个鱼吃什么的，他都清楚得很，渔民的知识很全面。所以要研究活的东西啊，一定要跟渔民去学习。渔民知识比我们广得多。渔民是这方面真正的专家，他有许多东西，他

① 刘建康：《长江中下游湖泊中习见鱼类》，见：中国科学院水生生物研究所淡水生态研究中心编《刘建康鱼类学和水生生物学文集》。北京：科学出版社，2011年，第190页。原刊于《源泊调查基本知识》科学出版社，1956年，217-240页。

讲出来，我们后来验证，果然是这么回事。①”

1956 年，刘建康还与陈佩薰合译了《鱼类年龄和生长的研究方法》。

梁子湖时期的研究获得了科学界的很好评价。1959 年，在建国十周年之际，著名科学家、中国科学院副院长竺可桢在《科学通报》上发表文章，总结中科院建院以来的成就时，就特别提到了梁子湖湖体生态的研究。

长江鱼类生态调查

关于长江流域的鱼类，1949 年以前只是在分类、形态方面有些零碎的记载。1934 年，当中国工农红军开始举世闻名的万里长征时，一个名叫岸上谦吉的日本人，千里迢迢来到中国长江，他访问渔民，登上渔民的渔船，沿江考察，完成了著名的论著《岸上谦吉来中国长江考察鱼类的报告》。此后在中国鱼类同行的案头上，便搁上了日本人的这份考察报告。

刘建康对此颇为不快。他认为岸上谦吉的这个成果肯定是个非常肤浅的：

“他把船开了一趟，收集许多标本，他就发表了中国的《长江鱼类》。所以我不相信他能够这样子，有这样大的本领，开条船来就可以晓得中国的鱼是什么鱼。当时鱼的名字他都很快就界定了，可是鱼的生活习性，他完全不可能了解的，所以我们对于他这个东西是很怀疑的。你日本人，开个船过来，捞到鱼就发表“长江鱼类”，这叫什么话。我就不相信你这东西，不搞实质的，所以我说我们要自己搞……我们不像他们开一条船进来搞一两个月，就发表文章了，我定点在三个点：一个在重庆、一个在宜昌、一个在崇明，三个点设三个站，三个站统一的调查方案，长

① 刘建康访谈，2013 年 7 月 4 日，武汉。资料存采集工程数据库。

年累月地在那里搞。这样子我们就相信自己的东西。我不相信你日本人开一条船进来就发表长江鱼类的，也是个爱国主义的思想嘛。我们相信我们自己做的东西。我们比他深入多了，因为他是开一条船来，踩点，采集到什么鱼，他马上就发表了，长江鱼的生活是怎么样他是不管的。那么我们就坐定下来，鱼什么时候吃什么东西，什么时候生殖的，怎样子捕捞的，都记录下来了。①”

中国一直没有自己的鱼类生态资料，研究中国的鱼类生态只得去查阅外国人著的书，里面才能找到相关资料。刘建康在心里下定决心，一定要建立起我国自己的鱼类生态资料，一定要写出我国自己系统的鱼类生态学专著。

事实上，早在梁子湖时期以及在宜昌产卵场和后来的沙市、荆门等地的调查中，刘建康就暗暗地实施着这一计划。他搜集整理了大量的鱼类生态资料，为后来的长江鱼类生态调查奠定了基础。

梁子湖鱼类生态学的调查研究为整个长江流域的鱼类生态学研究开了个好头，相关队伍随后移师长江。

1957 年，启动长江鱼类生态调查活动。原计划在下半年开始进行，但实际上只完成了流动调查的工作及崇明队的设站工作。

1958 年，由刘建康带队，“长江鱼类生态调查”工作（包含水生生物学内容）全面铺开。他们分别在长江上游的重庆木洞、中游的湖北宜昌、下游的上海崇明设立工作点。上游由曹文宣负责，参加者有李恒德、李尚志、柯薰陶、刘肖芳共 5 人；中游由朱居宏负责，参加者有杜金瑞、刘荃瑞、沈素娟、方榕乐、王乾麟、陈嘉佑、陈受忠、林以虎、易咏兰共 10 人（前 5 人做鱼类部分、中 2 人做藻类部分、后 3 人做水生动物部分）；下游由陈佩薰负责，参加者有贺锡勤、谈泽秀、黄鹤年、陈荣德等 5 人。

刘建康作为总负责，分别到 3 个工作点布置工作，了解进展情况。为了让调查得来的数据翔实可靠，刘建康时常往返三地，反复核实、比对物种。有些同事不习惯，背地里常说刘建康过于死板。刘建康说，科学来不得半点的马虎，只要落笔，那就要对历史负责，绝不能让一丁点谬误流传下去。

---

① 刘建康访谈，2013 年 1 月 17 日，武汉。资料存采集工程数据库。

1959 年除了在重庆至崇明 2 000 余公里的长江干流上进行流动和季节性的定点野外工作和对鄱阳湖进行了渔业考察之外，另派出工作组分赴长江各大支流进行了季节性材料的收集。此外，还分 7 个点开展长江中草、青、鲢、鳙天然产卵场的调查。

1960 年参加了长江流域规划办公室为三峡水利枢纽建设而组织的家鱼产卵场调查大协作，由易伯鲁、陈佩薰负责，参加者有邓中粦、沈素娟、陈嘉佑、余志堂、李恒德、朱志荣、陈受忠等，还有四川大学、武汉大学、山东海洋学院、上海水产学院等高校的部分教师和学生，沿江 6 省市的有关水产单位也派人参加了调查工作。结果取得了关于产漂流性卵鱼类的胚胎发育和鱼苗资源的资料，证明了长江中草、青、鲢、鳙四大家鱼天然产卵场的分布除了宜昌外，在中下游也有不同大小规模的产卵场分布，为葛洲坝水利枢纽不建过鱼设施提供了科学依据。

长江鱼类生态调查工作十分艰苦。据陈佩薰回忆，湖北宜昌古老背工作站的沈素娟是位女同志，一次为了到一个点解决问题，硬是走了半夜的夜路；而有的同志就住在渔船上。据陈受忠回忆，在湖南岳阳城陵矶设了一个工作站，由李恒德负责，参加者有朱志荣、陈受忠、李植思（武大教师），以及山东海洋学院的 10 余名学生。大家住在乡政府的一大间空屋内，就在地上铺一层谷壳，再铺一层稻草，铺盖自带，记得是过了春节去的，到学生们要放假了才回来。陈佩薰此时担任资源组副组长（1958 年鱼类组改称资源组），她和邓中粦负责一个流动组，巡回到各个工作站检查工作进度，解决有关问题。

历时两年多的采集调查、数据分析，终于总结出一套系统的鱼类生态学资料，被有关部门宣称“填补了我国淡水鱼类生态学的空白”。正是在这项工作的基础上，经过 20 余年的研究，在刘建康、陈佩薰组织下，汇集水生所、华中农学院等单位多位科研人员的智慧，《长江鱼类》一书于 1976 年问世，共 40 余万字，记录了 200 多种鱼类的生长习性。这是我国第一部淡水鱼类生态学专著。

五里湖、梁子湖和长江干流上、中、下游鱼类的生态调查研究，是新中国成立以来有关淡水鱼生态的最系统、最完整的集体工作。为 20 世纪 80 年代论证葛洲坝和三峡大坝对鱼类生态影响，提供了科学依据。

第七章
挫折时期的研究

在问及刘建康政治上是否受到过冲击的时候，老人并没有一句埋怨的话，而是表现十分平淡，只是淡淡地说“反正外面怎么闹我不管，我只顾做自己的事”。正如刘建康所说，虽然他在“运动”中也曾受到不公正的对待，但他基本没有中止业务工作。即便是完成的成果不能署自己的名，他也丝毫没有减少投入科研的热情以及坚定走科研道路的信心。

“鸣放时期”惹的祸

1956 年 4 月 27 日，中共中央召开了政治局扩大会议讨论毛泽东的《论十大关系》，陆定一作了长篇发言，其中讲到：“我们中国现在发展科学，向科学进军，有人提出一个主张，把大帽子一扣，说他是资产阶级的，那科学的发展就完蛋了。”为此，1956 年 4 月 28 日，毛泽东在中共中央政治局扩大会议上说：“百花齐放、百家争鸣，我看这应该成为我们的方针。艺术问题上百花齐放，学术问题上百家争鸣。”直到 1957 年初，毛泽东多次强调要继续贯彻执行“百花齐放，百家争鸣”的方针。这便开启了一个短暂的“鸣放时期”，很多学者开始畅所欲言。1956年的《科学通报》发表过一则刘建康对"百家争鸣"的理解，可一见科学家的鸣放观：

"百家争鸣"这四个字，我的体会是这样，"百家"意味着多种多样的学说，"争鸣"意味着"各鸣其是"，好像俗语"公说公有理，婆说婆有理"那样。如果这样体会没有原则性的错误，那么要贯彻百家争鸣的方针，首先要做到人民中的许多"公公""婆婆"都有"说理"的机会。只要拿得出实际材料，"持之有故，言之成理"的学说，不管它里面唯物主义或唯心主义的成分多少，也不论提出该学说的那个"家"的学历、职位和威望怎样，都应该允许它作为一家之言来参加争鸣。这样做法只有好处，没有坏处。原因是科学"家"都愿服从真理，真理愈辩愈得到充实和发扬，而各种唯心学说的错误也愈来愈明显地得到揭露，最后当然归于湮没……

争辩是"争鸣"的自然产物。争辩工作做得好不好，对于我国学术水平的提高关系很大，因此在方式上和态度上的确值得注意。方式方面，我认为应该多根据具体材料，少在教条上打主意，更不要作无谓的引申。不论捍卫自己的学说还是批驳别家的学说时，都应该从自己或对方的实际材料(包括实验的方法、结果和结论等)出发，展开争辩。从学术角度来看，如果实际材料的内容贫乏或正确性有问题，那么即使借助于教条作为防护或进攻的武器，仍不能达到捍卫自己或制胜论敌的目的。双方撇开了具体材料而在教条上纠缠不清，甚至捕风捉影地替对方作出一连串题外的引申，在我看来是非常无聊和有害的。态度方面，我同意"争辩尽可热烈，态度却宜冷静"。批评对方的学说时应该多做些分析，少扣些帽子，这样才能令人心服。粗暴是难以容忍的，何况它从来也不能真正解决学术上的问题，因此在展开争辩时必须注意预防。我认为除了参加争辩的"当事人"以外，刊物的编辑部以及讨论会的主持人也应该帮助争辩者纠正这种可能发生的缺点。

最后，要"鸣得好"和"争得好"，归根结底，还在于刻苦钻研。显然，必须在所鸣所争的问题上老老实实地下过一番工夫，才能"鸣之有物"，才能争得有益。空空洞洞的“鸣”，笼笼统统的“争”，形式上虽做到了有争有鸣，实际上却未必能收到提高科学水平的效果。关键问题毕竟还在于钻研。为了创造有利于钻研的条件，除了那些“家”们的主观努力外，还希望领导上能尽可能地帮助解决一些还存在的困难——在时间安排上、人员配备上、图书仪器的供应上和预算制度执行上的一些困难。只有大家来努力，我国的科学才能迅速接近和赶上世界先进水平。①

刘建康对鸣放的理解体现了一个科学家的理性。他在单位的讨论中真诚地表达出自己的想法，在开会时谈到自己对科研创新的理解同时指出所内存在的管理和风气问题，要提倡和重视业务，致力于为科研骨干提供良好的学术创新环境。没想到，在接踵而至的“反右”运动中，这些掏心掏肺的话竟成了“罪证”。

“科研机构，业务是灵魂”

1957 年 4 月 27 日，中共中央发出《关于整风运动的指示》。其中指出，为了克服当时党内新滋长的脱离群众和脱离实际的官僚主义、宗派主义和主观主义，有必要在全党进行一次普遍的深入的整风运动，以提高全党的马克思主义思想水平，改进作风，适应社会主义改造与建设的需要。由于对阶级斗争的状况和右派进攻的形势作了过分严重的估计，把本属必要的反右派斗争严重扩大化，一大批学术界的大家如费孝通、钱伟长等人，被打成右派。

刘建康也在反右过程中受到冲击。

那时，自上而下，震耳欲聋的口号为“政治是统帅，思想是灵魂”。所在

① 《科学通报》，1956 年第 9 期，第 62 - 63 页。

单位各种会议频频召开，从三五天一会，到隔天一会再到一天两会，有时候上午的会还没结束，又通知下午要准时开会。许多人对此不满，尤其是搞科研的人，宝贵的时间全浪费在会议上，主持会议者似乎并不心疼，开会者却忧心如焚。

认定目标决不拐弯，这是刘建康倔犟个性中的可贵之处。当时开会发言时，多数人迫于形势，明明有想法，开口时却顺应了话题。但刘建康不肯随波逐流，他认为宝贵的时间不应浪费在无休无止的各种政治会议上。

“我认为，在科研机构，业务是灵魂！”刘建康见没有人敢对这种状况提出异议，自己勇敢地站起来直言心里的不满。同事们惊讶地望着他，心中既佩服又为他捏一把汗。主持会议的行政领导讳莫如深地笑了笑。

事后有人说刘建康，“你太直了！”同事们私下传递着一种不安，连妻子伍韵梅也变得心慌意乱，她担心丈夫的耿直和不善掩饰会惹来祸端。回家听说丈夫在会上放了炮，急得不行，质问他：“人家都不说，偏偏要你说！”刘建康反驳道：“我没说什么，不过说了句良心话。”

可就是这句良心话为他后来的遭遇埋下了伏笔。连1956年的一件事情也被作为“问题”。当时正值年度工作总结，所内群众和科学家们对行政工作意见很大，所长王家楫便召集伍献文、刘建康、易伯鲁等在家中谈论所内行政事情，刘建康建议在有些重要决策方面可以学习武汉大学的做法。这被说成是“企图干涉行政工作”。①

1958年，刘建康以工会主席身份，主持召开工会委员扩大会议。会上对水生所党组织和行政工作不抓科研工作提了些不同看法，如认为支部书记“挟天子以令诸侯”、对“党内不民主”和人事组增设不懂业务的所谓组务秘书会干预正常的业务活动展开等。

这段时间，刘建康曾动员所内科学家饶钦止、倪达书参加“九三”组织，希望更多地发挥民主党派科学家在业务方面的作用。

1957年下半年鸣放过程中，所内成立了工资专题小组，群众推荐刘建康

---

① 中国科学院水生生物研究所整风办公室：《右派分子刘建康的结论》(1958年8月21日)，干部档案8-7。资料存水生所档案室。

为负责人。刘建康认为这是提升科研创新活力的一次机会，他希望通过工资杠杆激发更多科研骨干的工作热情。他听取群众意见，拟成干部增补提升建议名单，由原来50余人，增至70余人，在新增的20余人中有个别同事科研突出但人缘不是很好。

另外，刘建康认为水生所肃反时没有搞出反革命，而被批斗的对象是冤枉的。他作为工会主席支持肃反对象申权在大会上的鸣放内容，会后第二天工会秘书拟写标语后请他修改，刘建康将“把申权名字划掉，支持申权一个人”，改为“我们反对侵犯人权的违法行为”。

图7-1　刘建康与岳父伍献文(右一)和小女儿伍欣星在黑龙潭

而刘建康这些一心向着所内业务、营造良好科研环境的“直言不讳”，反倒成了一些煽风点火之人嘴中“用心不良”的“罪行”。1959年7月，因为刘建康在1957年的“右派言论”以及“反右斗争以后立场思想并无显著转变”，领导宣布划为右派分子，行政上给予“由研究三级降为四级，并撤去原任鱼类组长职务”的所谓“宽大”处分。

我们从档案中看到了当年关于他的一段文字：

1958年，以鸣放初期，刘利用工会和九三组织进行反党反社会主义的活动，和党分庭抗礼，争夺领导权，攻击肃反运动，说肃反是“侵犯人权的违法行为”，同情和支持肃反对象向党进攻；否定工资改革成绩，拟定了一个反党反社会主义的干部提升方案；反对党的领导，说党支部副书记是“挟天子以令诸侯”、“党内不民主”、“党员民主专政”，说人事组是“独立王国”；设组务秘书是“打进来”，被划为右派分子，撤销鱼类学组长职务，由三级研究员降为四级研究员。①

花马湖渔场的鱼骨标本制作工

正当刘建康动手整理完鱼类生态学资料，在一片叫好声中却传来了一声命令：去花马湖渔场！劳动改造！

于是，刘建康从1959年到1960年在花马湖渔场度过了难忘的一年半。但老人后来回忆这一段历史，极为轻松地笑着说：“我可能算幸运的，劳改的内容和专业靠得这么近，让自己即使在那样的艰难岁月也能与鱼和水相伴，而且与自己的同事可以经常接触。”

刘建康心里明白，之所以能有这样的安排，还因为刘建康的右派是属于“内部”性质的。起因于“在科研机构，业务是灵魂”这句话而受“关注”的刘建康，多少了解一些科研机构性质的审批官员终于不忍心下笔批准他的“右派”身份。刘建康因而逃过一劫。上级虽然没批，可中科院水生所的打右指标还没有完成，于是刘建康成了水生所的“内部右派”。领导十分认真地与他谈话，解释了这个“内部右派”其中的酸涩。刘建康善解人意，毫不聒噪，和领导握手道别。

那时花马湖设有所直接领导的工作站，与湖北黄冈专署协作进行“一条龙”的养殖试验。刚开始分为饲料和鱼种两个大队，到1959年分为饲料、鱼

① 关于刘建康同志右派问题的复查报告，1979年3月29日归档，干部档案8－5。资料存水生所档案室。

病、养殖、水化学和育种五个组，并从这年五月开始进行花马湖的水生生物调查和渔业利用研究。可因为工作条件和干部培养等方面的问题，这里的工作很难推进。就是在这样的背景下，刘建康被发配花马湖，碍于“劳动改造”的身份，本来在湖泊水生生物调查方面富有经验并可以专业指导青年科技人员的他，目前只有在心里干着急了。

来到花马湖，刘建康习惯性地观察着这儿的环境：花马湖渔场位于湖北黄石市附近。系由北到南由加浆湖、走马湖、石头湖和花家湖四个毗连的湖泊组成的。湖的西岸多丘陵，东岸除有两个孤立的小山丘外，其余大部分为平原。湖水来源为山洪，由几条间歇性山溪注入湖中。湖的东南角，有一人工渠道，与长江相通，渠道设有水闸，以便排灌。这是一个浅水湖，每到雨季，江水上涨，关闸蓄洪。江水消落时，开闸放水。湖水最深可达 3 米以上，估计排水后期会不到 1 米。这儿的水呈黄绿或浅黄色……看到当时部分地区围垦已改为良田，湖面正在缩小，刘建康不禁眉头紧锁。可他马上回到现实中的命运中。虽然此时所内正进行关于花马湖水生生物资源的调查和渔业利用的工作，可自己已被录了另册，给他的任务只有一件事——在花马湖渔场做鱼骨骼标本。

应该说这也是一项技术活，一般的人来做，去肉取骨，支架定型，完全会是一种程式化的机械操作。但在鱼类学家刘建康眼里，这些鱼骨骼中包含了太多关于鱼的生理和生态的信息。这种不同寻常的关注深度，使他并没有觉得眼下的工作有多枯燥，反而利用这个独处的机会，静静地思考了很多关于鱼类生理和生态的话题。

大鱼吃小鱼，小鱼吃虾米，可大鱼究竟吃了什么鱼呢？吃了多少的鱼呢？把鱼儿煮熟，剔去肉，在鱼肚内找骨片。刘建康明白，一般来说，不同的鱼种，唯一区别的是头骨，而头骨中，主要看齿骨，由齿骨可鉴定出鱼的体重大小。刘建康小心找出齿骨片小心存好，分别标签、编号，逐排列。当妻子伍韵梅前来看他，以为他会寂寞、孤独、想不通，可他笑嘻嘻说：“做标本蛮有意思的。”

可妻子知道刘建康的委屈，他是一个多么爱国多么具有建设热情的人啊！就拿四个孩子的名字来讲，其中三个随爸爸姓，大女儿叫刘军，生于 1950 年，是为纪念姨妈参军入伍，雄赳赳气昂昂跨过鸭绿江；大儿子取名刘涤心，生于1952年，是为纪念一场思想改造运动；小儿子生于1956年，取名刘先平，是为纪念毛主席的号召超英赶美；最小的女儿随妈妈姓，取名伍欣星，这是1957年大放卫星的年代。刘建康为儿女们的命名都包含有很浓的时代色彩，寄寓着对祖国繁荣的热切期盼。

不被署名的“科研工作者”

客观地说，20世纪60年代对于刘建康来讲还算是个宽容的年代。当刘建康回首这段时光，语气轻松却表情凝重。他明白，自己虽然受到冲击不大，按他的话说是够不上“反动学术权威”，顶多只能算是一个陪斗挨批的。而那个年代，老一代科学大师们所受的委屈，科学研究的停滞，给国家的科学事业造成了多大的损失啊！

1961年11月，刘建康经研究所领导宣布摘去内部右派帽子，他重新回到了东湖边的中科院水生生物研究所。

回到所里的某一天，刘建康正与伍献文先生讨论后面的科研计划，有人拿来刚刚出版的《中国淡水鱼类养殖学》让他翻看，难过的是，从第一页到最后一页都没有“刘建康”三个字。所里的同事之所以感到惊讶，是因为他们很清楚刘建康为这本书付出的心血——其中关于鱼的生殖习性和人工繁殖的章节都是他一个字一个字写出来的，其中凝聚着他多少年学习和研究的心得。因为“内部右派”的帽子，刘建康成了不许署名的特殊作者。

刘建康看到后既兴奋又迷惘，兴奋的是，盼了多少年，终于有了较为系统较为全面的《中国淡水鱼类养殖学》，迷惘的是，自己仿佛被剥夺了学术研究的权利。对于刘建康来说，做研究就是他生命的最大意义。当领导向他解释了这是一种“不得已”的做法时，他表示了理解。所内同事都替他感到委屈和不满，他则安慰起同事们说：“名字没有了，人总算回来了，只要能搞科研就行。”

的确，在刘建康的心里，自己就是一个科研工作者。那些年，很多人为自己的家庭出身和政治身份纠结，他也同样为此花费了不少精力。但“科研工作者”是他对自己最清楚的定位：

> 关于我的家庭出身和本人成分，1950年在华北人民革命大学学习时期所作的个人历史总结和思想总结中，以及1958年在武汉中国科学院水生生物研究所所写的自传中，都曾作了详细交代。由于自己对家庭出身和个人成分究竟应如何填写没有把握，又没有早日争取组织上进行核对和审查，所以历次履历表上所填的就不一致，家庭出身有时填“地主”，有时则填“祖父地主”、“父亲银行雇员”，本人成分有时填“科学工作者兼地主”有时则填“科学工作者”。1963年12月，我妹妹刘家骐在她服务单位填写履历表时，曾来信问起家庭出身的详细情况，我把情况告诉了她。后来接到她的来信，说她组织上认为她的家庭出身可以填“职员”，因此我在此表中也把家庭出身改填“银行职员”。
>
> 我继祖母黄氏肯定是地主，父亲则经济上完全赖薪水收入，他1938年在昆明病逝，土改时他被划成什么成分，我不知道，至于我自己的成分，我现在认为按实事求是的精神，还是以填“科研工作者”为合适，所以在表中就这样填写了。①

对国家和人民的关怀是先生一辈子投身学术研究的根本动力所在，任何时期都不会打消他如此强大的信念。这是他认定的知识分子的社会使命，无所谓信仰。

规划湖泊水库生物生产力研究

1961年，中科院水生所进行了机构调整，建立了研究室，刘建康从11月开始，进入第五研究室工作，继续发挥他在业务方面的领头作用。

① 见1965年刘建康所填履历表之“其他需要说明的问题”，干部档案。资料存水生所档案室。

这一时期五室的主要任务"已确定为湖泊水库生产力问题的研究"。

关于以哪个湖泊作为长期观测试验的对象，他亲笔陈述了自己的想法。在有关描述中他说，由于花马湖有港道与长江相通，有保证农田灌溉的功能，水位变化大，湖中底栖生物易露出水面而死亡等等，使湖泊水体和生物生产力面临多种变数，因而在理论和应用上短时间内不可能取得重大成果。于是大家将目光集中到武汉东湖。东湖近在所旁，常年水位在21～22米，变化幅度很小，干扰的因素较少，对于水体生物生产力的研究比较有利。加上1955、1956年曾在东湖进行水生生物学的调查研究，后因沿湖各单位生活污水排入东湖，局部湖区有污染现象，以及武汉钢铁公司建成后，冷却水排入东湖将影响水温等原因才停止。根据1961年12月实际调查访问结果，东湖湖水为沿湖人民生活用水的水源，不允许有严重污染。局部地区如水果湖等处仍有污水排入，但影响不大。伍献文和他还对青山热电厂、武汉钢铁公司排水情况进行了认真的分析，最后他们认为：

"在东湖进行水体生物生产力问题的研究较在花马湖更为适当。另外，东湖就在我所近旁，不仅利用图书器材方便，亦便于指导，对干部培养亦极有利，至于花马湖，可作为副点补充，目前除进行一些补充调查外，可作为以后开展工作的基地。[①]"

刘建康一如既往地表现出他对科学研究的高度责任心。

鉴于当时"精兵简政"的背景以及相关条件的局限，他反对盲目开展所谓新项目，对第五研究室"1962年研究计划"中标明他和白国栋负责的"湖泊生态系的研究"提出了详细的修改意见。在分析了"东湖湖水湖泥主要化学成分的消长与转化的研究"等项目所需人力的不足和条件局限之后，他认为要及时整理已有的调研资料和经验，强调做好1956～1960年已结束的研究工作"亟待总结"而"需要投入相当力量"，其中包括青海湖调查报告和东湖

① 关于将东湖作为水体生物生产力研究对象的说明。资料存刘建康住宅。

过去的水化学报告等。① 而正是在这种情形下，第五研究室“1962 年 1～2 月完成了青海湖的冬季采集工作，5～10 月完成了春末夏初和夏秋间的野外采集工作”“1963 年第 1～2 季度完成室内生物标本计数工作和初步小结以及水化学小结，1963 年第 3～4 季度完成周年的总结报告，结束青海湖的协作工作”。也正是按他的主张，1962 年 4～12 月，完成了“东湖湖水及表层淤泥中主要化学成分变动规律的研究”的大量工作。②

1962 年，在频繁的政治学习中，业务工作仍是刘建康心中最为重要的事情，他要将被“发配”的那一年半时间赶回来。下面是他在 1962 年 7 月记下的日记片断：

7 月 2 日（星期一，晴），……上午写长江水产资源问题意见书（致院）的第一部分……晚续写致院意见书。

7 月 3 日（星期二，雨），……整个下午小组讨论，晚写五室关于修改研究工作计划的报告（致计划科），续写致院意见书（水产资源问题）。

7 月 4 日（星期三，雨），上午写好致计划科关于修改上半年研究工作计划的报告，续写致院意见书。晚 8:00～10:00 听尚豪关于云南高原的湖泊与生物区系的报告。

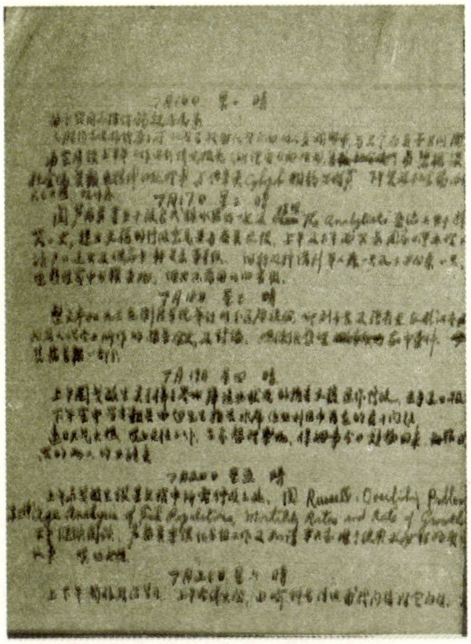

图 7-2　1962 年 7 月刘建康日记中一页

7 月 5 日（星期四，雨），续写意见书。

7 月 9 日（星期一，晴雨相间），上午张松泉同志来商量关于水产学会讨论会（长江水产资源问题）的记录一事，阅奋英关于太湖水化学调查报告一稿的意见并核对原稿。续写致院意见书。

① 关于修改 1962 年研究工作计划的报告。资料存采集工程数据库。

② 1963～1967 年规划。资料存采集工程数据库。

7月10日(星期二,晴),上午把奋英的意见书交回奋英……写完致院意见书,与伯鲁交换意见后交刘副主任。下午2:30高级人员会议,听取成所长关于南京之行的报告(地理所湖泊室调整情况),然后讨论我所对合并湖泊室问题的意见至6时结束,决定成立五人小组讨论起草。

7月11日(星期三,晴),上午8:00～12:00五人小组讨论对湖泊学今后如何展开的意见及与南京地理所湖泊室合并问题,下午开始整理意见。

7月12日(星期四,晴)上午写五人小组讨论意见报告,伍先生与刘副主任来谈关于湖泊学发展及具体调整时的房屋问题。下午续写报告。

7月13日(星期五,晴)写关于湖泊学发展方向意见……下午写完五人小组意见汇报。关于东湖地形图事今晨致函所党支部,请出介绍信致城建会告借该图。当日即寄来。

7月16日(星期一,晴)与宗涉谈上半年工作进行情况报告(所里要书面报告)。与碧梧谈杜金瑞黄颡鱼稿件处理事,与伯鲁谈翻译稿出版事。

7月17日(星期二,晴)阅卢奋英关于改良式采水器的一文……提出文稿的修改意见并与奋英交谈。

7月19日(星期四,晴)上午阅戈敏生关于佛子岭水库渔业状况的报告文稿并作修改。下午室中学术报告由白国栋报告水库渔业利用中存在的若干问题。

7月21日(星期六,晴)上下午均系政治学习。上午全体大会,由喻科长传达备战问题防空问题,……小组学习毛主席与斯特朗的谈话和"集中优势兵力……"两文,并进行讨论。

……

在这一个月的记录中,刘建康除了无法推脱的政治学习,几乎每天都在忙于科研工作的规划、协调、青年骨干的学术培养以及自我业务提高的外文阅读等。[①] 从这些记录中我们也可以发现，1962 年对于刘建康来说，是一个对研究方向的调整和重新定位时期，整个研究室的方向被确定为"湖泊水库生物生产力研究"，他正认真推进着向淡水生态学方向转型的规划和设计。

《湖泊水库研究室 1963—1972 年科学研究规划》中有这样的表述："我室以湖泊水库为对象，了解水体中营养物质的转化过程、环境条件与水生生物以及水生生物彼此之间的相互关系，找出它们在水体中的发展规律，并根据系统深入的研究为提高水体生产力提供科学依据。"进而具体而明确地提出：

> 今后我室以提高水体生产力为发展方向，因而必须开展野外调查，积累资料，以便找出他们的发展规律，但野外条件复杂，为了便于分析又必须与室内试验相结合，进行基本理论的研究，使工作更加深入。[②]

刘建康在研究室工作的定位中发挥了重要作用，他希望带动科研工作在理论基础和应用研究两个方面的长足发展。进行湖泊水库生物生态学的研究，一方面是从生态系统的整体概念出发，阐明非生物环境、生物与生物之间的相互关系，以及物质循环、能量转换等问题，从而建立我国湖泊水库生物生产力的理论基础；另一方面，获得规律性的水体生物生态学理论成果，是为了充分认识发挥水体生物生产力的途径，从而能促进淡水渔业的发展。

为了实现这一目标，当时的湖泊水库研究室在具体的计划中分前五年和后五年进行了说明。所有的研究都将分湖泊生物学、水库生物学和基础理论的研究三块来进行。在 1963～1967 年的计划中，则拟定了湖泊生物学需要进行的主要内容为：具体在 1～2 个中小型浅水湖泊进行长期系统工作，定点定期收集水样、积累资料进行分析，以开展水体中营养物质转化过程的研究、水细菌区分的调查、浮游生物种量季节变化的调查研究、底栖生物种

---

① 刘建康日记，1962 年 7 月。资料存采集工程数据库。

② 湖泊水库研究室 1963～1972 年科学研究规划，资料存采集工程数据库。

量季节变化及其分布等。关于水库生物学则计划在一个中小型未成水库，进行河流区系和非生物环境的定期调查，掌握水库灌水前的情况，积累必要的资料，以便进行分析，诸如物理条件周年演变过程的研究、沉积和营养物质的演变规律研究以及浮游生物和底栖生物形成与发展规律的研究等。关于基础理论研究，则提出完成对中国淡水的原生动物志、藻类志和轮虫区系的调查研究几个方面。在1968～1972年的计划中，则计划选择一个深水湖泊、一个高原湖泊进行长期系统的调查研究，计划在长江三峡水库和热带海南岛选择一个已成水库进行长期系统的研究①。

观察水生所后来的科研进展及成果可以发现，刘建康在这一时期参与研究方向的把握和研究重点的选择确实产生了长远的影响，特别是为后来水生所确定"水域生态学"的研究发展趋势起到了重要的铺垫作用。

湖泊渔业增产研究和望天湖考察

工作重点已经确定，刘建康开始全心投入到科研工作中。

1963年10月，他在中国海洋湖沼学会第二届全国代表大会暨1963年学术年会上提出专题报告《水域生物生产力的理论及其在湖泊渔业上的应用》，后来，其中第三部分被《海洋与湖沼》以"从生物生产力角度看湖泊渔业增产的途径"为题发表，还加编者按说：

"文章针对长江中下游湖泊鱼产量的一般情况和存在的问题，从浅水湖群的若干湖泊学、水生生物学特点出发，提出了作者对改造湖泊鱼类区系组成和调整种群密度的一些建议。我们认为这对提高湖泊渔业生产很有意义，特发表于此，供大家参考。②"

---

① 《湖泊水库研究室1963—1972年科学研究规划》，资料存采集工程数据库。

② 《海洋与湖沼》，1964年，第6卷，第234页。

刘建康在这篇文章中，以长江中下游湖泊为例，分析了湖泊鱼类区系的组成，“小型湖泊一般也有三四十种鱼，大型湖泊可多至百种以上，但是真正具有渔业意义的种类却仅 15 种左右，其余的绝大部分属于经济价值极低的所谓‘小杂鱼种’”“湖泊中吃水草的、吃浮游植物的和吃着生藻类的经济鱼类本来就不多，江湖隔绝以后，这些鱼类的数量日趋下降”。因此，“改造鱼类区系组成（包括调整种群密度）应该是发挥湖泊食料资源潜力，提高鱼产量的根本措施”。并且指出了当时可以考虑的几方面措施，包括采取放养鱼种或“灌江”的方式引入食草鱼类；发展鲤、鲫、鲢（花鲢）和青鱼；做好杂鱼的淘汰并适当保留经济价值高又对经济鱼类危害不大的凶猛鱼。

1965 年，刘建康又主持了望天湖渔业资源与生态调查活动。

图 7－3　1964 年刘建康（左一）与研究所党委书记曹健在浠水望天湖船上

望天湖在湖北省浠水县境内，分上湖（主体湖）和下湖（又名莲耳湖）以及鲁湖和蔡湖，因蔡湖地势较高，基本不会淹水，当时已被开垦成农田。这里东北靠山，南濒长江，四周多农田，地势平坦，面积约一万亩，属中型偏小的湖泊。1952 年，这里建场进行人工放养，产量逐年增长，是当时湖北湖泊养鱼的先进单位。

1965 年形成了《望天湖成鱼生产经验调查报告》，1966 年形成了《1965 年望天湖渔获物统计初步分析》《1965 年望天湖鱼类食料资源调查综合报告》《望天湖人工鱼巢对增殖鱼类资源的意义》和《浮游生物快速测定初步试验报告》，获得了丰富的数据。刘建康他们通过分析这些数据，总结出针对湖泊养鱼的建议，包括：保护天然产卵场和设置人工鱼巢、在恰当时机开闸灌江引入长江天然鱼苗、鱼种及放养规格、改善浮游生物组成质量和湖泊除荒等多个方面。

险些成了“中统特务”

1966年，“文化大革命”开始了，学术界噤若寒蝉。正潜心于湖泊水库生物生产力研究的刘建康，又被卷入了这场政治浩劫中。

伍献文当时的处境异常艰难。在那场“拔白旗”和随后的“文化大革命”中，伍献文被指提倡走“白专道路”，宣扬“一本书主义”①，以“两文起家”②对抗毛主席的“两论起家”。造反派说他鼓吹“个人奋斗”、“不依靠组织”并“与党争夺青年”。由于他搞解剖、制标本，便被骂成“围着臭鱼烂虾转的蛆虫”，而所有标本差点被统统倒掉，因为“占据了有用的玻璃瓶”。他译过不少外文资料，与国外学术界交好，这被说成是“洋奴哲学”“爬行主义”和“里通外国”，总之是“反动学术权威”“罪该万死”，差点挨了“万人大会”的批斗。更令人发指的是，水生所被指为“特务机构”，年近七旬的伍献文因此被投入私设的牢房，整整关了九个月。可伍献文一直坚守着信仰，对那些胡乱招供、诬陷好人的现象痛心疾首。他说，鱼类中是有不少品种善于变化颜色的。他在巴黎完成的博士论文中，就论及比目鱼可以在几小时内将颜色变得和周围的环境相同；更有一种生活在珊瑚礁中的鱼，能在几分钟之间，就由黑色变为白色，黄色变为深红，甚至斑点可以变成斑条，斜纹也可以变成直纹。但这些都是鱼求生存的本能。一个有尊严的科学家，怎么能根据外界的政治气候像鱼一样的变化呢？

伍献文的铁骨铮铮，给刘建康树立了学者人格的榜样。

导师因为“反动学术权威”受到了批斗，作为伍献文的得意弟子，刘建康的很多经历也成了造反派感兴趣的素材。

在极“左”思想的影响下，刘建康也因各种政治上的所谓“不可靠”成为

---

① 指英文版《鱼类的博物学》那本书。

② 指掌握好外文和撰写好学术论文。

“问题”，诸如受“地主家庭出身的影响”，希望在社会上“出类拔萃”“出人头地”，“浓厚之崇美思想，使他更想进一步在国外传名”“备受帝国主义思想影响”“以清高自居看不起政治”，与导师伍献文是“宗派关系”等等。其“社会关系中刘的叔叔刘振清系国民党员”“与刘有书信来往”，“其妹刘家骐系三青团员”，“其姐夫沈颐系国民党员”，“1930 年至 1934 年刘曾与蒋纬国在东吴附中同学同寝室”，“1945 年出国时，曾参加青木关出国人员讲习会，据说没有填表入国民党”。“抗日战争胜利后，前中央研究院迁回上海，曾由动物研究所代领到蒋匪胜利勋章及奖状一纸，该项勋章及奖状已于上海解放前由刘本人销毁”①。

刘建康因此在大会上挨批，甚至被当成“国民党特务”。

“刘建康，朱家骅这么下血本培养你，你不去台湾，他会善罢甘休吗？”批斗大会上，有人大声质问他，这是指他解放前考上中英文教基金公费留学出国的事，朱家骅是前国民政府教育部长，时任中英文教基金会会长。

刘建康脖子上挂的木牌上写着：“国民党中统特务、反革命右派分子刘建康”，字迹歪歪斜斜，刘建康三个字上还被打上鲜红的大×。

“文革”开始后，水生所一夜之间揪出了“各系统特务 108 人”（当时水生所有科研人员约 300 人）。为首的“特务头子”是伍献文先生。造反派紧锣密鼓拟召开万人批斗大会，无奈支持者有限才没有开成。大型批斗会开不成，中小型的却少不了：“108 将”站成一排，由造反“司令”训话，然后一个一个批斗。轮到刘建康了，造反派把他划为“中统特务”。

这倒让刘建康想起了久远的往事。

抗战结束后，中央研究院从四川迁至上海。1949 年初刘建康刚从美国回来，正值新婚燕尔，忽然听说朱家骅从南京跑到上海中研院驻地，说上海很危险，动员各研究所作好搬迁的准备。往哪搬迁呢？往台湾。大家对战乱时印象很深，献身科学的人厌倦了反反复复的搬迁，大家吝惜的是时间，再说大陆有广袤的土地，尤其对于水生生物研究来说，几乎是大家心知肚明的选择。记得当时各研究所所长都强调了困难，仪器难包装，路途搬运不便

---

① 中国科学院上海处整理：刘建康之情况介绍（1955 年 3 月），干部档案。资料存水生所档案室。

利。总之，不想搬。

对造反派来说，刘建康参加的“九三学社”“动物学学会”，都是国民党中统的外围组织。

批斗会一场又一场，“108 将”习惯了被扣倒被揪斗。批斗会后，是集中起来劳动改造，搞卫生、掏厕所、拾瓦片，驮运东西。有的人受不了此重罚，不仅身体抗不住，人格还受到侮辱。晚上被召拢在一间仓库里，打地铺，一溜排倒下，门外有人巡逻看管。刘建康望着天花板，心想近在咫尺的东湖会是什么样子呢，便斗胆提出“能不能去东湖试验基地劳动”的建议，结果遭到管教人员的严厉训斥。

好在不久，造反派内部形成了对峙的局面，他们较量夺权之际，刘建康和被管制的同事们日子反倒轻松起来。后来终于等到“抓革命促生产”的指示下达，刘建康等“108 将”的处境才得以改善。刘建康的大女儿刘军在回忆起这段历史时，对父亲当年的表现颇为骄傲：

> “我记得那个时候红卫兵是很不客气的，当时叫他刘先生都变成老刘啦，那还算是客气的是吧，但是那天他说了一句什么话，是当着那些抄家的人的面，他说到时候总有我们讲话的那一天，他当时就是这样说的，我当时觉得这个话也是比较不合时宜的话吧，就是有点反动的话，那个时候他也说出来啦……‘现在我们不能说话，但总有我们说话的一天’，这是我亲耳听到的。①”

关于刘建康在“文革”时期的情况，我们看到一份 80 年代初的组织鉴定：

> 在“文化大革命”期间，刘建康同志是被冲击的对象，直到党的三中全会以后才给予彻底平反。他没有参加过群众组织……“文革”初期他在学术上受批判，后来在政治上长期被隔离审查，被打成“中统特务”，当时在极“左”路线的逼供和威胁下，刘建康同志始终未牵涉到他人，并

① 刘军访谈，2013 年 9 月 23 日，武汉。资料存采集工程数据库。

能正确对待被审问题和整过他的同志。①

亲历了百年中华的苦难与变迁，刘建康始终坚守科学求实，未改初衷。

① 刘建康同志的考核材料，1982年8月17日，干部档案3-3。资料存水生所档案室。

第八章
科研工作的新阶段

淡水壳菜研究

1971年,刘建康终于恢复正常的科研工作。他就像是科研工作的一块砖,哪里需要哪里搬。他得到的第一个任务便是去武汉钢铁厂,在那儿他要攻克淡水壳菜堵塞冷却水管道的难题。

刘建康带着所里成立的"管道小组"科研人员立即奔赴武钢的厂区现场。首先是要做现场的壳菜采样,以便弄清壳菜生长的情况,了解它生长的规律。他二话没说钻进管道里去勘查,里面又黑又闷,空气非常稀薄,随时有窒息的危险。有人劝他先放一放,他说:"不入虎穴,焉得虎子。"他在黑乎乎的管道内艰难地前进,终于触摸到管内壁衬着一层坚硬的贝壳。就是这种被称为"壳菜"的硬壳,成为堵塞工业用冷却水管道的罪魁祸首。

这种壳菜十分顽劣,即使肉烂掉,壳瓣却牢牢黏附在管壁上,所以老百姓称它"死不丢"。

武钢的生产受到淡水壳菜的困扰,这给了刘建康无形的压力,他感到肩上的责任重大。为了找出有效可行的防治方法，刘建康带领小组成员开始对淡水壳菜的某些生物学特征进行研究。听老百姓讲，这种壳菜在江边的趸船底上好像有，刘建康便立即带人来到汉阳江边的码头。

时值秋冬季节，他多次潜到水中，终于摸到趸船底部密密麻麻的壳菜，可怎么都掰不下来。再去的时候，就专门准备了一种刮刀，才将活体壳菜给弄下来。回到实验室，实验室就成了刘建康的家，他没日没夜地观察壳菜的生殖和胚胎发育过程。壳菜是不动的，通过定期来到江边船底采集样本，终于搞清它的生活习性和繁殖生长规律。[①]

壳菜，又名湖沼股蛤，属软体动物门双壳纲，在长江中下游的湖泊里大量存在。它繁殖快，通常在合适的水温条件下，就能大片生长，以致层层堆叠。武钢由于炼钢需要用水冷却，而壳菜淤塞管道，导致管径变得狭窄。冷却水输送量不够，机器动不动就烧起来了。

他们仔细分析了壳菜的形态结构，包括外形和内部结构，发现其生殖季节一般在 9～10 月，在 1 月份采集到的蚌鳃中还有活动的幼体。解剖观察，壳菜多雌雄同体。所谓雌性和雄性的区分，可能只是代表优势雌性或优势雄性的标志。在生殖季节里，雄体的外套膜变得肥厚，特别是外套膜的边缘部分，膜里出现乳白色颗粒和连接各颗粒的树枝状管网。颗粒增多使整个外套膜呈乳白色，每一颗粒里含有大量球状精母细胞，或头部引长和尾部已生成，是能自由游泳的成熟精子。雌体的四个鳃瓣在生殖季节里都由于鳃间腔内塞满黄色胶质块而变得饱满厚实且呈土黄色。胶质团块中有大量幼体，在一个长 12 毫米的雌体中，从鳃瓣里可以解剖出幼体 1 300 多个。在外套膜里也有不同发育程度的卵细胞及成熟卵。“内脏囊”的梨形突起里也有卵细胞。经过试验观察，性细胞可能起源于“内脏囊”的梨形突起，逐渐延伸到外套膜，卵母细胞在外套膜内成熟。他们还发现能活动的球形纤毛胚胎，并认为受精作用可能在此完成，而后在鳃间腔内发育成幼体。其成熟的雄体最小的约 8 毫米，雌体约 10 毫米。通过对壳菜的胚胎发育和幼体的观察，发现淡水壳菜的胚胎发育仍保持祖先海产贻贝所具有的担轮幼虫阶段和面

---

① 刘建康访谈，2013 年 3 月 8 日，武汉。资料存于采集工程数据库。

盘幼虫阶段的痕迹，只是其发育阶段已局限在母体内，基本上已不存在自由生活的幼体阶段了。这是对淡水生活的一种保护性适应。

接下来是对壳菜生长习性的研究。刘建康的“管道小组”定期到不同的趸船船底上采集壳菜幼体进行测定，发现壳菜幼体从出生后逐月生长，到8月下旬一般已能长到7.6～8.5毫米。一周龄的淡水壳菜就达到成熟最小型，随即便可以繁殖后代了。淡水壳体的壳长为8～30毫米，个别可达40毫米，有深褐色和浅黄色两种。

壳菜的成体借足丝固着在硬物上，一般不移动位置，只可作极小范围的推移。观察在培养皿中生活的壳菜，发现它在接近水面处固着，因水分蒸发水位下降，壳菜会自动下降接近水面，而留下足丝丛的痕迹，或被水流带到远方，然后重新分泌足丝附着下来。通过检查长江汉阳至青山约20公里江段中的四处趸船，发现每只趸船的船底都有壳菜生长，证明借足丝活动是其扩散分布的原因。刚分泌出来的足丝为胶态，与水相遇就变硬并成丝状物。足丝丛是从主干上像树根样生出的许多细足丝，每根末端膨大成盘状，靠盘状结构直接固着在外物上。足丝向不同方向分散固着在周围几个个体的壳菜上，因此切断一部分足丝不能使该个体脱落。这种足丝是一种蛋白结构，在常温下溶于次氯酸钠或漂白粉的水溶液中，而不溶于许多溶剂。通过实验发现，在10℃时，这种足丝即使在高浓度的盐酸、硝酸、苯甲酸、醌醇、石灰、苛性钠、苛性钾、高锰酸钾以及双氧水的溶液中经过24小时浸泡也没有溶解的迹象，而放入饱和漂白粉溶液中，则在20分钟内全部可以溶解。再试验，用氯气通入水中使水呈绿色，经3小时足丝不能溶解，但加入苛性钠，30分钟就基本全部溶解，可见起作用的是次氯酸钠。

至此，灭杀试验获得成功。壳菜大片脱落，冷却水道畅通了。这项研究在两年时间内取得良好的成绩，获得武钢生产方的高度肯定。1973年，署名“中国科学院水生生物研究所管道小组”的《淡水壳菜的生物学研究》[①]一文发表，其中详细介绍了壳菜的生殖、生长、运动固着和灭杀方法。

晚年回忆起这段历史，刘建康颇有些自豪，因为在那种仍处于“文化大

① 原文载《动物利用与防治》1973年第2期，第33－35页。

革命”后期的氛围中，很多地方都是乱哄哄，自己却能够静心于专业的实验和研究之中，而且通过这种研究帮助工厂企业解决了生产中遇到的实际困难，这的确让一个科技工作者感到欣慰。能将专业与生产一线的需要相结合，刘建康获得一种前所未有的成就感。

东湖渔业稳产高产试验

还在水生所迁来湖北省之前，该所饶钦止研究员已对湖北、安徽、江苏三省的湖泊组织了广泛的调查，并指出长江中下游湖泊发展渔业的巨大潜力。但是，即使在鲢、鳙、草鱼的人工繁殖已经得到推广之后，湖泊放养事业在很长一段时间里可以说是“气息奄奄”。原因在于大水面养鱼的实践在经济上总是亏损。许多兼营池塘养鱼和湖泊放养的养殖场，都是用鱼池养苗种所得的盈利去贴补大水面养鱼的亏损。因此，湖泊养鱼事业就很难发展起来。

湖北省素有“鱼米之乡”的美称，作为荆楚大地最美丽的明珠，偌大的东湖居然面临鱼产量有限的尴尬境地。1960 年代，刘建康已在理论上从生物生产力角度讨论湖泊渔业的利用，1964 年发表的《从生物生产力角度看湖泊渔业增产的途径》一文，为 20 世纪 70 年代起东湖渔业的大幅度增产打下了理论基础。他还到浠水望天湖等地考察中小型湖泊的放养经验，形成了关于湖泊养鱼从理论到实践的初步认识。

1964 年，湖北省黄冈地区水产局总结了湖泊养鱼的教训，明确地指出造成亏损的主要原因是放湖鱼种规格太小，以致回捕率太低。可是，在随后的八年里，竟没有一个水产养殖场、没有一个水产研究所能从提高放湖鱼种的大小规格着手，作出示范试验来恢复企业对湖泊放养的信心。武汉市东湖养殖场也不例外，湖泊放养年年亏损，少则几万元，多则十几万元。

1972 年水生所应邀组织科技人员与东湖养殖场合作开展东湖渔业增产和稳产高产试验。1973 年起，领导指派刘建康主持这项试验，一直持续到 1978 年。

为了少走弯路，刘建康带领科研人员查阅国外特别是养殖业相对先进的苏联文献，1973年，他翻译的《苏联内陆水体的生产力和水体管理的原则》一文发表。①

通过几年的试验，刘建康在1976年发表的《我国湖泊、水库渔业的生产实践和科技动态》②一文中，系统总结了他们的发现，认为合理放养的原则在我国是普遍适用的，至少对于小型和中型水体是完全适用的。文章就放养品种、放养密度、搭配比例、鱼种规格、大规格鱼种的大量培育、控制凶猛鱼类、拦鱼设施、捕捞技术和回捕率、渔业资源的调查研究和湖泊水库增产潜力的估量等十个方面进行了具体细致的讨论，指出当时全国最迫切的问题是鱼种的大量培育。而解决鱼种的大量培育问题比较有效的做法是土堤汊子的方式，即在养鱼的塘堰或汊子里预先种上稗草、稻谷和其他绿肥作物，待作物生长到一定时期再灌水养入鱼种，可以基本上"就地"满足鱼种对饵料、肥料的需要，"以青代精"，这是值得加以总结和推广的。强调从事湖泊、水库养鱼的生产单位，为了解决鱼种的规格和数量问题，有必要下决心建设本单位的饵料、肥料基地。

这些系统的总结从试验中来又应用于东湖的增产实践，刘建康采取调整放养对象、提高鱼种规格、改进拦鱼设施、控制凶猛鱼类、改革捕捞技术等五项综合措施，使东湖的鱼产量从1971年的180吨逐年上升，到1978年试验结束时已达到801吨。按照水生所王骥高工等1981年发表的根据浮游植物初级生产力的测算，东湖的产鱼潜力至少可达年产1 300吨，而1990年的实际鱼产量已接近这项指标，为年产1 240吨，1995年的产量，甚至高达1 840吨之多。东湖鱼产量连续7年递增的实践，为我国湖泊的渔业利用开创了成功的先例，在全国得到推广。

刘建康在谈到这一成绩时，总是这样说：

"东湖渔业增产和稳产高产示范试验的成功，是水生所与东湖养殖

---

① 载《淡水生物学科技参考》第1期，第10－20页。

② 原文载于《湖泊水库渔业增产科技资料汇编》，1976年，第41－50页。

场通力合作取得的成果。从经济上来说彻底改变了场里的面貌，从湖泊放养事业来说，这项试验以雄辩的事实说明湖泊放养是大有可为的。东湖的实践，为面积在2万亩以上的“藻型”湖泊的渔业利用开创了成功的先例。①”

1978年，“武昌东湖渔业稳产高产试验”获得全国科学大会科技成果奖，之后“武昌东湖渔业稳产高产试验及生物生产力的研究”获湖北省科学大会奖。1991年，国家农业部颁发荣誉证书，表彰刘建康为发展大中型水库渔业生产作出的贡献。

从1971年恢复科研工作到1978年获得全国科学大会科技成果奖，与其说刘建康和同事们沉浸在东湖养鱼丰收的喜悦中，不如说他们沉浸在久违的科研氛围和价值实现中。1974年刘建康的母亲病重去世。他带着失去亲人的巨大悲痛，加班加点进行科学试验。在查阅人事档案时，我们读到两处关于他这个时期的评价：

关于承担工作，不论份内份外，从不推辞，甘当“老黄牛”。除四室工作以外，还担任集刊主编等职务，在繁忙的工作中还抽出时间专门为全国“污染生态会议”“海洋湖泊学会议”作国内外发展情况的综合报告，获得与会者好评。

以办公室为家，真正做到工作中没有上班、下班之分。假日（包括春节）都很少休息，每天晚上都工作到很晚。因而积劳成疾，他年纪已六十，曾患肺结核和心脏病，但为了工作置此于度外，把全部精力贡献给党的科学事业。

只求工作，不摆架子，不求舒服，在青岛开会时，为了赶回所里报MAB项目，自愿长途乘硬座车回所，使同志们深为感动。

把发现和培养人才当作自己毕生最大科研成绩，对年轻同志要求严格，又热情诚恳，不论室内室外的同志，只要有问题，尽管工作很忙，

---

① 刘建康:《刘建康生态学文集》。北京:化学工业出版社，2007年，第306页。

图8-1 1983年9月24日刘建康(右)在桃源"稻鱼共生结构与农渔结合的研究成果鉴定会"上

他也一定热情指教。他对年轻同志提出的新思想、新方法一贯大力支持,对他们的论文报告一字一句仔细修改,无保留地提出其中的问题和修改的依据,从而使室内同志成长较快。①

(他)对"四人帮"的极"左"路线是极为不满的。他坚持一条,对人民有利的事就坚决做。如在"四人帮"批判"唯生产力论"的强大压力下,他仍能坚持开展武昌东湖渔业高产稳产及生物生产力的研究,使这项研究取得了较好的成果,荣获全国科学大会奖状。②

1980年,刘建康发表了《东湖渔业增产试验综述》③一文,该文简述了1970年代以来东湖渔业增产的试验情况,并从"确定放养重点对象,适当搭配其他鱼类"、"培养足够数量的大规格鱼种"、"改进拦鱼设备"、"控制凶猛鱼种群"、"提高捕鱼效率"五个方面分析了东湖渔业增产的措施和原理。

这一段经历,后来成了刘建康心中十分自豪的事情。当有人问起他"最感自豪的事情是什么"的时候,刘建康说:

① 1978年水生所集体、先进个人事迹登记表,刘建康干部档案7-1。资料存水生所档案室。

② 刘建康同志的考核材料(1982年8月17日),干部档案3-3。资料存水生所档案室。

③ 原文载于《海洋与湖沼》11卷2期。185-188页。

"'文革'期间,有人批评我主持的"东湖生物生产力研究"是直到东湖水干涸了都无法提高生产力的。'文革'后组织上要我重新继续这项研究,结果东湖的鱼产量从1971年的180吨提高到1978年的800吨,20世纪90年代稳定在1250吨左右。我为科学研究能直接转化为生产力而感到自豪。①"

申述大水面养鱼的重要性

过去有一种观点,大水面不好管,几万亩的大水面,弄不好会亏本,所以很多大水面基本养小鱼苗,用小鱼苗去赚小钱。这样一来,有的地方荒湖成片。附近老百姓将此编了歌谣:"荒田半亩追责任,荒湖万亩无人问……"

在20世纪六七十年代,"鱼米之乡没有鱼吃"。即使在武汉,鱼的供应也十分紧张,每个家庭每月只能凭票购买几斤。

图8-2 1985年2月5日,刘建康(左一)在广东南海县西樵山三湖宾馆《中国淡水鱼类养殖学》三版审稿会上与宫明山、何碧梧合影

① 李士主编:《心迹——中国院士实话实说》。北京:科学普及出版社,2000年,第31页。

湖北省素有“千湖之省”的美称，湖北的优势明明在于大水面。但是，在“跨界湖泊”管理体制的约束下，大水面竟成了发展养殖业的“禁区”。那时从农业部到水产局，都在强调精养鱼池，而不提倡大水面养殖。看到大量的水面资源被荒弃，而不少精养鱼池又是以牺牲农田为代价的。刘建康感到要从改变大家的观点开始做起。

中国不少渔业生产单位，一向偏重于发展精养鱼池，而忽视海湾、滩涂、湖泊、水库等面积比鱼池大得多的水域，即所谓大水面的渔业开发利用。刘建康内心有个想法：我国人均水产品占有量还不到世界人均水平的 1/3，然而我国内陆可以进行养殖的大水面却有 7 500 万亩之多。在大搞经济建设的时代，让这样宝贵的资源白白浪费实在可惜。

于是，刘建康鲜明地提出：在发展“精养鱼池”的同时，不能放弃大水面养殖，这与当时的“主流观点”格格不入。

刘建康在不同场合、不同时间，通过会议、新闻媒介，不厌其烦地呼吁重视大水面的开发利用。在一次关于水产的国际会议召开之际，他趁所长去参加的时候托他询问“大水面养鱼”能不能作为交流的题目，回答是：外国人可以，中国人不可以。中国不提倡大水面，只提倡小水面养鱼。

1982 年，他与陈敬存合作在上海市《水产科技情报》上发表《重视水面资源的开发利用》①。1983 年，在“国土整治战略问题讨论会”上，以及在湖北省政协全委会议上和在报纸、杂志上，刘建康反复申述自己关于大水面养殖的观点。他首先强调，要充分认识我国水面资源的价值，视淡水水面为宝贵的国土资源，而对于它的保护、管理和开发利用是国土整治的一个重要方面。他从两个方面来分析水体生产的潜力，一是其中作为天然饵料的生物供饵能力，二是将水体当作种植业的耕地或工厂来经营。然后他从生态学的观点剖析大水面的开发利用价值，认为一个国家的国土资源是由不同类型的生态系统构成的，淡水水面是其中的有机组成部分，与水面资源的开发利用直接相关的是水利建设，要对其中的不利因素采取有力措施予以消除，对新出现的有利条件加以利用。水体的渔业利用本身也有个生态学的观点，要

---

① 原文载《水产科技情报》1982 年，第 1－3 页。

注意淡水生态系统中生物成员的多样性构成。水面资源的开发利用要因地制宜，粗放型和精养型各有其适应。在确定具体的发展方向和经营方式时，要作具体的分析，进行充分的技术经济论证，从而选择生态效率高、经济效益好的方案，并根据形势的发展作必要的调整。要对水面资源的开发利用进行立法和执法，以保证大水面资源的开发利用。[①] 1984 年初，刘建康在"武汉地区渔业发展战略讨论会"上，他与陈洪达等人将有关水面资源开发利用的认识与武汉地区的实际相结合，探讨本地区在渔业经济发展方面的战略。他们从世界和我国渔业生产及消费水平的比较和淡水水产品在我国渔业中的重要地位出发，讨论了全国淡水渔业增产规划和湖北省的任务，提出了"关于开发湖北水体生物生产力的战略设想"的报告。直言精养鱼池的优点和所受到的局限，认为湖北的优势是湖泊(包括水库)，应注意发挥湖泊(水库)的产鱼潜力，建议在发展传统养鱼方式的基础上，建立以种植带动养殖、养殖促进种植的渔农结合模式，积极发展稻田养鱼和河道养鱼。他们还强调要发挥湖北和武汉的科技优势，将科技与生产紧密结合。针对生产实际，政府要研究和制定水产经济政策，完善水产法规，维持渔业生产秩序，有效保护水产资源。[②] 时任湖北省委书记关广富在报告上批示：

> 这个战略设想，很有学术价值和实践价值，对发展湖北省鱼米之乡的水体生物生产力意义甚大[③]。

1985 年后，刘建康提议以水生所的名义向科学院打报告，针对放弃开发大水面的问题，提请科学院，把大水面资源开发利用的研究项目争取过来，准备在洪湖进行示范试验。

中国科学院领导对此给予重视，立即召集刘建康等人前去开会协商，农

---

① 原文刊载于《中国国土整治战略问题探讨》(中国自然资源研究会筹备组、中国地理学会、中国生态学会、中国环境科学学会、中国国土经济学研究会编)。北京：科学出版社，1983 年，179－183 页。

② 原文载于《水库渔业》，1984 年第 1 期。

③ 杨育新：《千湖之省鱼米之乡积极发展水体生物生产力——水生所为湖北省提出战略设想》。《科学报》，1985 年 7 月 28 日。

牧渔业部闻说此事，也派人前往听会。最后，大水面开发仍然由农牧渔业部负责组织。刘建康申述自己关于大水面养殖的观点，他没有想到，这项倡议迅速引起连锁反应。时隔不久，大中型水面的增殖、养殖问题终于列上了水产部门的议事日程。

洪湖课题筹划已久，经费是中国科学院批准的，课题名曰“在湖北洪湖进行大水面综合开发示范试验”。按照刘建康的建议，洪湖的课题应该让年轻同志来牵头。

洪湖的示范试验得到了中国科学院的支持，在水生所鱼类学研究室曹文宣[①]主任的具体指导下，取得了丰硕成果，5 年内鱼产量由 300 万千克上升到 800 万千克。更重要的是，由此以后，大水面开发利用在全国逐渐得到了重视，各地产业部门纷纷将此列入议事日程。

1987 年，刘建康在《水利渔业》杂志上发表《因地制宜，讲求效益——关于大水面渔业开发的几点看法》。[②]1990 年代初，他写成《中国水库渔业的现状与展望》，认为水库渔业已成为淡水渔业的重要组成部分。文中对中国水库养殖的发展进行了总结和设想。

图8-3 1987 年 3 月 19 日，刘建康（右一）在海南岛陵水县“小妹水库”电厂了解鳗苗情况

晚年的刘建康回想起关于大水面养殖的申述这件事，不禁感慨良多：

“20 世纪 80 年代初期，农业部国家水产总局的领导层是把发展‘精养

① 曹文宣（1934～ ），1955 年 7 月四川大学生物系动物专业毕业，同时分配至中国科学院水生生物研究所工作。现任中国科学院水生生物研究所学术委员会主任、研究员、博士生导师。1997 年 10 月当选中国科学院院士。

② 原文载《水利渔业》1987 年第 1 期 3－5 页。

鱼池'提高到'国策'的水平来宣扬，坚决反对搞大水面养鱼的，没想到后来却立马转过180度的弯来热心资助'大中型水面的增、养殖'事业，其故安在，不得而知。看来领导层的决策未必一贯正确，在涉及科学性的问题上，我坚持独立思考，勉励自己不要'唯上'。"①

揭开东湖蓝藻水华之谜

东湖的鱼产量上去了，却有很多人认为养鱼导致东湖水质变坏。

1980年前后，每到夏季，东湖湖面就会出现水华现象。水华（微囊藻水华）大量地生长、死亡，一路生一路死，死了之后腐烂，水面便散发阵阵恶臭。

在东湖之滨生活了60年，刘建康对东湖有着深厚的感情。

刘建康明白，淡水出现这种情况叫做"富营养化"，即水中含大量的氮（硝酸盐）、磷等元素，使湖面飘荡着绿色水华与浊物。东湖生态的恶化，使刘建康忧心如焚。他记得1954年刚定居东湖之滨时，东湖四周人烟稀少，湖水清澈，湖里的黄丝草茂密得像水下森林，形成一道亮丽的风景线。可从70年代开始，随着湖区人口增加和工农业发展，加上对东湖筑堤分隔等，东湖的水文、水质条件恶化，昔日茂密的水草消失殆尽，而湖面的水华便开始出现。

按照食物链的说法，就是水生植物都是由浮游动物来吃，然后鱼吃浮游动物。所以当时多数专业人士认为，要除掉水华一定就得靠浮游动物，而不是靠鱼。

关于东湖的水华现象，有的人认为是东湖水质极端富营养化引起的，有的认为是全球气候变化引起的，更有人认为一定是大面积养鱼造成的。

作为主持东湖渔业增产稳产试验的首席专家，刘建康对此显得很是冷静。他心里很清楚，东湖水质的富营养化，肯定是污染造成的，比如工业废水排出了大量的磷；再比如生活废水排出大量的氮等。他告知有关方面：由

---

① 刘建康：《刘建康生态学文集》。北京：化学工业出版社，2007年，第306页。

于人口太集中,废水不处理,才造成了东湖水质富营养化。

有人提出:东湖出现水华,是湖里养鱼造成的。刘建康开玩笑说“这是嫁祸于鱼”。嫁祸于人不道德,嫁祸于鱼不科学,因为水华是人为造成的。他发表文章说,不管是第一世界、第二世界还是第三世界,只要人口聚居于湖滨,而对污水不作处理,湖面必然会出现水华。他断定这跟养鱼没有关系,不养鱼照样会出现水华问题。嘴上虽然这么说,刘建康心里明白,一定要拿证据出来才能让大家信服。

1985 年后,东湖的水华现象竟神秘地消失了。这引起了刘建康的极大兴趣。他要解开水华之谜。于是,在他指导下,由刚从日本筑波大学获得博士学位并师从他读博士后的谢平①牵头投入了这项研究。

从 1989 年起,谢平等人先后在东湖里进行了 4 个夏秋的原位围隔试验,即采用放养鲢鳙鱼来控制微囊藻水华,观察鲢鳙鱼放养量与水华现象之间的关系。他们发现,在养鱼的围隔里,蓝藻的份额减少很多;在不养鱼的围隔里,蓝藻水华则生长得很好。已经出现微囊藻水华的围隔,在引进鲢或鳙鱼之后的 10 天至 20 天,水华即全部消失。试验还发现,每立方米水投放 46 克至 50 克鲢或鳙鱼,控制水华的效果最好,而放养草鱼则完全不能控制水华。由此,谢平等人揭开了东湖水华消失之谜:东湖的水质至今仍适合微

图 8-4　刘建康(左)与谢平在一起探讨富营养化水体中蓝藻水华爆发生态学问题

① 谢平(1961～　),1989 年于日本筑波大学生物系生物学专业获理学博士学位,从事湖泊生态学研究。回国后师从刘建康做博士后。对蓝藻水华的发生机制和控制技术、蓝藻毒素的化学、蓝藻毒素的代谢及对水产品安全的影响进行了研究。

囊藻水华的滋生，鲢鳙养殖密度的上升是导致东湖1980年代中期蓝藻水华消失的原因；在较高的养殖密度下，鲢鳙单养或混养均可控制蓝藻水华的发生。在东湖目前的营养水平下，鲢鳙控制囊藻水华的有效密度在46～50 g/m³（形象地说，就是每吨水放一"两"鱼）；鲢鳙是通过食物链来消除水华的。

2003年，刘建康与谢平发表《用鲢鳙直接控制微囊藻水华的围隔试验和湖泊实践》①一文，详细描述了他们所进行的试验和所获得的结论：

> 为了控制水体富营养化所形成的水华，国外经典的生物操纵论者提倡放养食鱼性鱼类以控制食浮游生物的鱼类，藉此壮大浮游动物种群，然后借助浮游动物遏制藻类。按照这条思路，以浮游生物为食的鲢和鳙应该是清除的对象。刘建康和谢平则认为我国湖泊中危害性最大的是微囊藻水华，而浮游动物根本不能摄食这种水华，不如直接利用鲢鳙进行控制，因而1989～1992年间在武汉的东湖进行了三次原位围隔试验，2000年再度重复了一次围隔试验，结果证明，迄今在东湖中已消失18年的微囊藻水华重新出现在不养鱼的围隔里。在养入一定密度的鲢或鳙的围隔中，就没有水华出现。已经出现水华的围隔，放入适当密度的鲢或鳙后，在短期内水华又复消失；而放入草鱼的围隔，则水华始终持续，不受影响。说明鲢和鳙能有效地遏制微囊藻水华。鲢、鳙遏制水华的有效放养密度（亦即有效生物量）为46～50 g/m³。东湖湖泊中鲢、鳙的生物量，直到1985年才达到这个水平，所以1985年湖里反常地没有出现水华。往后的年份，东湖的鱼产量越来越高，也就是湖里鲢、鳙的生物量越来越大，所以迄今没有微囊藻卷土重来的机会。东湖的水质和其他非生物条件仍适于蓝藻水华的发生与发展，如果东湖鲢、鳙的产量下降到阈值以下，亦即降到1985年以前1 000吨的水平，那么微囊藻及其他蓝藻水华的重来将是不可避免的。经典的生物操纵学说和措施不能解决微囊藻水华猖獗的问题。相反，用滤食浮游生物的鲢和鳙直接遏制微囊藻却是有实验根据并已被现实的生产实践证明行之有

① 原文载于《生态科学》，2003年22卷第3期，第193—198页。

效的。[①]

至此,人们了解到水华消失的原因在于鲢鳙吃掉了导致水华发生的藻类,改善了水质。据此,刘建康和谢平等人又提出了利用鲢鳙直接控制蓝藻水华的生物操纵新方式。在这一研究过程中,刘建康不仅指导了实验湖沼学的理论应用,而且从1950年代开始积累的东湖生态资料也发挥了重要作用,特别是对于分析东湖生态系统中浮游生物群落结构长期变化与水体富营养化及滤食性鱼类的关系。目前,该研究成果已在滇池、巢湖水污染治理中得以应用。

对于这一研究,刘建康晚年谈起来仍显得有些激动:

> “东湖的污染是由生活污水和工业废水引起的,东湖的治理,首先要抓工业废水的违章排放和生活污水的集中处理,要动真格![②]”

---

① 刘建康,谢平:《用鲢鳙直接控制微囊藻水华的围隔试验和湖泊实践》。《生态科学》,2003年第3期。

② 卢平川,宋效忠,张晓良:《对话中科院院士刘建康》。《楚天都市报》,2007年9月1日。

第九章
淡水生态学研究

刘建康的研究领域是不断拓展的，从早年的鱼类学静态研究延伸到鱼类生态学与淡水生态学研究。从20世纪80年代起，他开始了东湖生态保护的研究。

确定淡水生态学方向

刘建康的鱼类学研究事业是在伍献文教授指导之下开始的。先是从分类学和形态解剖着手，逐渐扩展到功能方面的研究。在四川重庆北碚的六年中，还开展了一些实验性的工作，如鳝鱼的呼吸、斗鱼体内渗透压的调节、鲤-鲫人工杂交试验等，把传统静态的鱼类学研究逐渐延伸到生态方面。

在老一辈鱼类学家半个世纪的努力下，我国鱼类区系和形态学研究已经有了较好的基础，但就量大面广的种类来说，应该把注意力转移到生活方式亦即个体生态学和群体生态学的研究领域。鱼类学作为动物学的一门分支学科有自己的理论问题需要深入研究，但是鱼类学同时又是一门应用性很强的学科。刘建康认为，无论从渔业资源的合理开发利用，水生生物物种多样性的保存,还是水域环境质量的维护,都离不开生态学,所以应当加强生态学方面的研究。这个观点得到了伍献文教授的理解和支持。

鱼类资源调查曾为他关于渔业增产的研究打下了基础,实地调查也培养了他唯实求真的作风。水生所成立之初,他就去设在无锡太湖的淡水生物研究室,从事五里湖鱼类资源的调查的同时,也进行池塘养鱼高产试验。1954 年,水生所迁到武汉后,次年他就组织了 20 多人的科技队伍去梁子湖设站,进行鱼类生态调查。在两年的时间里,收集到近 30 种经济鱼类的第一手生态资料。1957 年,他主持长江鱼类生态的调查研究,在四川木洞、湖北宜昌和江苏崇明分别设工作站进行了两年多的采集调查、数据分析。五里湖、梁子湖和长江干流上、中、下游鱼类的生态调查研究,是新中国成立以来有关淡水鱼生态最系统、最完整的集体工作;所得资料,是 20 世纪 80 年代论证葛洲坝和在建中的三峡大坝对鱼类生态影响的重要依据。而东湖渔业增产和稳产高产示范试验的成功,为面积在 2 万亩以上的"藻型"湖泊的渔业利用开创了成功的先例。

而水域生态学方向的确定则体现了他的社会责任感和学术前瞻眼光。水生所主要是由前中央研究院动物研究所和植物研究所的一部分改组而成,在水生生物的区系和分类学研究方面具有无可争议的优势,这为"水生生物学"这门学科打下了必要的基础;但是改组成为中国科学院水生所以后,主攻方向是沿着前中央研究院的方向继续进行呢,抑或需要重新调整发展方向呢,直到 20 世纪 70 年代末期还是定不下来。部分科技人员认为,凡是以水生生物为对象的研究工作,都属于水生生物学的研究范畴。

1979 年,刘建康在中国海洋湖沼学会恢复大会暨学术讨论会上发言,从国际上先后制定的两个庞大的研究计划和北美相关的出版物入手,专门讨论了淡水生物学发展的方向问题。他在会上介绍了生态学、生态系统、生态系统的结构、生态系统的功能、系统解析的方法和生态系统的模型,最后他说:

"总的说来,淡水生物学是从淡水生物的分类、形态研究开始的,在发展过程中不断充实了生态学的内容,从个体到种群和群落的研究,现在又进入到整个生态系统结构、功能和生产力的研究，并且已从定性的、描述现状的转到定量的预报未来的水平，而进行系统解析的生态系统生态学则代表了国际1970年代的水平。野外调查和室内实验相结合，宏观与微观相结合，生物与地理、化学、物理和数学互相渗透，运用现代化实验手段（自动化测试技术、计算机技术和遥感技术等）是当前国外淡水生物学发展的趋势①。”

湖沼学术年会已停止多年了，大家为如此开阔的演讲所吸引。事实上，刘建康和他带领的研究团队，从1950年代大量基础资料的积累开始，已经走上从生物分类与形态向淡水生态研究的拓展之路。

图9-1　刘建康正在做淡水生态系统中鱼类“下行效应”的小型试验

1979年，刘建康在《我国淡水生态学的回顾与展望》②中，进一步分析了水生生物学的发展方向，希望借此能对调整水生所研究方向有所启发。关于水生所的研究方向，当时刘建康作为所长，认为自己有责任向所里学术委员会提出自己的看法。刘建康根据自己的实践探索和国际学术趋势，认为水生所应该有个主攻方向，这个主攻方向就是水域生态学。

① 刘建康:《关于淡水生物学发展的方向》。《水生生物学集刊》，1979年第4期，第465－470页。

② 《中科院武汉分院学术委员会成立大会暨第一次学术报告会学报》（报告文集）。1979年，第28－32页。

主攻方向问题直到20世纪80年代初期意见才渐趋一致。最后在中国科学院生物学部委员1986年评议水生所的会议上得到了确认。从经济建设和环境保护的需要，从中科院生物学部提出的重点发展方向，以及从国外水生生物学或湖沼学研究所的研究动态来看，水生所在20世纪80年代中期确立以水域生态学为主攻方向是正确的。这也为后来"淡水生态与生物技术国家重点实验室"和"中国科学院生态系统台站网络"在水生所的建立打下了坚实基础。

认识淡水生态学概念

刘建康从来就不是一个只顾着自己做学问的人，他在鱼类学领域的建树不用赘述，事实上，他对于中国生态环境的建设有着强烈的责任感，因为水的环境好了，鱼儿才能好。

刘建康着意淡水生态的考察和研究为时已久。从五里湖、宜昌产卵场、梁子湖、淮河山谷水库、长江鱼类考察到东湖渔业增产试验和揭开东湖水华之谜，都没有离开过生态学的角度。

一个学科的建设首先必须从核心的概念体系建设入手。

从1979年在湖沼学年会上讨论淡水生物学发展方向后，刘建康进一步从理念上研讨淡水生态学。

1983年，他发表《淡水生态古今谈》[①]，首先梳理了我国古代朴素的淡水生态智慧，其中提到：

> 朴素的淡水生态学知识和资源观在我国古代早已有之，而且许多是与水产的养殖、捕捞、保护分不开的。
>
> 大水面养鱼在汉代已经开始……根据生态互利原则，具有我国特

① 原文载于《百科知识》，1983年第12期。

色的“四大家鱼”（草鱼、青鱼、鲢、鳙）混养体制是唐朝初期开始的……在利用生态知识改进捕鱼技巧方面，《尔雅》里讲到了利用鱼类在水寒季节和听到声响时有趋避于水下树丛的习性……在资源保护方面，公元前300多年荀子在《王制篇》中说：“圣王之制也，鼋兽鱼鳖…孕别之时，网罟毒药不得入泽，不夭其生，不绝其长也。”……《礼记》中载，“禽兽鱼鳖不中杀，不鬻于市”，……《淮南子》里说，“鱼不长尺不得取”……

至于近代的淡水生态学，刘建康则以西方学术史为背景进行梳理，认为“近代淡水生态学的基本概念是建立在生态系统的整体观念上的”，“淡水生态学像其他生境的生态学一样，也是分成个体、种群和群落三个组织层次的生态学研究”。谈到当下，刘建康认为“淡水生态学是与国民经济建设密切相关的学科。它突出的一点是着眼于内陆水体生物资源的合理开发利用”。他谈及湖泊和水库及水面养鱼的问题，并认为“能利用淡水水体本身没有经济价值的初级生产力的，并不限于各种鱼类”。他还强调了“发展水生高等植物资源的问题”。关于保护淡水环境（包括生物资源），他认为有许多的课题有待研究，如“江河上的水利枢纽对于溯河洄游（如中华鲟）和降河洄游（如鳗鲡）的鱼类究竟有多大影响；通过湖泊的闸坝对于江湖洄游性的‘四大家鱼’不利影响的评价和补救措施；跨流域调水（南水北调）对沿线湖泊的生态效应，特别是传播血吸虫中间宿主钉螺的可能性，以及盲目引种的生态学后果等，都是淡水生态学研究的重大课题”。①

1984年，刘建康、阮景荣以《淡水生态学的基本概念》为题，系统地讨论了有关淡水生态学的一些基本理论问题，是一篇颇具宏观指导意义的专业论述。他在简单回顾了生态学发展的历史后，从淡水生态系统、淡水环境、淡水生物群落、营养物循环、能量流动、演替与平衡几个方面进行了全面的讨论。其中关于“淡水生态系统”他总结了这样的看法：

“淡水生态系统是指一定水域内所有的生物（即生物群落）与它们

---

① 刘建康：《淡水生态古今谈》。《百科知识》，1983年第12期。

的理化环境相互作用，通过物质和能量流共同构成的具有一定结构与功能的统一体。

淡水生态系统的结构，不仅依静水栖息地与流水栖息地而有不同的特征，而且同一类型的各种栖息地之间往往也有明显的差别。

对淡水水体来说，从贫营养到富营养和由水体到陆地，是其发育或演替的基本模式。生态系统的发育，一方面起因于系统内生物成分的活动，另一方面受地质学力量及其他外部因素的影响。在经过一定发育阶段的生态系统中，各生物成分之间、群落与环境之间，以及结构与功能之间的相互关系处于相对稳定和协调，以致可以通过信息反馈来维持自身的动态平衡。但是，生态系统的自我调节能力是有限度的，其平衡状态往往因强度过大的外来干扰而遭到破坏。近十多年来，淡水水体的污染或富营养化，都是人为因素所造成的自然生态平衡失调的严重后果。①”

关于“淡水环境”，刘建康按静水水体和流水水体，分湖泊、水库、池塘、河流、泉水进行了说明。文章还分析了复杂的淡水生物的生态群落和群落结构。关于淡水环境的营养物循环，他指出，“虽然水体可由多种途径接受一定的外源营养物，但是经常和大量的营养物供应主要依赖于系统内部的循环”，而且，“在淡水生态系统中，营养物的循环过程不是无法衡量的，而是存在着营养物的吸收与释放的周期变化”。关于“能量流动”②，他指出，“淡水生态系统中的能量流动，是通过牧食食物链和碎屑食物链共同实现的。但是，在不同的水体中，这两类能量线路所起的作用往往有明显的差别。一般地讲，大型湖泊和水库中以牧食食物链为主，而碎屑食物链在水生高等植物繁茂的水体中起主导作用”。进而他强调“食物链原理对淡水渔业生产有重要的指导意义，渔业生产的基本目标，是充分利用水体的饵料生物资源，最大限度地提高鱼产量”。他还以湖泊的发育史为例说明了生态系统的发

① 刘建康：《淡水生态学的基本概念》，载于《淡水生物学科技情报》，1984 年第 9 期。

② 在生态系统中，绿色植物所固定的日光能量，以食物形式供消费者利用所构成的单向传递，通常称之为能量流动。

育（即生态演替），分析了生态系统的不同发育阶段所具有的不同结构与功能特征，认为“淡水生态系统和其他的生态系统一样，都是天然的控制系统，其自我调节能力依赖于正反馈与负反馈之间的相互作用”，而且以大量水体的污染或富营养化为例说明淡水生态系统的“自我调节能力是有限的”。

这篇文章系统整理了有关淡水生态学的基本概念和基本理论，在一定意义上为淡水生态学学科统一了基本的逻辑起点。其核心的观点，以“淡水生态①”为目，被收录进《中国大百科全书》生物学。

随着应用研究的深入，刘建康对淡水生态的理解，更清晰地放到“生态学”的背景。

1997年，他在“百名院士科技系列报告”中，以“可持续发展战略与生态学”为题，再一次就“生态学”、“生态系统”、“生态平衡”、“生态学规律”进行了解读，淡水生态显然只是生态学的一部分。

在1999年刘建康为《高级水生生物学》教材所写的前言中，他明确地告诉读者，基于国外水生生物学发展的趋势和国内已有不少关于水生生物区系和分类学的著作，“本书不再详述这方面的内容，而将注意力集中于水生生物的生态学方面”。②

一门学科的不断深入必然带来核心概念的重新思考和新的归约。2004年，刘建康在《20世纪中国学术大典——生物学》中，更简洁地概括了“淡水生态系统”、“淡水环境”、“淡水生物群落”和“生态系统的演替与平衡”。③

淡水生态系统研究

纵观刘建康的淡水生态研究，是一个鱼类生理生态——渔业生态及资

① 《中国大百科全书》生物学(1)。北京：中国大百科全书出版社，1991年，第211－216页。

② 刘建康主编：《高级水生生物学》前言。北京：科学出版社，1999年。

③ 钱迎倩主编：《20世纪中国学术大典——生物学》。福州：福建教育出版社，2004年，第280－285页。

源保护与开发——水域生态的演变拓展过程，在实例中，伴以湖泊、水库、河流的生态研究。

早期的鱼类生态研究集中于20世纪40和50年代中期，与鱼类形态和分类学研究结合在一起，包括大量的鱼类生态调查。50年代后期到80年代，主要着眼于鱼类生产的渔业生态研究，其中多以湖泊、水库为目标。90年代以来，他更多地关注河流和水域生态以及人与生态的关系研究。

1979年10月至12月，刘建康作为我国"人与生物圈"国家委员会代表团成员，出席在巴黎举行的"人与生物圈"第六次国际协调理事会，他与章宗涉①共同提出的"人类经济活动对东湖生态系统的影响"被列入联合国教科文组织"人与生物圈"计划的第879项：人类经济活动对湖泊生态系统的影响。他们根据1960年代初到1980年代初所积累的观测资料，分析了东湖生物群落的生态变化，讨论了氮与磷的收支与分布，并对东湖富营养化状况进行了量化分析和评价，还提出了防治措施。他们认为：富营养化作为一种污染类型具有特殊性，因此要根据湖泊的具体情况，确定功能的主从位置，兼顾各方面的利益，最合理地利用资源。东湖则应按饮用水源、旅游、渔业的顺序排列，全面进行规划；点源污染是主要的污染源，因此在东湖进行污水截流改道、降低外部负荷的工程措施是必需的；由于富营养化的根本原因是生态系统结构与功能的改变，因此防治必须建立在生态学基础上。在这个话题中，他们还特别提到了养鱼和富营养化的关系问题：虽然东湖水华的消失与养鱼有关，但不是说养鱼就绝对能在一般情况下减少蓝藻，这是一个复杂的生态学问题②。

1981年4月，刘建康应美国华盛顿大学F·陶勃教授之约，撰写了关于

① 章宗涉(1930～　)，祖籍浙江湖州，1951年毕业于光华大学生物系，是我国自己培养的第一批从事水生生物学研究的人员。曾长期在中国科学院水生生物研究所从事藻类学和湖泊生态学研究。1985年调入上海师范大学生物系。主要致力于水体微型生物监测、废水的生物处理、湖泊生态调查和评价等领域的研究。曾任中国人与生物圈(MAB)国家委员会委员。

② 章宗涉，刘建康：《人类经济活动对东湖生态系统的影响》。《人与生物圈论文集》(中国人与生物圈国家委员会编)，1987年。

长江中下游湖泊的论文，着重介绍东湖渔业的发展与生态问题，被列入《世界生态系统丛书》第23卷出版。这一年，他还与林婉莲、刘鑫洲合作完成《两种浮游生物有机碎屑的形成及其在鲢鳙营养中所起作用的质疑》①(英文)，对两种浮游生物有机碎屑的形成及其在鲢鳙营养中所起作用提出质疑。1984年，这篇文章发表在《水生生物学集刊》第2期上。

1984年，应陶勃主编之邀，刘建康负责撰写的《中国长江中下游的湖泊》(英文)纳入《世界的生态系统》丛书，由荷兰爱思唯尔(Elsevier)科学出版社出版同年，在《鱼类学论文集》第四期上发表《渔业生态学和渔业管理》。在"世界湖泊环境的保护与管理"1984年滋贺会议上介绍《中国三个湖泊的污染研究》(英文)②

1985年，刘建康在联邦德国"生态毒理学与环境安全杂志"发表《受农药废水污染的鸭儿湖的恢复》(英文)③，讨论受农药废水污染的鸭儿湖的恢复。并与文元华一起发表《微生物群落对水体中有机碎屑的分解与转化作用》，专门分析微生物群落对水体中有机碎屑分解的控制因子、速度、分解过程与机制、主要碎屑物的有机循环。

1987年，刘建康与贺锡勤合作在德国《生态毒理学与环境安全学报》共同发表《环境质量对鱼产品的质与量的关系》，讨论环境质量对鱼产品的质与量的影响。

1988年，刘建康与余志堂合作完成的《科学与技术在鲟类资源养护中的作用》(英文)在国际鱼类生理毒理与渔业管理学术报告会上宣读。这一年，他还与阮景荣、蔡庆华联名发表《武汉东湖的磷——浮游植物动态模型》。该文报道了东湖的一个富营养化模型，这个模型按照1年的时间标度描述东湖藻类的生长和磷循环，其状态变量包括浮游植物磷、藻类生物磷、正磷酸盐、碎屑磷和沉积物磷。模型校准和检验结果表明，模型对于系统给定状态的描述是令人满意的，并且对于系统的强制函数的改变能给予合理的响应。

---

① 《国际湖沼学会会报》第二十一卷，第1287－1290页。

② 《世界湖泊环境的保护与管理1984年滋贺会议会志》，第73－80页。

③ (西德)《生态毒理学与环境安全杂志》13卷1985年，第61－75页。

根据东湖富营养化工程治理的初步设想，利用模型进行了东湖污水截流前后的水质预报，同时考查了截流后移出沉积物或引灌江水对于改善其水质的效果。模型所提供的各种预报可供拟定东湖治理方案时参考。也就在这一年，“武汉东湖生态系统结构功能与生物生产力的研究”获得中国科学院科技进步二等奖。

刘建康在1980年代末以东湖生态系统研究为例，这样描述了他的淡水生态研究：

> “东湖的工作，在老一辈科学家王家楫、伍献文、饶钦止教授的指导下，50年代就已开始了对浮游植物、浮游动物、水生高等植物、底栖动物和鱼类区系的研究。60年代，我主持进行了湖盆的测量、测深和制图工作，还开展了湖底沉积物的分析，浮游植物和水生高等植物初级生产力的测定，以及浮游动物、浮游植物、底栖动物和水生高等植物周年数量和生物量的变动情况和草鱼选食习性的研究。70年代，又主持进行了软体动物的生态分布和种群数量变动研究和渔业增产试验。80年代，研究湖泊生态系统的结构与功能，着重于东湖富营养化的研究，包括1956～1975年20年间东湖浮游植物的生态学演变、浮游动物的生物量和生产量的测定，水细菌的研究和水中浮游物的定量研究，以及鱼类放养对湖泊富营养化影响的评价。90年代计划选择东湖的一个湖汊进行水生高等植物的恢复试验、调整放养对象的试验和系统模拟试验，目的在于提出湖泊渔业利用的一种新的、兼顾渔业生产和环境质量的经营管理新模式。①”

1990年，刘建康主持编写的《东湖生态学研究(一)》②出版。其中分为“东湖的地质基础与沉积类型”、“湖水的理化性质”、“主要生物群落结构及

① 刘建康：《东湖生态系统的研究》(一)。北京科学出版社，1990年。

② 《东湖生态学研究》系“中国科学院东湖生态系统试验站文集”之一。

其演替”、“水体生物生产力”、“有机碎屑及其在东湖生态系统中的功能”、“鱼类及其在水体的物质循环中的作用”和“水体富营养化”等问题，应该说是对水生所有关淡水生态研究的较为全面系统的整理。这一年，他还与崔奕波合作在英国《比较生化生理学报》上共同发表了四篇文章：《六种硬骨鱼类能量收支的比较—Ⅰ，摄食量、排粪量和氮排泄》、《六种硬骨鱼类能量收支的比较—Ⅱ，代谢率》、《六种硬骨鱼类能量收支的比较—Ⅲ，生长率与能量收支》、《六种硬骨鱼类能量收支的比较—Ⅳ，生长和能量收支的个体差异》。此外，在1990年杭州国际湖泊学术报告会上，与许蕴玕合作提交了《洪湖生态系统的优化措施及其效果的初步分析》（英文），重点对洪湖生态系统优化措施及效果进行了初步的分析。①

1991年，刘建康与蔡述明联名发表《江汉平原湖区开发与整治》，讨论江汉、洞庭平原湖区的开发与整治问题；与王建在《德国水生生物学报》共同发表《东湖中磷循环在藻类演替和藻类代谢中所起的作用》；与李勤生、蔡庆华等发表《东湖异养细菌群落的分类结构和聚类分析》。该文对东湖异养细菌群落结构采用系统分类和微机聚类分析方法作了比较研究。169株由东

图9-2　1990年10月22日刘建康在黄州赤壁宾馆出席“七五”攻关项目——综合生物塘鉴定验收会

① 刘建康，许蕴玕：《洪湖生态系统优化措施及效果的初步分析》。载于《洪湖水体生物生产力综合开发及湖泊生态环境优化研究》。北京：海洋出版社，1990年。

湖Ⅰ、Ⅱ、Ⅲ站水体中分离的异养细菌分别隶属于30个细菌属。其中芽孢杆菌属居于明显优势，其次是微球菌属。在不同水域或水层，细菌的分布有一定的差别，但各站间多样性指数值没有明显的差异。基于113项生物学特性检测结果，采用lBM PC/XT微机聚类分析后计算各站细菌的多样性指数发现：Ⅰ站明显高于Ⅱ、Ⅲ两站，43项检测系统所得结果与此表现出一致的趋势。这与东湖各采样站水环境的理化分析参数是比较吻合的。该文作者对以上结果作了讨论。这一年，他还与崔奕波、华俐一起发表《摄食水平和食物种类对金鱼生长及氮磷排泄的影响》，报道了金鱼生长率、氨排泄率及磷酸盐排泄率的两个实验的结果。其中，实验A用牛肉作饵料，实验B用配合饲料作饵料。每一实验分6个摄食水平。特定生长率（SGR）与摄食率（R）的关系为：$SGR = a + b\ln(R+1)$。实验中两种食物对上式的系数无显著影响。氨排泄率NE与氮摄取率NI的关系为：$NE = a + bNI$。实验中两种食物对上式的'b'值无显著影响，但两个实验得出的'a'值有显著差异。磷酸盐排泄率（PE）与磷摄取率（PI）的关系为：$PE = a + bPI$。若不考虑食物种类的影响，而将两实验数据合并，氮、磷摄取率可分别解释氮、磷排泄率变异的98%和75.7%。这一年，刘建康还出席在香港召开的热带内陆水域的保护与管理会议，并提交《关于鱼类放养对湖泊富营养化影响的评价》论文。[①]

1992年，刘建康与何碧梧共同主编的《中国淡水鱼类养殖学（第三版）》由科学出版社出版，此书被列入“当代科技重要著作”。他在英国《径流调节：研究与管理》杂志上发表《水电站建坝后中国汉江中水质的改变与对鱼类种群的影响》。

特别值得一提的是，刘建康以第一署名与曹文宣在《长江流域资源与环境志》杂志上共同发表《长江流域的鱼类资源及其保护对策》，该文对不同江段的鱼类资源作了简介，并提出了相应的保护措施：上游江段以维护生物多样性、保护特有种为主，需要建立鱼类自然保护区；中游应保证主要经济鱼类的自然繁殖条件，加强珍稀鱼类的人工繁殖放流工作，同时对湖泊幼鱼资

① （香港）《热带内陆水域的保护与管理会议论文摘要》第34号，1990年。

源进行保护；下游应注意保持江水质量，严格遵守工业废水排放标准；河口江段应规定幼鲟保护期，建议每年6月15日至7月31日停止一切损害幼鲟资源的渔捞作业。

同年，刘建康与他人合作发表的论文还有《滤食性鱼类对东湖水华的影响》、《鳜鱼的视觉特点与其食性的关系》、《湖泊和地下水中异养细菌群落结构和生理特征的比较研究》等。其中，后者与李勤生、蔡庆华、洪葵等联名发表，主要论述了对武汉东湖三个定点观测站和潜江市一深水机井中异养细菌群落的种群组成、对不同基质的反应、菌株和群落的生理特征及活力水平等方面比较研究的结果，结果表明：环境差异较小的东湖Ⅰ、Ⅱ、Ⅲ站异养细菌群落间的差异亦较小，具有类似的结构特征和生理活力水平，对特定基质表现了相似的作用模式；地下水中的异养细菌群落在上述几方面均显示了明显的区别。此外，在异养细菌群落结构和功能研究方法上亦进行了有益的探讨。

图9-3　1994年5月7日在家中（《湖北画报》记者李生云拍摄）

1993年，刘建康与刘仁俊在《长江流域资源与环境》上发表《长江白鱀豚的保护》，[①]同年在德国水生物学报上发表《述中国湖泊中浮游生物与浮游物的结构》。

1994年，刘建康与蔡庆华发表《人口增长与渔业发展对武汉东湖水质的

① 参见《长江流域资源与环境》1993年第2期，第103－110页。

图 9-4 刘建康在养鱼场实地调研

影响》①，该文报导以人口增长为代表的湖泊外部社会经济发展指标以及渔业发展对东湖环境质量的影响。这一年，他参与进行的“鱼类的放养对湖泊富营养化影响的评估”、“鲢鳙消化道和粪便中的浮游植物”、“黑鲷食料中蛋白质的最佳含量和动物蛋白与植物蛋白之比”、“鱼类捕食压力下东湖浮游动物的长期变化”等成果在国内和国外的杂志上发表。而这一年，他主持的“东湖生态学研究”，获中国科学院自然科学一等奖、国家科委自然科学三等奖。无疑，这是在淡水生态学领域所获得的崇高荣誉。

1995 年，刘建康主编的《东湖生态学研究(二)》纳入中国生态系统网络丛书，由科学出版社出版，其中分“引论”、“营养物质的循环”、“藻类和细菌生产力”、“浮物生物生态学”、“水生植物生态学”、“鱼类生态学”、“鱼类放养对生态系统的影响”和“数学模型的研制”，汇集了大量研究成果，主要总结了中国科学院“七五”“八五”重大项目“我国主要类型生态系统结构功能与优化模式的研究示范”中“东湖生态系统结构、功能与优化模式研究”的专题研究成果。在“中国生态系统研究网络”(CERN)的总体设计下，对东湖生态系统结构与功能、平衡与演替、渔业利用与环境质量之间的关系进行定位观测和系统研究。《长江中下游流域的湖泊及渔业利用问题》作为“引论”置于

① 参见《水生生物学报》1994 年第 1 期。

书首。其中以东湖为例进行气候、形态测量，湖水的化学组成，生物湖沼学中的浮游植物、浮游动物、底栖无脊椎动物、水生大型植物和鱼类区系、鱼产量、渔获物组成、鱼种和回捕率等多维的观察和分析，揭示其中的改变，并得出了如下结论：

> 对于工业化国家的人民来说，湖泊作为抗洪、灌溉、航运、给水和游憩的用途是熟知的。但是，发展商业性渔业作为动物性蛋白质的一个来源，在我国湖泊的综合利用中也是一个重要方面，在长江中下游盆地区尤其如此。
>
> 水利建设越发达，自然鱼类资源就越枯竭，这一概括是言之成理的。因此，人工放养应运而生。
>
> 这个区域(指长江中下游)的湖泊都属于富营养型，最适于放养鱼类。
>
> 如果一个湖泊管理得当的话，没有理由担心大规模放养得不偿失的问题，至少在中国是这样的。
>
> 在对东湖生态系统营养物的动态进行仔细的研究之前，把富营养化归咎于放养是不恰当的。[①]

图 9-5　1996 年 10 月 27 日刘建康(左一)出席 ISRLE'96 并在"中国光荣"号做报告

① 刘建康主编：《东湖生态学研究》(二)。北京：科学出版社，1995 年，第 1-24 页。

就在这一年，刘建康主编的《中国淡水鱼类养殖学（第三版）》获中国科学院科技进步二等奖，全国优秀科技图书一等奖。

1997 年，刘建康已是八十高龄的老人，虽体力赶不上从前，可他思维敏锐，眼力极佳，对选题的意义和事物方向的把握，以及调查和实验的严格要求，令青年研究者心生敬畏。所内很多年轻研究者，不管是否他的博士硕士，只要在专业上需要他的帮助，他都会极认真地投入。具体到淡水生态学的研究，他也将主要精力放到培养年轻人问题上。自此，读者开始发现，学术杂志上经常会有他与年轻学者合署的文章。虽然在他抄写的论著目录和汇编的文集中，多数成果他都没有写进来，但他都花费了大量心血，或定题、或审改、或推荐发表。他希望水生所关于淡水生态的研究能形成合力，在微观研究和宏观研究上都能取得更多更大的成绩。

1997 年，他与黄祥飞联名发表了《东湖生态学研究概况》。① 他们以长江流域具有代表性的武汉东湖为基地对其生态学进行长期的观测和系统研究，其中详细地阐述了氮、磷在水体中分布、转移及积累、浮游植物的演替、浮游植物初级生产力及其对渔产潜力的估算，浮游动物现存量和生产量，有机碎屑在生态系统中的功能和鱼类放养对生态系统的下行效应等。与靳立军、徐小清联名发表《三峡库区燃煤、土壤和水库底泥中含汞量分布特征》②，详细研究了长江三峡库区燃煤、土壤和沉积物中汞的分布特征，以及湖泊沉积物中不同形态汞的含量，探讨了水库汞污染加重的原因。与蔡庆华、吴刚联名发表《流域生态学：生态系统多样性研究和保护的一个新途径》③，详细分析了淡水生态系统研究的特征与问题、生态系统多样性研究的主要内容和现状以及流域生态学的背景和内容。这年 9 月，刘建康获香港何梁何利基金 1997 年度生命科学技术进步奖。

---

① 原文载《环境科学》18 卷，1997 年第 1 期，第 51－53 页。

② 原文载《重庆环境科学》19 卷，1997 年第 4 期，第 33－35 页。

③ 原文载《科技导报》1997 年第 5 期，第 24－26 页。

年内，刘建康与杨家新、黄祥飞发表《淡水轮虫休眠卵的研究进展》，该文综述了温度、休眠卵形态、光照条件和休眠卵贮存条件等因子对轮虫休眠卵萌发的影响，以及休眠卵萌发形式差异的生态学意义。温度骤变可以诱导休眠卵萌发，光照条件对休眠卵萌发率的影响存在种间差异，母体轮虫的食物和休眠卵贮存条件影响其萌发率。同时还一起发表《淡水轮虫繁殖生物学研究进展》，该文综述了温度、光照、密度、食物、母体年龄对轮虫有性生殖现象的影响，指出我国轮虫繁殖生物学研究起步晚、技术手段落后，并指出了其中存在的问题，对未来发展提出了几点展望。年内与蔡庆华发表《流域生态学与流域生态系统管理——灾后重建的生态学思考》。

年轻学者热切希望自己的研究得到刘建康的指导。2000 年，刘家寿、崔奕波、杨云霞等联名发表的《体重和摄食水平对鳜和乌鳢身体的生化组成和能值的影响》，还有两年后刘家寿与崔奕波发表的《鳜和乌鳢最适温度的研究》，都有刘建康的指点和帮助。

2001 年，刘建康与谢平在美国《科学世界》杂志发表《用滤食性鱼类控制蓝藻水华的生物操纵的成功实践：几十年的研究和在一个亚热带超富营养型湖泊中的应用综述》。在国内，有关“水华”控制的相关学术论文发表，开始引起广泛的关注。2 月 2 日《光明日报》、《科技日报》，2 月 5 日新华社新华网、人民日报人民网、中央电视台新闻频道均予以报道。2 月 7 日，国务院李岚清副总理和科学技术部朱丽兰部长在通过新闻媒体了解到水生所专家揭开武汉东湖蓝藻水华消失之谜后均作了批示。2 月 18 日，《科学时报》刊登了《追求人与自然的更好共生——刘建康院士、沈韫芬院士、谢平研究员谈湖泊“水华”控制技术的创新》。除了科学论文本身的意义，这次关于“水华”研究的成果，无疑也是一次对国人的有价值的环保案例警示。

虽然已过了八十高龄，但在刘建康眼里，淡水生态环境研究的目标似乎变得更清晰，研究的迫切性超过了任何时期。在他的带动下，相关的研究还在进一步推向深入。从这时起，他的更多精力放在对青年学者的培养和指导上。很多成果都是他与谢平、蔡庆华和在读博士硕士研究生们共同署名的，他在研究过程中时时指点，看着水生所有一批人将淡水生态的改善作为研究重心，更有青年学者快速成长，他打心眼里无比欣慰。

图 9-6　1992 年 3 月 1 日，刘建康与阮昌君(中)一起观儿童环保演出节目

2002 年，刘建康与谢平在《中国海洋湖泊学报》发表去除微囊藻水华的围隔实验和湖泊实践，与蔡庆华在中国《应用生态学》杂志评价湖泊富营养化的综合模型问题，与唐涛、蔡庆华发表《河流生态系统健康及其评价》，其中概括了河流生态系统健康概念的涵义，详细介绍了以着生藻类、无脊椎动物、鱼类为主要指示生物的河流生态系统健康的评价方法，并就其评价原理将这些方法分为预测模型法(predictivemodels)和多指标法(multimetrics)两大类，提出了河流健康评价方法的发展方向，以及我国应尽快开展的研究工作。在这一年，他还与唐启升等从我国水生生物资源及其环境面临的主要问题出发，向有关部门提出了尽快制定《水产生物资源保护国家行动计划的建议》的书面报告。

2003 年，刘建康参与了葛继稳、蔡庆华、刘胜祥、蒲云海、梅伟俊关于“梁子湖湿地植物多样性现状与评价”的研究①，文章根据 1999～2001 年的野外调查数据，研究了湖北梁子湖湿地浮游藻类和高等植物多样性资源。这一年，他还与周志刚、解绥启、崔奕波一起发表《异育银鲫适宜投喂时间的建立》，从鱼类摄食节律的角度来确定鱼类的最佳投喂时间，尝试突破，适宜的投喂时间应选择在鱼类摄食的峰值段，而避开摄食低谷期。

2004 年，刘建康的《淡水生态学》收录进《生态学研究的回顾与展望》②，

① 原文载《中国环境科学》，2003 年第 5 期，第 451－456 页。

② 原文载《生态学研究的回顾与展望》第 336－346 页，北京：气象出版社，2004 年。

他还为《生态学名词》中之“水域生态学”名词 444 条词汇审稿。他为葛继稳、蔡庆华等、唐涛等进行的“湖北省湿地水禽资源研究”、“梁子湖水生植被 1955～2001 年间的演替”、“河流生态系统管理研究——以香溪河为例”等问题的研究提供指导，为青年学者的快速成长充当人梯。其中，最后一个问题颇为刘建康关注。香溪河是三峡水库湖北库区最大的支流，其健康与否对三峡水库水质有直接影响，因此开展香溪河生态系统管理研究具有重要意义。然而，由于河流生态系统管理是一个新兴的研究领域，如何开展相关研究值得探讨。该文简要介绍了该领域的研究现状，并重点结合香溪河主要受水电站建设、流域土地不合理开发、工业污染等因素影响的事实，认为应该以保证水量、水质作为河流生态系统管理研究和各种管理措施的出发点，并以维持健康的水生态系统，保证河流各项服务功能的正常发挥为最终管理目标。① 以该思路为基础，就香溪河而言，可以着重从流域土地利用的生态学规划、香溪河水电站的生态学管理、香溪河流域水质污染源控制、香溪河生态系统健康和服务功能的监测及评价等四方面开展该河流的生态系统管理研究。

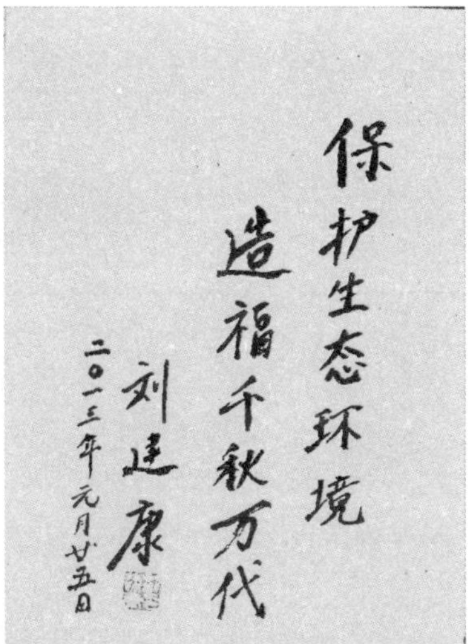

图 9－7　2013 年 1 月 25 日刘建康手书环保寄语

刘建康关于淡水生态学的学术思想不断发展和成熟，成为中国科学院水生生物研究所的主要科研方向，创建了“东湖湖泊生态系统实验站”及“淡水生态和生物技术国家重点实验室”。“东湖湖泊生态系统实验站”是我国淡水生态系统研究最早、最系统的站，是“中国科学院生态系统研究网络”的重点站。1989 年国际湖泊环境委员会（ILEC）与联合国环境计划

① 2006 年 3 月，由蔡庆华主持的“中德重大水利工程的环境生态影响学术研讨会”在香溪河所在的湖北省兴山县召开，刘建康作了题为“Hydraulic Engineering, Water Resources and Aquatic Ecosystem”（水工程、水资源和水生态系统）的大会报告。

署(UNEP)联合出版的《世界湖泊环境数据书》中介绍了东湖的研究工作:“中国科学院水生生物研究所的科学活动,使东湖成为世界湖沼学家最熟悉的中国湖泊之一。”这与刘建康的学术思想和多年的辛勤工作密不可分。

第十章
治学方法与处世风格

"满江红"

在刘建康先生95岁生日的时候，弟子蔡庆华填写了一首《满江红·贺建康吾师九五大寿》，词中扼要记录了先生的学术人生：

> 七月流丹，英难聚，珞珈山麓。长空望，天高云淡，水清林绿。七十多年风伴雨，百千余座湖与库。事躬亲促水业腾飞，雄文铸。
>
> 守梁子，别神女；重实践，不唯术，简车从，踏遍万川千谷。巧手真传鱼理论，妙思更续水经注。细点拨，看不尽长江，英才矗。

正如词中描述的，刘建康先生数十年致力于学术事业，从鱼类学、渔业生态学到水域生态学，走过了一条充满艰辛而又令人景仰的求实创新之路。按他本人的说法，在中外刊物上发表的100多篇文章中，他自己略有"敝帚自珍"的有下面这几篇：

1940年，导师伍献文与我联名发表的《口喉表皮是鳝鱼的主要呼吸器官》一文。伍师是根据鳝鱼口喉部表皮的组织学结构立论的，我是以灼红的解剖针烧掉鳝鱼的全部鳃丝，而鳝鱼依然能长期存活的实验结果为佐证的。

1944年发表的《鳝鱼的始原雌雄同体现象》，以及1951年发表的《鳝鱼雌雄逆转时生殖腺的组织学改变》等两篇文章，为低等脊椎动物性别分化机理的研究开拓了新的思路。性别转变在脊椎动物里绝大多数属于畸形状态，但在鳝鱼中则是正常的、规律性地由成熟的雌性转变成为成熟的雄性。

我的博士学位论文是在美国麻省伍兹霍尔海洋生物学实验室里完成的，它们是《筒螅生殖巢的形成与种质细胞的起源》和《种质、魏斯曼与水螅纲》，分别用我和导师、导师和我的署名发表在1948年美国的《形态学杂志》和《生物学季度评论》上。根据我对筒螅的复查和再生实验的结果，指出魏斯曼在其筒螅研究中有观察上的失误，并对其种质学识提出了以实验结果为依据的质疑。

1955年发表的《养鱼池单位面积产量试验》一文，是对我国传统池塘养鱼方法进行科学总结的一次尝试。

1959年发表的《梁子湖的自然环境及其渔业资源问题》，根据梁子湖的第一手资料指出了江湖通道的阻隔对渔业资源的消极影响，所提出的见解在流域治理和渔业生产管理上至今仍有现实意义。

1964年发表的《从生物生产力角度看湖泊渔业增产的途径》一文，为20世纪70年代起东湖渔业的大幅度增产打下了理论基础。

应美国华盛顿大学陶勃(F. B. Taub)教授之邀，撰写了《长江中下游的湖泊》一文，在介绍浅水湖泊的生态学特点之后，着重论述了被发达国家所忽略而被第三世界看好的渔业利用观点和生产实践，作为《世界的生态系统》丛书第23辑的第14章，于1984年由荷兰爱思唯尔出版社出版。①

① 刘建康:《刘建康生态学文集》。化学工业出版社，2007年，第307－308页。

2003 年发表的“用鲢鳙直接控制微囊藻水华的围隔试验和湖泊实践”，就是武汉市东湖 18 年来成功阻止微囊藻水华重新出现的总结。

从刘建康这些思维活跃、创意十足，大气磅礴的学术著作里，我们看到了一代学术宗师的风采。他对科研坚挺执著的形象不禁跃然纸上，令人浮想翩翩，尤生敬畏之情。

上述研究成果中，有的拓展了学术研究的领域，启发了相关领域的学术创新，受到国际国内同行的认可；有的则转化成实实在在的社会贡献，在国家经济建设和人民生活改善中发挥作用。

在我国鱼类学研究的早期，多偏重于分类学，兼及形态解剖。20 世纪 40 年代，刘建康在伍献文指导下也主要是从这些方面入手，但却又不受此局限。他揭示了鳝鱼始原雌雄同体现象，1944 年，文献发表后，英国皇家学会波洛(W. S. Bollough)博士在荷兰乌德勒支大学讲学时就作了介绍，并在 1947 年的英国《自然》杂志上撰文对此项发现的意义作了评价，称“这篇文章，为低等脊椎动物性别决定的机理提供了新的和引人入胜的证据，并为这个主题开拓了一个崭新的研究领域”。日本、美国、苏联等有关研究论文和教材中都曾引用了刘的文章。刘建康还开展了斗鱼体内渗透压的调节，鲤、鲫人工杂交试验等项研究，把传统的静态的鱼类学研究逐渐延伸扩展到生态和生理实验领域。

20 世纪 50 年代，刘建康先后到江苏五里湖、湖北梁子湖进行鱼类资源和生态调查；1957 年，他又主持了长江鱼类生态的调查研究，在重庆木洞、湖北宜昌、上海崇明分设工作站进行采集调查和定期定点观察，前后历时三年，总结出一套系统的鱼类生态学资料，填补了我国淡水鱼类生态学的空白。这也是新中国成立以来有关淡水鱼类生态学的最系统、最完整的集体工作和成果，所得资料成为后来论证兴建葛洲坝水利枢纽和三峡大坝对鱼类生态影响的重要依据。

1955 年，刘建康发表的《养鱼池单位面积产量试验》，被公认为是对中国传统养鱼方法进行科学总结的样本。在文章中，他首次提出了草鱼、青鱼的饲料系数，受到国内外的注意。所得亩产超过千斤的实验结果当时还不多见，后来被英国学者希克林(C. F. Hickling)引用于其《鱼类养殖》(1962)一书中。草鱼、青鱼、鲢和鳙是我国淡水鱼类资源中最具代表性的鱼类，被习惯称为“四大家鱼”。20世纪50年代早期刘建康曾到长江宜昌江段调查家鱼产卵场的分布情况，并成功地对草鱼和鲢鱼进行了人工授精与孵化。他指导助手采用给未充分成熟的青鱼注射鱼类脑垂体激素催情的方法，使其提前产卵，为后来我国“四大家鱼”成功地进行人工繁殖提供了技术条件。

1959年，水生生物研究所在全国水产科技与教育会议上提出总结我国淡水养鱼经验并写成专著的倡议，得到大会支持并委托水生生物研究所主持其事。刘建康承担了“饲养鱼类的繁殖”这一章的撰写任务。1961年，《中国淡水鱼类养殖学》正式出版。1992年，《中国淡水鱼类养殖学》第三版问世，并被列入“当代科技重要著作”丛书，刘建康领衔主编，他说“这是集体成果，许多同志都参加了编写和修订工作。”

刘建康多次在不同场合通过新闻单位，申述和呼吁重视大水面的开发利用，力图促使我国渔业生产跃上一个新台阶。他的建议获中国科学院经费支持，经在湖北洪湖进行大水面综合开发示范试验，“七五”期间取得了5年内鱼产量由3千吨上升到8千吨的可喜成果。现在，大水面开发利用在全国日益受到重视，各地产业部门纷纷展开了大水面养殖工作。

从20世纪50年代起，刘建康就开始参加东湖的淡水生物学研究。这项研究初期的工作主要是各类水生动植物的区系、分类学研究和对浮游生物数量季节波动的观察和记录。20世纪60年代开始，刘建康组织研究室力量，进行浮游植物初级生产力和浮游动物各类群数量变动规律的研究及水生维管束植物、底栖动物群落结构的定性和定量分析。20世纪70年代，刘建康明确提出，我国鱼类区系和形态学研究已有较好基础，今后应该把注意力转移到鱼类个体生态学、群体生态学和系统生态学的研究领域。他主持“东湖渔业增产和稳产高产试验”，采取了调整放养对象、提高鱼种规格、改进栏鱼设施、控制凶猛鱼类和改革捕捞技术等五项综合措施，使东湖的鱼产量从1971年的180吨逐年上升，到1978年试验结束时已达801吨。连续7年平均每年以23.5%的幅度递增，其单位面积鱼产量和递增速度在国内外同类型湖泊中均属罕见。这项成果获1978年全国科学大会科技成果奖。此后，刘建康又相继主持开展“东湖渔业稳产高产试验与生物生产力的研究”和“东湖生态系统结构功能与生物生产力的研究”。

1979 年，他提出了“人类经济活动对湖泊生态系统的影响”这一研究课题，被联合国教科文组织列入国际“人与生物圈”科研项目中。20 世纪 80 年代，他又开始从富营养化角度研究东湖生态系统结构、功能和生物生产力问题。

这些研究成果使得刘建康获得很多高级别的奖励和荣誉。其中主要有：武昌东湖渔业稳产高产试验获全国科学大学会科技成果奖（1978 年）；武昌东湖渔业高产和生物生产力研究获中国科学院技术改进二等奖（1981 年）；武昌东湖生态系统结构功能与生物生产力研究获中国科学院科技进步二等奖（1988 年）；东湖生态学研究获中国科学院自然科学一等奖、国家科学技术委员会自然科学三等奖（1994 年）；《中国淡水鱼类养殖学》（第三版）获中国科学院科技进步二等奖全国科技图书一等奖（1995 年）；他本人获何梁何利生命科学科技进步奖（1997 年）等。1989 年 11 月 1 日，中国科协赠送给他锦旗，上书：“感谢您对中国科学事业作出的贡献”。

刘建康以卓越的学术能力和求实创新态度获得了学术界的高度认同和信任。他 1979～1983 年任“人与生物圈”国家委员会委员；1980 年 11 月，当选为中国科学院学部委员（院士）；1981 年当选生物学部常委和国务院学位委员会首批理学博士学位研究生指导教师；1986～1990 年任国家自然科学基金会生物科学部第一、二届学科评审组成员；1984 年任国家科委、中国科学院“长江三峡工程生态与环境专题”专家组成员；1984～1987 年任中国科学院第二届学位委员会委员；1986 年任水利电力部“长江三峡工程生态与环境专题论证专家组”专家兼第二组组长；1986 年起任中国科学技术协会第三、四届全国委员会委员。刘建康还担任湖北省科协第二、三届主席、名誉主席，中国科学院第二届学位委员会委员等职；1986～1991 年当选国家科委、水利部、能源部“七五”国家重点科技攻关项目“长江三峡工程重大科学技术研究”生态与环境专家组专家；1997 年至今为美国纽约科学院成员。在学会工作方面，他担任过中国海洋湖沼学会副理事长，2002 年起为名誉理事长。另外还有湖北省科协、省政协、省九三学社等领导职务。此外还任有关专业学报主编、副主编，以及担任国际学术刊物编委，如中美《生物医学与环境科学学报》（任编委），德国《环境快讯》（任顾问）。

刘建康从青年时代即展示出来的勇于探索和优秀的科研攻关组织能力，也使他承担起更多的科研管理和组织责任。

1954 年秋，刘建康随水生所迁武汉，先后担任鱼类学组组长、湖泊水库研究室主任、副所长（1979～1983 年）、所长（1983～1987 年）和名誉所长（1987 年至今）。1989 年至 1993 年，他任中国科学院水生所淡水生态与生物技术开放研究实验室（国家重点实验室）首届主任。在担任这些职务期间，他认真组织技术力量，进行了一项又一项学术攻关。特别为同事们称道的主要有从 1950 年代开始进行的湖泊生态观测、水域生态学方向的确定和有关东湖生态学研究的重大项目攻关等。

不当“第三个馒头”派

关于从事科学研究的基本态度，刘建康在 1992 年总结科研工作时有一个形象的比喻，认为：

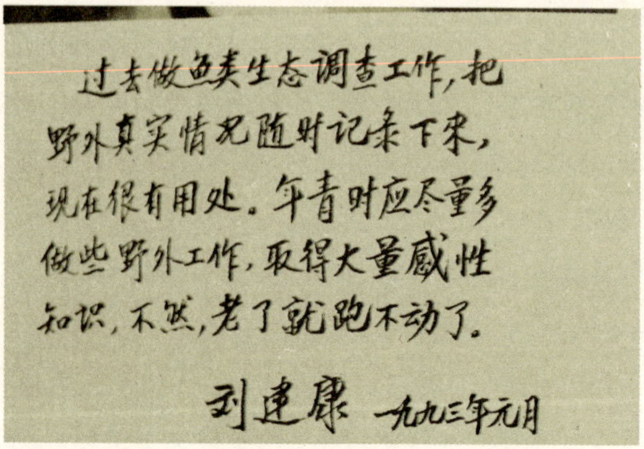
过去做鱼类生态调查工作，把野外真实情况随时记录下来，现在很有用处。年青时应尽量多做些野外工作，取得大量感性知识，不然，老了就跑不动了。

刘建康 一九九三年元月

图 10-1　1993 年 1 月刘建康谈田野考察的重要性

就像吃馒头，一个两个不够，吃到第三个饱了，但不能光吃第三个吧？所以搞科研一定要有打基础的思想，不能当“第三个馒头”派！[①]

他此处反对做“‘第三个馒头’派”具有多层涵义，一则科学研究不能有自满的意识，要有不断创新的激情和行动；二则科学研究需要循序渐进，需要不断积累，要为后续的研究扎扎实实打好基础。他多次对青年学者强调，科研工作要肯下功夫钻研，不急于求成，踏踏实实收集第一手数据，以得出正确的结论。

治学格言

在《院士治学格言》中，刘建康写下：

重视科学实验，着眼社会实践；不唯上，不唯书，不唯权威；独立思考，敢于创新。[②]

这是他以几十年的学术实践为背景说出的肺腑之言，反映了他从事科研的根本价值取向和学术创新原则，也饱含着他对青年学子的殷切希望。

“重视科学实验，着眼社会实践”，是刘建康对科研方向和价值追求的理解和概括，反映了刘建康对科学研究具有实事求是的精神和服务社会的情怀。

他强调野外调查和实地考察的重要性，他的科研成果，大多是在亲历亲为的实地考察或实验之后得出的。在研究鱼体内渗透压调节的过程中，他

① 吕幼安：《魂系水族—记鱼类学家和淡水生态学家刘建康》。见：《寂寞的辉煌》，长江文艺出版社，1995 年。

② 刘建康访谈，2013 年 3 月 8 日，武汉。资料存采集工程数据库。

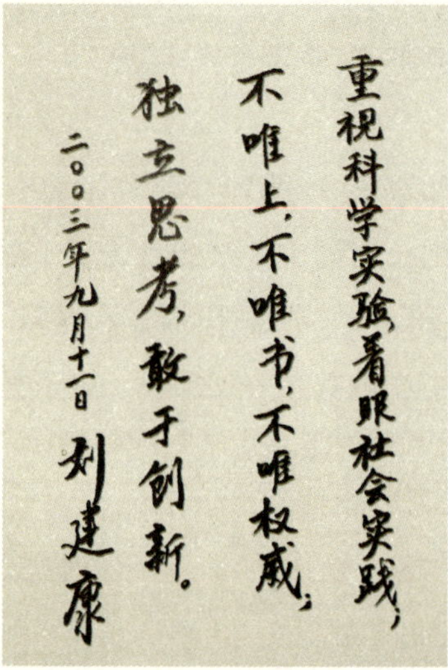

图 10－2 刘建康手书治学格言

就表现出独立思考、注重实验的科学思想。无论是淡水鱼还是海水鱼都有一个调节渗透压的问题，因为淡水鱼的渗透压高于淡水，外部水会通过鳃和皮肤进入体内，需要不断排出，否则鱼会胀死。而海水鱼正好相反，其渗透压低于海水，内部水会通过鳃和皮肤渗出体外，需要不断吸收水，否则鱼会脱水而死。只有通过某种调节机制使鱼的渗透压保持与外部环境相适应的状况，鱼才能正常生存和生长。那么，一些洄游鱼(即既能在淡水中生活又能在海水中生活，来回游动的鱼，如大马哈鱼、鳗鱼等)是通过什么以及如何调节其渗透压的呢？国外有文章指出，洄游鱼的鳃有氯化物分泌细胞，这些细胞起着调节鱼的渗透压的作用。他没有轻易地接受这一结论，却做了这样的实验：取淡水 3 升，放入公认的淡水鱼——斗鱼，每天在水中加放一药匙盐，经过两个月，盐水达到海水浓度，鱼仍然活着；但如果不是逐渐加大水中盐的浓度，而是一下子加大浓度，则鱼会马上死去。随后，他将鱼取出，解剖取其鳃，进行组织学检查，发现鱼鳃有大量的氯化物分泌细胞，而对照组的鱼鳃里这类细胞却很少。从实验结果出发，他提出了关于斗鱼体内渗透压调节机理的新见解，认为斗鱼在盐水中其鳃会形成氯化物分泌细胞，这类细胞能调节鱼的渗透压，但须有一个适应过程，否则，这些细胞就无法正常有效地发挥调节作用。

关于鱼的呼吸的研究，刘建康也是充分利用科学实验得出结论。传统观点认为，所有的鱼都主要是用鳃呼吸，有的鱼虽有其他呼吸器，也只属辅助器官。他没有被这一传统观点所束缚，对鳝鱼的呼吸进行观察，发现鳝鱼虽在含氧充足的水中，仍喜欢直接摄取空气，每次呼吸后，总要歇止一段时间，然后再吸气，至于水中呼吸运动(即口与鳃盖联动)则并不多见。这一点与其他鱼类有很大的区别。他又对鳝鱼的鳃进行考察，发现其极度退化，呼吸面积大为减少，要使其独立完成呼吸生理是不可能的。由此，他对传统观点产生疑问，认为可能还有别的器官可在水中起呼吸作用。他又进一步做实验用炽热的针烧灼鳝鱼鳃条，结果证明鳃的彻底破坏不影响鳝鱼的生存，鳃绝不是重要的呼吸器。其实验表明，鳝鱼皮肤虽存在呼吸作用. 但呼吸量很有限，不足以单独维持其生存。

图 10－3 刘建康在实验室调试仪器

根据实验结果，他提出原来被认为是鳝鱼的辅助呼吸器的口喉部表皮，实际上是其最主要的呼吸器，呼吸功能不是靠水里溶解的氧，而是直接利用大气中的氧，从而使传统观点得到修正。

中国科学院水生生物研究所成立不久，刘建康就欣然接受去无锡太湖淡水生物研究室进行五里湖鱼类资源的调查。1954 年中国科学院水生生物研究所迁到武汉后，次年他就组织了二十多人的科研队伍去梁子湖设站进行鱼类生态调查，在两年的时间里收集到近三十种经济鱼类的生态资料。1957 年，刘建康主持长江鱼类生态的调查研究，在重庆木洞、湖北宜昌和上海崇明分别设工作站进行了两年多的采集调查，观察记录。这些工作为研究鱼类生态积累了大量原始资料，是新中国成立以来有关淡水鱼生态的比较系统、完整的工作。

在接受访谈的时候，刘建康还多次以攻克武钢冷却水管道因壳菜所堵的事为例，认为当时如果不亲力亲为，不直接钻进管子里去，不直接下到水中趸船下面去，是不可能发现和解决问题的。并说，如果没有在梁子湖向渔民请教，“团头鲂”与“三角鳊”就不可能分得清楚。他在北碚时期，跑遍了那里的山川和溪谷。他在五里湖、宜昌和东湖的研究，都是亲临实际的体验。他说：

"一定要亲自去看，年轻的时候都还能够跑，年纪大了之后就跑不动了，所以年轻的时候要去多观察实践，要深入到现场实际去了解情况。"

刘建康在欧美留学，对其导师们实验主义的风格颇为认同，这一度被作为"崇美"思想受到批判，但他骨子里仍然坚持对学术上的结论不轻信，不苟同。这种气质是他从很早的时候就开始培养起来的，包括当年学习苏联的技术，直到认为的确有理，他才会真心服从：

"学习苏联方面，在思想改造运动前对苏联科学，还是抱怀疑态度，对英美的东西一翻就相信，对苏联的成果要自己看见了才相信，过去他看了一篇英国杂志攻击李森科遗传学的文章后，长期对米丘林路线发生很大的怀疑。思改后刘建康在学习苏联方面是进步最快的一个，由于他能下苦功去学习俄文，经过一个月的突击以后，已掌握三千上下的生字，并且看一般业务书籍都不用翻字典了。现在他所领导的工作中也能以参考俄文文献为主，采用苏联的技术及操作方法。①"

"着眼社会实践"则是刘建康科研学术创新的价值取向。他在《院士实说话实说》中有这样的话：

"科研目标应服从和服务于国家和社会的需要。我从鱼类的研究进入淡水生态学的研究都是国家、社会的需要和学科发展所推动的。

我认为搞科研的人要有自己的理想和追求，淡泊名利，安'贫'乐'道'，钱够用就行了，不追求'发财'，但求自己的科研成果能为国家、社

① 中国科学院上海处整理：《刘建康之情况介绍》，干部档案，1955年3月。

图 10-4　刘建康(左三)在野外实地考察

会造福。①"

在问及他最喜欢的科学家时，他说喜欢钱学森，也喜欢王选，因为他们：

"有一个共同点就是，能把学的东西，贡献给国家。这点是最重要的。有些人学得蛮好，但是在国外就不回来了，可是这两个人能放弃在国外那么好的待遇，到国内来贡献知识。②"

这种价值取向首先从科研选题表现出来。从事研究工作首先需要确定研究方向，选择研究课题。有了好的研究方向、研究课题，也就有了良好的开端。那么，如何选择研究方向、研究课题呢？刘建康认为，科学研究应为社会现实、社会发展服务，科学研究既要考虑学科发展需要，又要考虑国家需要、社会需要。他的做法是：

---

① 李士主编:《心迹——中国院士实话实说》。北京:科学普及出版社，2000 年，第 26－40 页。

② 李士主编:《心迹——中国院士实话实说》。北京:科学普及出版社，2000 年，26－40 页。

对所研究的学科的发展现状和趋势进行深入分析，从学科发展需要出发，结合我国具体国情开展研究。正因为如此，我所选的研究方向总是指向学科发展的前沿，而且有很强的现实意义。①

刘建康最初确定研究鱼类学，就是联系国情、考虑社会需要的结果。他在上大学时虽然学的是生物专业，但当时生物系并无人专门研究鱼，之所以想到从事鱼类研究，是因为他发现，鱼在中国是一种十分重要的生物，在人们日常生活中占有重要地位。同时，我国一些地区，如他的家乡水资源丰富，养鱼业发达，有发展渔业的良好条件。因而他坚信，从理论上讲，发展水生生物学应开展鱼类学，而研究鱼有利于更好地发展渔业生产，有着重要的现实意义和长远的实用价值。

我国鱼类学研究早期偏重于分类学，兼及形态解剖。老一辈鱼类学家在这方面做了大量工作。在他们的长期努力下，我国鱼类区系和形态学研究已经有了较好的基础，这是非常重要的基础性研究工作。20 世纪 40 年代，刘建康在伍献文指导下进行鱼类学研究，也是从分类学和形态解剖入手，但随着研究的深入，他发现仅仅只是进行分类和形态解剖是不够的，要完整地认识鱼，把握鱼的生长规律，还需要研究鱼的生活习性、生长环境等。从学科发展的需要出发，以及考虑社会的需要，他逐渐扩展研究范围，由单一的分类和形态解剖向功能方面的研究扩展，把传统的鱼类学研究逐渐延伸到生态和生理实验，逐渐明确制定出新的研究方向。他认为：

鱼类学作为动物学的一门分支学科，其理论问题需要深入研究，这是必要的，但鱼类学同时又是一门应用性很强的学科，不论是渔业资源的合理开发利用，水生生物物种多样性的保存，还是水域环境质量的维护，都离不开生态学，所以应当加强生态学方面的研究，应把量大面广

① 刘建康：《刘建康生态学文集》。北京：化学工业出版社，2007 年，第 307－308 页。

的鱼类研究的注意力，转移到生活方式即个体生态学和群体生态学领域。[①]

在对淡水生态学如何定位的问题上，刘建康同样表现出联系国情，从实际出发的科学思想。西方发达国家对水生生物的研究注重海洋生物，注重海洋渔业资源的开发利用。而对淡水生态研究主要着眼于环境的保护和改善，以及开发旅游。他认为：

我们不能照搬西方发达国家的那一套方法，我们是发展中国家，人口多，经济水平落后，国民膳食结构中动物性蛋白质低，解决此问题需大力发展淡水渔业。因此，从我国特定的国情出发，我国的淡水生态学研究既要关注环境保护，又要关注水产品的开发利用。[②]

这一思想在他应美国华盛顿大学F·陶勃教授之约撰写的《长江中下游的湖泊》一文中作了较全面的论述：

在介绍浅水湖泊的生态学特点之后，我着重论述了被西方发达国家所忽视而为第三世界国家所重视的渔业利用观点和实践。[③]

20世纪70年代以来，刘建康主持了一系列大水面渔业利用试验。这一研究方向的研究也充分体现了“联系国情，从实际出发”的思维特点。一段时期内，许多渔业生产单位片面重视发展精养鱼池，而忽视湖泊、水库、海

---

① 中国科学院水生生物研究所淡水生态研究中心：《刘建康生态学文集》。化学工业出版社，2007年，第307－308页。

② 中国科学院水生生物研究所淡水生态研究中心：《刘建康生态学文集》。化学工业出版社，2007年，第307－308页。

③ 参见：Liu, J. K. 1984. lakes of the middle and lower basins of the Chang Jiang(China). In “Lakes and Reservoirs” (Edited by F. B. Taub). Chapter 14, 331 － 355. Elsevier Scientific Publishing Company. The Netherlands.（中国长江中下游的湖群。《世界生态系统》第23卷“湖泊与水库”，荷兰爱思唯尔出版社，1984年）

湾、滩涂等面积比鱼池大得多的水域，即大水面的渔业利用。我国人均水产品占有量还不到世界人均水平的三分之一。而我国内陆可以进行养殖的大水面有5万平方千米之多。根据这些事实，他极力主张应重视大水面的开发利用，并多次在不同场合，在报纸、杂志上申述自己的观点，积极进行这方面的研究。1972年起，他主持的与东湖养殖场合作开展的东湖渔业增产和稳产高产试验成功，后在湖北洪湖进行大水面综合开发示范试验。这些成就的取得与正确选定研究方向都是分不开的。

“唯实”是刘建康尊崇的学术准则。他具体解释为“不唯上”、“不唯书”、“不唯权威”：

> 一名科学家的最基本素质应该是：有为广大人民谋幸福的崇高理想、求真务实和实事求是的精神。①

“不唯上”，就是说不能唯上是从，照搬照套，不动脑筋。上级部门和领导说的对的地方应该认真听取。但是他如果说的不对，也不能够盲从，应该提出自己的见解，放开手脚，创造性地开展工作。1970年代，正是“鱼米之乡吃鱼难”的时候，因为精养产鱼量多，而大水面养殖管理不方便，国家水产总局就把注意力放在了精养上面，对湖泊、水库利用不够。很少有人在大水面里进行人工放养，即使有也大都亏损。刘建康认为，把宝贵的土地资源挖成鱼池很不合理，应该利用大水面养鱼。这一观点与当时的国家水产总局的主张相违背，但是他坚持己见。后来东湖养殖场出现亏损，向水生所求援。刘建康组织科技人员经过实地的调查研究，采取一系列有效措施，使东湖养殖场扭亏为盈，产量逐年攀高。东湖养殖场的成功证明大水面养殖的可行性，证实了刘建康的观点是正确的。因此，他认为搞科研特别需要坚持自己的正确主张。

“不唯权威”，指对某一领域的权威言论不迷信，敢说敢为，勇于指出权威的错误。德国的魏斯曼是生物学界权威人物，曾根据对筒螅等水螅类的

① 李士主编：《心迹——中国院士实话实说》。北京：科学普及出版社，2000年，第26－40页。

研究提出了种质连续学说，认为种质细胞（即带遗传信息的细胞）从外胚层迁移到最后的位置是早就确定了的，不受外部影响。这一学说长期以来得到公认，无人提出质疑。刘建康没有盲目接受这一学说，而是根据自己在伍兹霍尔海洋生物学实验室对筒螅的检查和实验所得的结果，指出魏斯曼在筒螅研究中有观察上的错误，大胆地对其种质连续学说提出质疑。据此，他与导师联名发表论文《筒螅生殖芽体的形成与种质细胞的起源》和《种质、魏斯曼与水螅纲》，分别发表在美国的《形态学杂志》和《生物学季度评论》上。晚年的刘建康回想起年轻时的那股子闯劲儿，显得颇为自豪：

> "我不怕权威，我不相信权威，就是权威有正确的地方，也可能有怀疑的地方，就是要敢于怀疑。人家说这个是权威的话，总是对的，你总得相信，那你不对的也要相信吗？所以我呢，不唯权威，权威是对的我要承认；你不对的，我照样可以批评你。可以质疑你不对的地方，要坚持实事求是。所以我就说不唯上，不唯书，不唯权威，就是不是权威讲的都是对的，他对的我们要承认他，他不对的地方，你就不要去承认他，不要迷信权威。就是不要迷信权威讲的都是对的。①"

在压力面前，刘建康从来是不会低头的，总能坚持自己认为正确的观点，并以不断深入地实验证明自己，最终赢得了越来越多人的支持。

"不唯书"，与"尽信书不如无书"表达了相同的意思。对书本上的知识要保持一种怀疑的态度，面向实际，独立思考。谈及中国的教育，刘老强调，教育要从应试教育转向培养学生解决问题的能力，太注重学历是当前教育的一个误区，而且现在的研究生也被学校的硬性规定束缚，一心一意只为发表文章，而忽视了与社会实践的结合。②

对于"不唯上，不唯权威，不唯书"，刘建康自己有时还用"弃盲从，主创

---

① 刘建康访谈，2013年3月8日，武汉。资料存采集工程数据库。

② 陈联国、祝香芝、欧阳新星、邵玲：《年轻人不能眼高手低——访鱼类学、淡水生态学家刘建康院士》，2009年03月18日。

新，走自己的学术之路”来加以解释。他最恨“弄虚作假”。为了反对学术不端行为，提倡科学精神，他在 2006 年译《科学》（*Science*）杂志《丑闻振荡中国的科学》一文，放在水生所的网站。

他倡导“独立思考，敢于创新”，鼓励学术争鸣和争辩，对于他本人的学术成果如果有不同的意见，也持同样的态度：

> “你拿证据出来，你是对的，我就相信你，我就佩服你，我就接受你的意见。①”

当他得出的科学理论或建议不被别人理解时，他便重复进行试验，把新的试验结果一次次地公之于众，终于得到别人的承认。

刘建康就是有这种不唯上，不唯书，不唯权威的学者风骨。

思维特征

“老骥伏枥，志在千里；烈士暮年，壮心不已。”刘建康先生在九十高龄后，依然事业宽旷，思维敏锐，全然没有垂垂老矣的感觉。刘建康曾总结自己的思维特征为：

> “整体把握，系统思考，综合方法不能少。②”

淡水生态学的一个显著特点是通过考察、分析不同淡水生物种群之间，以及淡水的生物群落与理化环境之间的相互关系和相互作用，来认识淡水生物的发展过程和发展规律。因而淡水生态学要求从生态系统的概念出

---

① 刘建康访谈，2013 年 3 月 8 日，武汉。资料存采集工程数据库。

② 刘建康：《整体把握系统思考》。见卢嘉锡：《院士思维》（卷一），合肥：安徽教育出版社，1998 年。

发，运用系统观点，综合考察各组成部分之间的相互关系和相互作用。刘建康在科研活动中高度重视系统综合思维方法。早在20世纪70年代，他就倡导以系统生态学概念开展淡水生态学研究，认为生态系统的概念在近代生态思想中起着主导作用，它强调各组成部分之间的关联，相互依存和因果关系，以及各组成部分结合起来成为一个功能单元。按照这一概念，系统运转过程中局部和整体是不能分割的，淡水生态学研究必须进行综合思维。

在他主持的东湖渔业增产试验科研项目中，就充分运用了系统综合思维方法。在这一试验之前，湖泊放养事业在很长一段时间里很不景气，大水面养鱼的实践在经济上总是亏损。武汉市东湖养殖场也不例外，湖泊放养年年亏损，少则几万元，多至十几万元。原因之一是没有综合考虑各种因素来研究鱼的数量消长规律。刘建康通过对东湖的理化环境、东湖里的各种生物群落及其之间的相互关系进行综合分析考察，采取了调整放养对象、提高鱼种规格、改进拦鱼设施、控制肉食性鱼类和改革捕捞技术等综合措施，使东湖的鱼产量到试验结束时，连续7年平均每年以23.5%的幅度递增，其单位面积鱼产量和递增速度在国内外同类型湖泊中均属罕见，为湖泊放养事业开创了一条新路。

谈及他从鱼类学到渔业生态学再到水域生态学的学术历程，刘建康认为这是一个逐渐深化的问题，是一个从微观向宏观的拓展：

> “最初我们是对鱼发生兴趣，可是鱼跟它的环境又不可分……环境一改变，它也改变了，所以你光研究鱼的话不够了，（还）要把它的环境一起来研究……慢慢地扩大，要了解鱼就要了解鱼的环境，（而）鱼的环境跟人的环境是同一个环境……这个领域就扩大了……不光是鱼的生态，鱼的生态跟人的生态有许多地方都是一样的。
>
> 我希望就是说，宏观的人要学微观，要这么学，学到之后咧，要能够回到现实，再来解释我们宏观的问题，这样才是做学问应该走的道路。好多人进了微观以后就出不来了，这就是说，成果还不能够解决宏观的

问题。①”

重视学术交流

刘建康十分重视专业学术交流，尤其是与国际鱼类学和淡水生态学方面的研究机构和同行专家进行交流。他精通英文，对专业英语更是信手拈来。这为很多青年学者所羡慕，也为水生所在国际学术界的前沿跟进发挥了重要作用。

刘建康重视学术交流，积极参与各种高水平的国际学术会议。在这一过程中，他十分注重锻炼青年学者的国际交往能力。强调他们的“两文”(指英文和论文)要过硬。

改革开放以后，科学界的国际交流开始解冻。1979 年 10 月至 12 月，刘建康参加我国“人与生物圈”代表团去西欧四国考察，并到巴黎参加“人与生物圈”国际协调理事会。他发表的《关于淡水生物学发展的方向》，提出了“人类经济活动对湖泊生态系统的影响”，受到联合国教科文组织的关注，话题被列入“人与生物圈”科研项目中。随后他访问了荷兰、联邦德国、英国和法国的有关院校和研究所。其间，他用英语与国际友人进行学术交流，流利的程度，使外国同行吃惊。这次经历，更进一步坚定了他在以后的研究中更多关注淡水生态和人类环境的信心。

1980 年，刘建康的国际学术交流活动更为频繁。2 月他作为中国科学院科学代表团成员访问日本，并在京都作了关于东湖科研工作的报告。8 月，他又应邀赴日本京都参加第 21 届国际理论与应用湖沼学会大会，担任分组召集人并作论文报告。11 月，在联合国教科文组织安排和资助下，刘建康去联邦德国马普学会湖沼研究所和康斯坦茨大学湖沼学研究所进行为期四个月的科技考察。

---

① 刘建康访谈，2013 年 3 月 8 日，武汉。资料存采集工程数据库。

图 10－5　1990 年 9 月 14 日在水生所与波兰水生生物学家 likowska 交流

1984 年 8 月底至 9 月初，刘建康应邀在日本滋贺参加“1984 世界湖沼环境会议”并作论文报告。

1985 年 4 月，刘建康在罗马出席欧洲水污染控制协会国际会议。11 月，他在慕尼黑出席第九次国际环境与毒理会议并提出论文报告。这一年，他发表《渔业生态学和渔业管理——从美国渔业生态学会议看渔业生态学研究的动向》。

图 10－6　1986 年 10 月 30 日与日本筑波大学 Toshiro Kamiya 教授交谈

1986 年 10 月 24 日～30 日，作为中方召集人之一，刘建康出席在武汉举行的国际淡水豚类生物学与物种保护学术会议。在会上,他翻译华元渝回答外宾的问题并就相关专业问题作说明。其间,他还与巴基斯坦、印度、美国、日本等国的同行学者进行了广泛的学术交流。

1987 年 5 月 12 日下午,刘建康与美国佛罗里达大学 Deevey 教授座谈。9 月 15 日,他回答来访的英国威尔士大学 Dr. Wootton 关于鳜鱼产卵习性问题。10 月 8 日,他又应国际生态工程学会北京学术年会之邀,组织水产综合养殖方面的材料,在北京作了"中国湖泊与稻田的综合水产养殖"大会发言。10 月 27 日,他应中、日、韩"国际河流与湖泊环境研究会议"之邀,在"中国荣耀"号游船上作了"湖泊生态系统的退化——现象原因分析"的主题报告。除了频繁的国际性学术会议和学者往来之外,这一年,他还与贺锡勤在德国"生态毒理学与环境安全"学报共同发表《环境质量对鱼产品的质与量的关系》。

2000 年,刘建康在韩国釜山和我国昆明举行的国际学术讨论会上作了关于东湖成功控制水华十五年的报道。[①] 2001 年,他在武汉召开的国际生态环境建设与可持续发展研讨会上,应邀作了"控制微囊藻水华的围隔试验和

图 10－7 刘建康(左四)与中国科学院水生生物研究所曹文宣(左二)、陈宜瑜(左三)、朱作言(左五)、沈韫芬(左六)院士和秘书刘克奋(左一)合影

① 中国科学院人事局制职工 2000 业绩考核表(2001 年 1 月 16 日归档),刘建康干部档案 3－9。资料存水生所档案室。

湖泊实践”的口头报告。后应《中国海洋湖沼学报》(英文版)的要求,将该报告整理成文,2002 年 4 月发表。通过刘建康和谢平研究员的宣传报道,这种新型的 Biomanipulation 被越来越多的学者所接受,认为这是在湖泊水质无法或缺乏经济能力进行“根治”的情况下控制水华的有效途径。

2002 年 4 月世界水产养殖大会在北京举行。刘建康应大会组织委员会的邀请,参加会议并作“Lake fish-stocking in China: Characteristic, Management, and Achievement”的口头报告。

2004 年 4 月,刘建康在水生所为国际培训班讲课“东湖富营养化的成因分析和治理对策”。11 月,在水生所国际河流湖泊环境研讨会 A 组报告“东湖成功治理藻水华 20 年(1985～2004)”。他还热心认真地为《生态学报》和“Chinese Journal of Oceanology and limnology”学报编辑部修改水生所有关作者稿件中的英文摘要。

2005 年 4 月 23～26 日,刘建康出席在南京召开的 International Symposium on the Eutrophication Process and Control in Large Shallow Lakes, ISESL,并应邀作题为“Successful prevention of Microcystis bloom in the eutrophic Lake Donghu for decades(1985—2004)”的报告。

刘建康重视在国际性研究成果或专业图书中反映中国的相关信息,并在国际学术期刊上发表论文。

1981 年 4 月,刘建康应美国华盛顿大学 F · 陶勃教授之约,撰写了一篇《中国长江中下游的湖群》,着重介绍了东湖渔业的发展与生态问题,具有相当高的学术价值,《世界的生态系统》丛书第 23 卷(湖泊水库卷)的第 14 章,1984 年由荷兰爱思唯尔科学出版社出版。

1984 年,日本出版的《世界湖泊数据资料书》吸收了刘建康提供的东湖湖沼学数据,该书编者特别注明:“东湖的科研活动,使它成为世界上的湖沼学者对中国最熟悉的湖泊之一。”这种通过学术研究对中国的宣传效果是不言而喻的。

1985 年,刘建康开始担任德国《应用鱼类学杂志》(Journal of Applied Ichthyology)编委。1987 年,他开始担任中美《生物医学与环境科学学报》(Biomedical and Enviromental Science)编委。

图 10-8　1984 年 11 月 24 日，刘建康与西德马普学会湖沼学研究所 Hakumat Rai 博士（左）交流

从 2004 年开始，刘建康着手完成国际理论与应用湖沼学会（SIL）秘书长 Wetzel 邀请为《第三世界的湖沼学》丛书撰写的"Limnology in China"综述（《中国的湖沼学情况介绍》）一文，到 2005 年，共完成 7 章 91 页，另附上插图 7 幅。

2007 年，90 高龄的刘建康仍密切关注国际学术前沿动态，并及时与国内同行分享。他深感相关领域研究和研究机构的边缘化危机，特别译出国际理论与应用湖沼学会（SIL）新闻汇编第 49 类 4～5 页《跨进 2007 年的淡水生物协会——并非全是坏消息》一文，还加上"译者按"在水生所网站发表，这篇文章让很多同行学者意识到刘建康在学科发展格局上的开阔视野和辩证思想。

为了推进学术交流，刘建康十分重视所内学术刊物的建设和拓展。1985 年，他痛感"水生所成立三十五年还没有办成一个对国内外定期发行的学报级别刊物的历史"，着力将不定期出版的《水生生物学集刊》改名为《水生生物学报》作为季刊发行，并于 1986 年取得国际标准连续出版物代号（ISSN1000－3027），使学报作为一种常态的学术期刊，拉近了中国鱼类研究与淡水生态研究与国际同行学界的距离。

在这些国际会议中，除了在欧美的一些重要会议外，刘建康的学术交流主要是在亚洲的日韩印度等国家的学者之间开展的。这其中，他结识并与国外的学术友人建立了深厚的友谊，为水生所和我国淡水生态学界的对外交往打下了很好的人脉基础。

1980 年，刘建康开始担任水生所副所长，1983 年开始担任所长。其间，他与日本学界三浦泰藏先生的交往很为典型，其中既能读到同行学者的相互吸引，也能反映学术的共同提高。他在纪念文章中这样写道：

> 1980 年 2 月在日本京都大学举行了京都日中学术座谈会，这是专门欢迎中国科学院访问的盛会，包括我在内的中国同事们在会上都表示要向日本的先进科学技术学习。东道主成员中的三浦泰藏先生在发言时却说道，他对中国的水生生物学有强烈的兴趣，很想来华参加东湖的水生生物学研究工作。当时，大家都认为这不过是场面上的客气话而已。然而经过他几次访华和几年不懈的努力，终于得到日本文部省和日本科学振兴会、日产科学基金的资助，实现了 1983～1988 年的中日合作东湖生态学研究。从此，三浦先生带领的日本专家组就成了水生所的常客，与水生所的同事们结下了深厚的友谊。
>
> 中日合作后，兼顾水环境质量和渔业经济的东湖生态学研究项目，在技术上引进了先进的浅水型鱼群回声探测设备和鱼群游动遥测跟踪记录设备，大大丰富了人们对水下鱼群分布、大小组成、数量、生长情况

图 10-9　刘建康（右二）与三浦泰藏（右四）等进行鱼探仪灵敏度测试

和活动代谢方面的知识，在理论上通过氮平衡和同位素示踪深入分析了鲢、鳙对蓝藻、绿藻和浮游动物的利用，通过数学模型对东湖生态系统的动态进行分析，指出用增加鲢、鳙种群20%密度的办法，可以将东湖从产生恶臭的以微囊藻占优势的湖泊转变成以无臭绿藻占优势的湖泊。在无法消灭外源营养物流入湖泊的情况下，这种生物操纵方法不失为改善环境质量而又无损于渔业的措施，具有创新意义。东湖的中日合作研究，取得了丰硕的成果！

通过东湖工作，迎来了包括寺本英、森主一、西条八束在内的一批国际知名学者先后参观访问，从而提高了东湖的知名度。

三浦先生对中国人民怀有深切的感情，他在主编的“东湖”日中合作研究学术报告文集(英文)序言的最后，他写道：谨以本书奉献给在二战期间被日军杀害的中国人民。他不幸逝世后，他的遗孀按照他的遗嘱将骨灰送来武汉撒入东湖，而为了不打扰我们的工作，她竟没有让我们知道。

为纪念三浦先生，我情不自禁地写了一首小诗，以缅怀他的光辉业绩：

友好使者，一往情深；科学英才，国际著称；东湖合作，异彩纷呈；

学术交流，催人奋进；培养后学，身教言行；严以律己，诚以待人；哲人其萎，功业长存；湖光山色，永念先生。①

掐着分秒“一根筋”

“一根筋”是武汉俚语，意思是“认死理儿、不妥协”。在大女儿刘军看来，爸爸刘建康就是这样的“一根筋”！这种印象的形成既有妈妈在世时对爸爸“书呆子”形象的强化，更有他们平素的观察和切身体会。

---

① 回忆尊敬的三浦泰藏先生，实物存老科学家学术成长资料馆藏基地。

对于刘建康的行事风格，1982 年的干部考核材料有这样的相关描述：

> 刘建康同志为人正直，对同事们研究工作所做的总结、论文能认真地审阅与修改。工作扎实、治学严谨，对工作敢于负责，处理问题果断，工作雷厉风行。生活简朴，平易近人，善于培养人才使用人才，一般科技人员愿意在其领导下工作。①

刘建康所认的死理儿主要表现在严格守时、做事精细和学术操守。

首先，他给同事和家人最深的印象是对时间的把握近似苛刻。

刘建康如今虽已 97 岁高龄，但每天他早晨五点钟他按时起床，仍按“朝八晚五”的节奏，日复一日，风雨无阻。每天上班前，朝向珞珈山散步 1 小时，大约 7 000 步，然后洗个澡，吃早餐，开始一天的工作。

虽已将近百岁高龄，但刘建康仍耳聪目明，精神爽朗。为了在有生之年对自己的学术成果有系统的整理，对弟子有更多的辅导，他争分夺秒整理编撰自己的论文集，为每一个有需要的青年学者提供文献和外文方面的帮助。

图 10－10　刘克奋（右）陪同刘建康在北京参加中科院第十四次院士大会

① 刘建康同志的考核材料（1982 年 8 月 17 日），干部档案 3－3。资料存水生所档案室。

曾经多年担任刘建康秘书工作的刘克奋深有体会，对此她充满了敬意：

(他)早上如果是5点钟起床的话，把自己事情全部做完以后按点上班，他上班的第一件事情，是打开他的电脑，习惯性看看有没有邮件，或者需要回复的，有些什么文章要改的。特别是他现在那么大年纪了，他还要带博士生。如果有博士生，博士研究生，或者博士后来请教或修改文章，他都是很热心。

……

他很多做法也把所里的年轻人带出来了。他当所长的时候，七点半上班就在门口站着。所有的职工上班都要在他眼前经过。后来呢，无形当中把我们养成了一个习惯。我们还要在他前面来，七点半之前，因为在七点半之后，总感觉到他到了我们再到，是不是我们就迟到了，(我们)有这种感觉。

……印象最深的是我们在所长办公室每次开会，他就要求(我们)提前到，但是他从来不拖延时间，他说的是多长时间的会议他就组织这个会议到这个时间就散会……

我陪同他去韩国和日本，他对时间要求也是非常准的。好比说接待人员跟他讲，这个车子一点钟开。如果一点钟车子不到，他就自己拎着包走了，自己去想办法，不指望，也不等。①

刘建康守时在水生所是有名的。如果他参加一个会议，到了时间发现说好到会的领导还没有出现，他便会悄然离开。他认为这种连领导都要迟到的会“不像个会”。

刘建康做事讲究精细。他有长期记日记的习惯，每天的重要事情都会一笔不苟的记录在册。重要的照片背后都有认真批注的事件、地点、人物(包括在照片中的位置)、场所等信息。他经手填写的重要资料，都会复制备份，并在上面亲笔注上“存档”或“存底”二字。

① 刘克奋访谈，2013年9月16日，武汉。资料存采集工程数据库。

据他女儿介绍，生活中的刘建康有时也十分较真。他虽很少在家做家务，但一旦动手，便一板一眼，多少面粉多少水，比例十分讲究。对于这种细致的品格，刘克奋最有体会：

“我跟他出国，他的房间总是干干净净的，一尘不染的。他就是我住进去是什么样子的，我出来就给你还原。我跟他出去吃饭的时候，从来不像现在的年轻人这样乱丢餐巾纸啊，乱吐鱼刺什么的。他都是全部收拾好，全部收拾到他自己的脏盘子里，然后他才离开。

这么大年纪了，哪怕是一个被子，刘老先生也要把它拉得整整齐齐，把床罩也铺得干干净净。然后宾馆里的东西他都要看一遍，少了什么东西没有，掉了什么东西没有，夹了什么东西没有。他很认真，特别细心。①”

在学术操守上严格把关，更是刘建康毫不含糊地认“死理儿”。他在这方面的固执，甚至被冠为“不谙世事”。一位青年学者从国外留学回来后，入选中科院“百人计划”，还获得中科院杰出青年称号，学术前途很被看好。可有人发现他在发表论文方面存在问题，比如重复使用已发表的科研原始数据、去掉合作者的姓名只署自己的名字、甚至抄袭和剽窃别人的成果。了解到这个情况后，刘建康随即与其他几位院士联名，写信给中科院有关方面，要求严肃处理。这位青年学者最后被中科院除了名。可也有人私下埋怨，就是因为刘建康等人的固执，让这位学者所在单位的声誉受到影响。他则坚定地说：“搞科研不能投机取巧，不正之风必须刹住。”女儿劝他这么大年纪了也该学得世故一点儿，可他回敬一句：“认为不对的地方，我就要发表看法。”②

刘建康强调生态环保和节约资源，他个人便在生活中身体力行。所有家里用过的报纸，哪怕是用过的药盒他都会用剪刀剪好，叠得整整齐齐，积

① 刘克奋访谈，2013年9月16日，武汉。资料存采集工程数据库。

② 瞿凌云：《不谙世事的大学者——刘建康院士二三事》，载于《长江日报》，2004年11月4日。

累到一定程度后再叫保姆拿出去处理。他还亲自将用过的废电池送到街道办换取环保袋。

刘建康在开会等正式场合都是西装领带的，这大约和他小时候的家庭环境和日后的留学经历有关。但骨子里他却是个能吃苦能适应的人。“文化大革命”时，一批人下放到农村去了解鱼类生态。大家肚子饿了走进餐馆里吃饭，发现桌上全是苍蝇，“呼”的一下飞起来，很多人都不敢下筷子。但他照吃不误，还打趣地说：“你看我一点都不拉肚子，我吃得很好。”他下到洪湖参加农村劳动，买了菱角放进口袋里，穿的中山装都被扎破了，大家都取笑说他的破口袋，他也只是笑笑，照样吃自己的菱角。可见，他“是一个很随意的、生活很简单的、很不讲究的人”。①

刘建康对家庭关心不足，这与他对集体和同事的热情形成了强烈反差。女儿谈起小时候爸爸少有对他们的嘘寒问暖，长大了也少有关心他们的工作和婚姻。但时间久了，他们也完全理解了，老人的心是整个扑在工作和学术上。

尽管刘建康在水生所担任所长多年，后来并一直担任名誉所长，但他从不居功自傲，反倒是当自已为平常人，待人十分和蔼可亲。在他身边工作的人员包括所里办公室工作人员，都很尊重他。这么大年龄了，但凡水生所职工，有人生病了或去世了，他都会亲自到场。所里有一位职工的孩子是小儿麻痹症，有一年冬天滑倒了，他得知后专门前去看望职工并送上慰问费。他还资助过很多孩子上学。②

在刘克奋看来，能和刘建康一起经历同事几十年，真是人生中一件幸运的事，因此她学到了很多做人处事的道理。譬如他一方面对事情坚持原则，一方面对同事又十分宽仁，能较好地处理公与私的关系。他告诉刘克奋，即使有理也要得理能饶人，处理矛盾的时候，能够让人心悦诚服才是最好。

---

① 刘克奋访谈，2013年9月16日，武汉。资料存采集工程数据库。

② 刘克奋访谈，2013年9月16日，武汉。资料存采集工程数据库。

严师慈父

刘建康数十年积累的科研体验，成为弟子们近水楼台的学术真经。他严谨求实、敢于创新和理论与实践结合的作风，在众多弟子和青年学者中间言传身教，薪火相传。虽然年事已高，但依旧乐意为大家服务，传道、授业、解惑，事无巨细，干劲十足。

首先，刘建康强调要打好专业基础，坚持“在做中学”[①]。早在水生所1953～1957年鱼类组人员培养计划表、1953～1957年鱼类组人员发展计划表、1954年鱼类组科学研究干部培养计划表和水生所1954年干部业务学习计划表中，有刘建康亲笔签名的青年科技人员培养计划，从中我们都可以清晰地看到他的这种教学和人才培养思路。

其次，他强调研究一定要有创新精神，要理论与实践相结合。

据当年的同事陈佩薰[②]回忆，1955年，她来到梁子湖，时任鱼类组组长刘建康告诉她：

> 要勤动脑筋、发现问题，科学研究不要跟在别人后面走，不要重复别人的工作，要敢于突破，走自己的路，要创新，要认真，要有头有尾。[③]

① 1953～1957年鱼类组人员培养计划表等，实物资料存老科学家学术成长资料馆藏基地。

② 陈佩薰(1927年7月～　)，湖南龙山人。1950年毕业于华中大学生物系。中国科学院水生生物研究所研究员。曾任白鳖豚研究室主任、兼国际自然及自然资源保护联盟鲸类专家组成员、国际热带雨林保护协会顾问委员会委员、湖北省环境科学学会自然保护专业委员会副主任委员等。致力于动物生态学及保护研究，为我国鱼类生态学开拓者之一。曾参与刘建康主持的50年代梁子湖鱼类生态考察。1979年以来，主持长江珍稀动物白鳖豚的生物学及保护的研究。

③ 陈佩薰：《风雨长江五十载——陈佩薰与白鳖豚研究》。北京：海洋出版社，2007年。

查阅记录当年情况的档案，证实了上面的说法：

……（刘建康）自1952年工作总结以后，逐渐重视干部培养，为研究实习员开了课，并且曾花费许多时间准备课程。刘又订出分人负责的具体制度，指出下面干部专业方向。使干部明确自己努力方向。这些可以证明对培养干部是重视的。当干部提出问题时，都是肯帮助解决的。当自己一时回答不出时，会去找许多参考书来把问题解答清楚①。

水生所毕业的刘家寿博士谈起作为老师的刘建康时说：

作为刘先生的学生，我觉得他有两点是永远值得我们学习的地方，第一个是他的这种创新精神。以前所里博士生导师很少，刘先生是为数不多的几个导师之一。我们所有很多很多学科，那么这些学生呢，都

图10-11 刘建康与青年科技工作者们在一起

① 刘建康之情况介绍(1955年3月)，中国科学院上海处整理，干部档案。资料存水生所档案室。

要在刘先生的门下读书。比如说我是从事鱼类生物能量学的……对刘先生来讲也是一个完全陌生的领域。但是他鼓励我们从事这个方面的学习,而且他自己在指导我们的过程中也不断创新。那个时候他已接近80岁的高龄了。那么我觉得第二点呢,刘先生有一个很值得我们学习的(方面),就是他理论与实践相结合的这种意识贯穿于整个学术生涯。刘先生在我们国家的淡水生态学、鱼类生物学以及整个大水面渔业资源的开发利用和保护方面是非常有名的科学家。他在实践中呢,也很注重把这种理论知识应用于实践。①

2010级硕士生王志陶,则为刘建康的治学格言和学术风格所深深吸引,表示一定要谨记"重视科学实验,着眼社会实践;不唯上,不唯书,不唯权威;独立思考,敢于创新。"②

第三,刘建康注重宏观与微观的结合,喜欢招收跨专业的弟子。

在谈到他的弟子时,他说:

我喜欢的学生啊,一个是宏观,一个是微观。譬如潘文斌……我本身是搞宏观的,我喜欢的人咧,就是宏观微观都要会。我欣赏就是宏观跟微观能相互渗透,很多人钻到微观里头去了,进得去出不来。还有一个叫蔡庆华。我欣赏是因为他是武汉大学数学系毕业的,觉得搞生态方面的东西数学可以发挥作用……我喜欢的学生就是说,自己可以创造一条路,有自己的思想,敢于创新。③

刘建康在学术上严格要求弟子和青年学者。刘家寿当年读博时因远住所外,刘建康每次都要叮嘱他们注意交通安全。

---

① 刘家寿访谈,2013年9月20日,武汉。资料存采集工程数据库。

② 王志陶:《解读刘建康院士之治学格言》,载《为有源头活水来》(水生所建所八十周年纪念文集),2010年10月。

③ 刘建康访谈,2013年1月17日,武汉。资料存采集工程数据库。

刘建康在教学过程中一丝不苟的作风为弟子和同事们称道。

> 一本论文，他连标点符号都要改，逗号句号用的不好的话，他都要很认真地指出来……刘老说让学生有一个过程，知道错了以后，把它改过来以后学生就受益了，不会在这个问题上再犯同样的错误。

早在梁子湖时期，刘建康就会花大量时间用于审读同行和弟子们的论文，他的批改之精心细致，令青年学者们心生敬仰。弟子蔡庆华清楚地记得，当年日本学者三浦泰藏逝世后，对大家所写的纪念文章，刘建康每篇都会认真校改。其中他用了“姗姗学步”一语，导师认真在稿纸上改为“蹒跚学步”并批道：“‘姗姗’来迟：走路缓慢，从容”“蹒跚：走路缓慢，摇摆”①。

刘建康精通英文，很多同事和弟子发往国外的稿子都想请他对摘要进行把关，他总是来者不拒。在一些国际会议上，他甚至充当了会场的翻译，有时候会为弟子的英语报告反复进行指导。1986 年 10 月 23 日晚，正是“淡水豚生物学与资源保护国际学术讨论会”的前夕，他在宾馆为弟子王丁校正英语发音至很晚。

图 10－12　1986 年 10 月 23 日晚“淡水豚生物学与资源保护国际学术讨论会”前夕为弟子王丁校正英语发音

① 蔡庆华《怀念三浦泰藏先生》一文校改稿。实物存老科学家学术成长资料馆藏基地。手稿。

刘建康还教育他的弟子，科学家应该爱国。他要求他弟子学以致用，将科研和学术服务于国家和社会。他给学生多次讲到他为什么从鱼类学研究走向鱼类生态学再走向淡水生态学，说这个演变的过程不仅有学术研究内在的动力使然，其中更有国家和社会对一个学者的呼唤。他说他清楚地记得，当年水产部门的领导开会时说的那些话：你们搞鱼类学的，让人们知道了有哪些鱼的种类，这是很有意义的。但我们更需要知道鱼都在怎样的环境生活，什么样的鱼吃什么，能够长多大。这对他是一次深深的刺激。学术研究当是服务于社会服务于民众的。

尽管严格，刘建康却能做到平等地对待弟子，教育他们学会理解人、尊重人。他有一个习惯，在给学生改论文的时候，或者给工作人员改文章的时候，都是只用铅笔从来不用红笔的。有人说“你就用红笔好了，我看得清楚一些”，他只说“这样子不好，不礼貌”①。

如今，他的弟子如谢平、蔡庆华、梁旭斌等均在水生生物和生态学领域获得了骄人业绩。时光流逝，师恩难忘。刘建康和弟子的感情历久弥深。

2012 年 9 月 1 日，是刘建康 96 岁生日，弟子们从天南地北送来问候和祝福。蔡庆华为恩师填写的那首“满江红”，引起了同事和同门的好评，都认为这首词系统反映了先生的学术经历和科学贡献。没想到，刘建康还对弟子们的贺寿专门致信感谢，还附诗一首回敬弟子：

> 庆华贤弟才思宏，
> 厚积薄发少炫哄。
> 祝寿新谱满江红，
> 引来百鸟竞朝凤。②

蔡庆华知道，其中的“厚积薄发少炫哄”，既是对他的肯定，也是对自己和他所有弟子们的提醒和鞭策。时隔不久，蔡庆华到德国参访。没想到，远

---

① 刘克奋访谈，2013 年 9 月 16 日，武汉。资料存采集工程数据库。

② http://blog.sciencenet.cn/blog-265535-607584.html.

在海外的他，收到业师刘建康转来的图片，原来他的词作“满江红”经黄鹤年先生题写装裱，已挂在了恩师的客厅。10 月 15 日，他不禁在回复中写道：

> 拙作贺刘建康先生 95 大寿一词，承先生抬爱，请所内能书之黄鹤年先生题写装裱。因本人近日赴德交流，先生特令人照片告知。今日收到邮件，特别感动。给先生做任何事，原系学生之本分，况乎贺寿之类大事。回想在师门的 20 多年里，先生总是通过各种方式，对弟子取得的任何进步都给予充分的鼓励和引导，促使我们尽早地成长、成才和成人。先生的言传身教，真是弟子们一辈子的财富。如今我等早已陆续为人之师，当兢兢业业、恪尽职守，将师门之优良传统原汁原味传承下去，发展学科、教书育人、回报社会，以为师表①。

刘建康不管穿什么衣服都是简单大方，干净利落，显得格外有精神，言谈举止间透露出的和蔼可亲，平易近人时常会让周围的人忘记身份，一点也不会觉得紧张，平时生活中也不乏幽默风趣。一次，他看到某报刊登一则消息，说有些鳝鱼是蛇变的，不能吃。便立刻提笔写了一篇科普文章在报上发表，介绍鱼类和爬行类的常识，否定了蛇会变鳝鱼的说法，并风趣地署了一个笔名“佘飞善”，即“蛇非鳝”的谐音②。随着多次的接触和采集工作的深入，他亲切地称我们为“抄家的又来了”，然后是开心的笑声。

刘建康长期坚持锻炼身体，有时沿着东湖散步，有时走向珞珈山顶，穿一件白色长袖翻领文化衫，背上印有“我要活得更精神”③。有时还边散步边唱苏州评弹。乐观积极的心态、勤于思考的习惯、清淡朴素的饮食、规律的作息时间，赐予他超常的身体素质和敏锐思维。到快九十岁的时候，刘克奋陪他到同济大学做骨密度检查。临走的时候医生说他的身体很好，他却对

---

① http://blog.sciencenet.cn/blog-265535-607584.html.

② 佘飞善(刘建康)：《蛇能变成鳝吗？——评“请勿乱食鳝鱼”一文》，实物存老科学家学术成长资料采集馆藏基地。手稿。

③ 张晓良：《读〈刘建康鱼类学和水生生物学文集〉》，中国科学院水生生物研究所网站之创新讲坛。

刘克奋开玩笑说"哎呀，今天可是我的骨头都被你看到啦"[①]。一行人都被老先生的风趣逗笑了。先生的浪漫情怀，无论在青年时代还是到了将近百岁的高龄，他都一如既往的保持一颗年轻的心，谈笑风生，让人羡慕不已。

刘建康灌溉了一代又一代的后生学子，把他的毕生播撒在这希望的田野上。相对于他的学生、他的研究团队，水生所很多人都知道，刘建康对家庭的关心是相对淡然的。过去他的生活起居一直由夫人伍韵梅照顾，他一心放在工作上，对孩子们的学业、婚姻和工作，都本着尊重儿女们自己的选择，以养成他们的独立性。

图 10-13　刘建康与家人在一起

刘建康热爱生活，对生活充满热情甚至带有几分天真，但是刘建康从不对家人讲起他对夫人的感情和对孩子们的爱。其实在他的心里装着太多的抱歉。没有多少人知道他对夫人伍韵梅的怀念。有一件事恐怕连自己的女儿也无法理解。家里面原有一对瓷狮子，是他和伍韵梅一起旅游时买回的，到了夫人去世的时候这对瓷狮子被放在骨灰坛里头。按说陪葬的东西就不该拿回来，可他却坚持拿回来而且放在他的窗台上。有人说祭祀用的物品拿回家不吉利，他毫不理会这些。如今已经时过 20 年了，在他的书房醒目的位置，仍然摆着那对瓷狮子，旁边是镶在镜框里的夫人的照片……

---

① 刘克奋访谈，2013 年 9 月 16 日，武汉。资料存采集工程数据库。

他对大儿子也表示出歉疚：

> 我的大儿子，因为小时候丢在汉口的一个幼儿园里面，星期六，老是没空去接的，看着人家的孩子都被父母接走。所以这个儿子性格就很孤僻，我们也觉得很抱憾①。

要知道，“仁者乐山，智者乐水”。一个一辈子和水打交道的人，怎么可能如此冷漠？只不过，水的浩渺，江湖的博大，令刘建康心胸广阔，更多地去关注他的鱼类和淡水生态研究，去关注人类生存的环境，这应该是一种更为博大的爱。

“柏节松心宜晓翠，童颜鹤发胜当年”。尽管已是期颐之年的建康老先生，但他为发展鱼类和生态事业作的任何贡献，我们都不应忘记也无法忘记。

---

① 刘建康访谈，2013年1月17日，武汉。资料存采集工程数据库。

结　语

当我们结束访谈的时候，97 岁高龄的刘建康院士仍在他的办公室工作。老人能够熟练地操作电脑，他说自己每天都要上网查查邮件，也还关注生态环境方面的消息，关注淡水生态领域有什么前沿动态。如果所里的弟子和同事有英文摘要、文献资料和文章审改方面的事情找上门，他都会热心地提供指导和帮助。案头上，那本厚厚的略有些卷角的日记本，密密麻麻地记录着他每天的点点滴滴。在采集工作开展的这些日子里，无论是 80 岁的老院士，还是 20 多岁的年轻人；无论是曾和他朝夕相处的老同事，还是办公室资料室的管理服务人员，他们对这位年近百岁却依然耳聪目明、思维敏捷、勤奋不辍的老科学家，对他的科学成就和学术风格，无一不表现出深深的敬服。先生带给我们的感动和惊喜是我们无法用言语表达的，这一份情谊，一点一滴的分享都将成为我们最珍贵的回忆。人的一生其实很短，认认真真把自己热衷的一件事做一生并不容易，需要坚持，需要勇

图 11－1　采集小组主要成员林天新正与刘建康交谈

气，需要信念，更需要一颗强大的内心。

“衣带渐宽终不悔，为伊消得人憔悴。”刘建康先生追求学术真谛，坚持学术理想的一生确实让我们为之动容。

纵观刘建康学术成长的历程，我们发现有如下几个方面的因素颇为关键：

首先是能得“趣”。

刘建康从小对科学探索饶有兴趣，这种兴趣又和他的研究方向得到很好结合，这使其科研工作始终在愉悦的心情和主动的状态下开展。他从小喜爱动物课，喜好灵动的事物。儿童时期的他，对玩具的内部结构非常好奇，因此还被称为“拆料匠”。上学之后，他又热衷于无线电，能自己组装收音机，还企图破解事物背后的原理。这种偏好探索的天性和禀赋，为他走上科学道路埋下了伏笔。出生于鱼米之乡的刘建康，对鱼和水本来就有天然的亲近，又深谙“养鱼种竹千倍利”的祖训，一旦有机会接触到鱼类学领域，他便义无反顾地将其定为方向，并从本科毕业论文开始，正式开启了自己的“江湖”人生。

第二是能得“法”。

在刘建康的学术道路上总是有名师指引，他可以比同龄人更多地获得学术“真经”。在东吴大学时，他遇到心胸开阔、惜才爱才的刘承钊教授，因而他有机会参与到上海的水生生物展筹备中。也正是这次的经历激发了他对鱼类研究的兴趣，进而确定下从事学术的人生规划。依然是刘承钊教授的引荐，让他第一次有机会听到鱼类学大家伍献文的讲座，并得以聆听伍师指点，继而开始了读研之前的打基础和本科毕业论文研究鱼类的选题。在四川北碚时，他更是师从伍献文，从此系统地学到很多课堂上从未听过的解剖实验和统计分析方法。伍献文从一代宗师秉志先生那儿承袭的治学态度和在法国留学获得的科研方法，实现了新一轮的传承。六年与伍献文先生

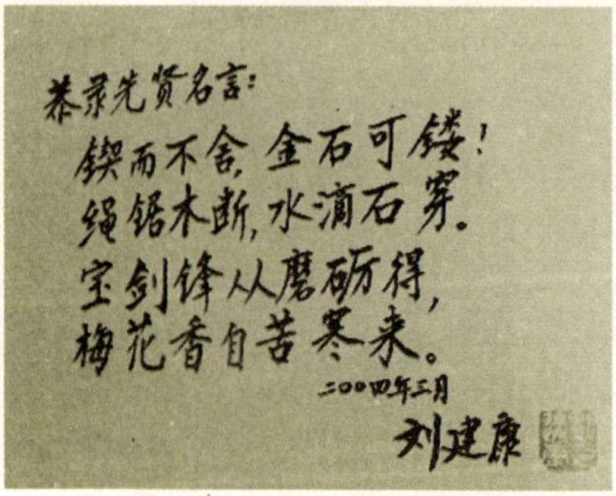

图 11-2　刘建康手迹

的教学相长，导师民主的学术风格和对他充分的信任，使他敢于大胆创新，而且研究成果在国际上产生影响，这样的高起点，使他较早地建立起自己的学术自信。在这里，他还结识了世界级著名科学家李约瑟，从而读到并翻译他的书，并得到他的欣赏以及向海外名家的推荐。此后，他来到加拿大的麦基尔大学，师从英国皇家学会会员贝锐尔教授，又在暑假的时候来到美国设在海边且有着浓厚学术氛围的伍兹霍尔实验室。他因此得以听到多位诺贝尔奖获得者的学术报告。在这儿，他的视野变得大海一般开阔。

第三是能得“道”。

刘建康的学术研究之所以能取得学界公认的成就，还在于他坚定而明确的价值取向，这种取向就是服务社会、求真务实、大胆创新。

刘建康小时候可谓家境殷实，父亲在外国人开的洋行上班，可他从小对钱财比较淡漠。采访期间，他多次对我们说：“搞学问的人是不要想发财的，我的态度是财不理我，我不理财。”“我认为搞科研的人要有自己的理想和追求，淡泊名利，安‘贫’乐‘道’，钱够用就行了，不追求‘发财’，但求自己的科研成果能为国家、社会造福。”①

刘建康执著于科研，也忘忧于科研。他在反右和“文化大革命”中都受到过冲击，但他谈起这段经历时，比很多人都要显得淡然。在那种“乱哄哄”的时候，他也能闹中取静，沉浸于自己的实验和研究。他对国家终会重视科学研究抱有充分的信心。面对政治审查和红卫兵的羞辱，他说自己的成分是“科学工作者”②，“现在我们不能说话，但总有我们说话的一天”③。因而，即便是在那些艰难岁月里，他也没有表现得消沉，而是顶着内部右派的名义，参与到不给署名的专业著述中。

他总对青年学者们说，“一定要亲自去看，年轻的时候都还能够跑，年纪大了之后就跑不动了，所以年轻的时候要去多观察实践，要深入到现场实际去了解情况”，“科研目标应服从和服务于国家和社会的需要”，要“对所研究

---

① 李士主编：《心迹——中国院士实话实说》。北京：科学普及出版社，2000 年，第 26 - 40 页。

② 1965 年刘建康所填履历表之“其他需要说明的问题”。

③ 刘军访谈，2013 年 9 月 23 日，武汉。资料存采集工程数据库。

的学科的发展现状和趋势进行深入分析，从学科发展需要出发，结合我国具体国情开展研究。正因为如此，我所选的研究方向总是指向学科发展的前沿，而且有很强的现实意义”。[①]

在刘建康自己整理的两本文集扉页上醒目地印着：“重视科学实验，着眼社会实践；不唯上，不唯书，不唯权威；独立思考，敢于创新。”[②]这是他几十年躬身科学实践的治学之道，法可以承，道在于悟。他希望年轻人能懂得，这是他一辈子悟出的“道”。

在这“道”里，饱含他的爱国热情和科学研究的真谛。因此，他才能忘情于北碚的山涧急流中，才能在1949年毅然归国，才能在奔波于五里湖、梁子湖和宜昌鱼类产卵场的风雨中不辞辛苦，才能在鱼苗人工授精、水体生物生产力和东湖生态环境等方面的研究中以提高人民生活水平和社会发展需要为其鹄，视野日益拓展，从而实现由鱼类学到鱼类生态学再到淡水生生态学的自觉转变。

此外，刘建康的聪明勤奋，还有他极好的语言天赋，都是帮助他走向成功的重要因素。时至今日，老人的英语表达依然是那么流利，这得益于他所进的教会学校。在那儿，专业课都由外国教员担任。加之儿时生活在上海租界里，语言环境的影响，使他较早就能非常流畅地阅读外文文献并与外国同行轻松交流。因此，他能够较轻松地阅读和发表英文论文，因此能在众多的研究者中充当起李约瑟的现场翻译并得到欣赏推荐。由于良好的语言天赋和顽强的钻研精神，他还在海外攻克德文，从而发现学术权威魏斯曼成果中的问题；在50年代攻克俄文的同时，及时了解到苏联的鱼类研究动态。在采访过程中，刘建康多次提到他对青年人治学的建议，他推崇导师伍献文先生曾经因此挨批的“一本书主义”和“两文主义”。一本书主义，指的就是要读经典；两文主义指的就是要重视外文和论文。

写到这里，我不禁想起清代大学者章学诚在《文史通义》中所说的几句

---

① 刘建康：《刘建康生态学文集》，北京：化学工业出版社，2007年，第307－308页。

② 刘建康访谈，2013年3月8日，武汉。资料存采集工程数据库。

图 11-3　采集小组负责人覃兆刿与刘建康合影

话："读书养气之功，博古通经之要，亲师近友之益，取材求助之方"。这是章老先生主张的治学为文之道。尽管刘建康从事的是现代自然科学研究，但他的经历和成功，也正是对这种传统治学之道的生动诠释。

附录一
刘建康年表

1917年

9月1日，出生于江苏省吴江县松陵镇，取名刘家骧，初中后更为现名。家中排行第二，姐刘家寿，妹刘家骐、刘家勤、刘家祥。

父亲刘振奇，字兼云，抗日战争前长期在上海麦加利银行写字间任职员，1938年6月去世。母亲陶漱六，毕生从事家务劳动，1974年7月去世。

1923年

9月，入读上海毓贤小学至1928年7月毕业。

1928年

9月，入读苏州中学初中部至1931年5月，肄业(因病辍学)。

1931年

9月，入读苏州市东吴大学附中高中部至1934年7月毕业。

1934年

9月，入读苏州东吴大学理学院生物系。

1935年

是年，作为两名学生之一随同东吴大学生物系刘承钊教授（后来当选为中国科学院学部委员）前往上海，协助筹备“淡水生物展览”。通过展览会上的具体操作和观感，引发了从事鱼类学研究的浓厚兴趣。展会结束后，又经刘承钊带领到上海自然科学研究所访问鱼类学家木村重先生，并借阅到经整理的已故学者岸上谦吉博士等有关长江鱼类的采集调查报告。

1936年

是年，在东吴大学听鱼类学家伍献文的学术报告《泥鳅的肠呼吸功能及其组织学基础》，经刘承钊教授介绍与伍献文相识，并咨询有关鱼类学研究的主要文献和学习方法。

1937年

10月15日，因抗日战争爆发，随东吴大学生物系从苏州搬到湖州（吴兴县）。

11月15日，学校关闭。随刘承钊带领的部分生物系学生及职工共22人于深夜离开湖州西行至湘潭，开“维生苏湖食品社”解决路费。

12月，借读于四川成都华西协合大学生物系。不久，苏州东吴大学的生物系学生及职工被并入华西协合大学（教会学校）。

1938年

9月，大学毕业。毕业论文题为《鲤鱼的骨骼系统》。在大学期间一直被评为优等生，获国内和美国教会大学校际“BBB”（Tri-beta）荣誉毕业生金质奖章。

1939年

2月，经刘承钊教授推荐，到内迁重庆的国立中央研究院动植物研究所，师从伍献文教授读研究生，从事鱼类学学习和研究工作至1940年12月毕业。

是年，发表《中国鲤科鱼类出鳃动脉在“头圈”上的排列方式》

1940 年

是年，与导师伍献文联名发表论文《口喉表皮是鳝鱼的主要呼吸器官》、《文胸鱼吸着器的结构》和《中国寄生蠕虫志二》，并独立发表《戈婢亚科鱼类气鳔及其比邻构造的初步研究》、《淡水虾虎鱼类两新种》。

1941 年

是年，晋升为助理研究员。年内独立发表《渠河的鲤鱼产卵场》，并与导师伍献文共同署名发表《多肢金线蛙的记述》、《数种寄生圆虫的记载》。

1942 年

是年，独立发表《斗鱼的渗透压调节与“氯化物分泌细胞”》，并与导师伍献文共同署名发表《鳝鱼的生殖习性和幼期变态》、《鳝鱼的幼期器官和它的呼吸功能》。

1943 年

4 月 9 日，李约瑟访问中央研究院动植物研究所并与王家楫、钱崇澍、陈世骧、饶钦止、伍献文、刘建康(当时是临时译员)合影。

是年，与导师伍献文共同署名发表《一种气呼吸鱼类——鳝鱼的血管系统》、《中国寄生蠕虫志三》。

1944 年

发表《鳝鱼的始原雌雄同体现象》。论文通过组织切片实验发现：鳝鱼的性别是定期发生转变的，一开始它们全是雌性，经产卵后开始出现性蜕变，逐渐变成雄性。

在英国《自然》杂志独立发表《用硫酸钠刺激斗鱼“氯化物分泌细胞”的形成》

考取中英文教基金会第 8 届留英公费生。英国皇家学会会员、著名的生物学家波洛博士在荷兰乌德勒支大学讲学时介绍刘建康的“鳝鱼性变”发现。

1945 年

2 月，兼任当时在北碚黄桷树镇的复旦大学生物系副教授，接替伍献文教授开设的脊椎动物比较解剖学课程至 7 月。

9 至 12 月，经设在重庆的中英科学合作馆馆长李约瑟博士的推荐，以中英庚款第八届公费生入读麦基尔大学研究生院攻读博士学位。由重庆登机，取道昆明，经印度加尔各答到孟买，转乘远洋轮，穿过红海、地中海、大西洋到纽约乘火车到达加拿大蒙特利尔市。最初师从麦基尔大学实验胚胎学家 H·霍尔弗雷特博士，并兼任大学本科《比较解剖学》课程的实验指导员，不久因霍尔弗雷特应聘到美国罗彻斯特大学任教，麦基尔大学研究生院指定由该校动物系的司屈拉康纳讲座、后来当选英国皇家学会会员的 N·J·贝锐尔教授担任其博士论文指导教师。

是年，以第一署名和导师伍献文联名发表《鲤鲫的人工杂种》。年内晋升为副研究员。

1946 年

1 月至次年 10 月，在麦基尔大学研究生院学习并兼任该校本科实验指导员。

7 至 8 月，在美国麻省伍兹霍尔海洋生物实验室进修“海洋无脊椎动物学”课程，并完成了博士论文的实验部分。

1947 年

7 月 5 日，英国皇家学会波洛(W. S. Bollough)博士在英国《自然》杂志上发表专题评论《低等脊椎动物的雌雄同体》，认为“1944 年一篇描述黄鳝性腺论文的发表，刘提供了新的和有趣的有关低等脊椎动物性别决定机制的证据，并打开了一个新颖研究领域之门”。此前，波洛博士来加拿大讲学，回伦敦后写信向刘建康索要关于鳝鱼组织的切片材料。

7至8月，在伍兹霍尔实验细胞学实验室进修胚胎学。

10月，在麦基尔大学研究生院通过论文答辩，获哲学博士学位。博士论文分成两篇发表，一篇为《筒螅生殖巢的形成与种质细胞的起源》，另一篇为《种质、魏斯曼与水螅纲》。博士论文对德国生物学家、世界生物学权威魏斯曼的“种质连续学说”提出了质疑。之后，应美国伍兹霍尔实验细胞学实验室主任R·钱伯斯(Chambers)教授聘请，任该实验室副研究员至次年9月，从事微体操纵和组织培养实验。

是年，李约瑟《战时中国之科学》经刘建康与徐贤恭共同译成中文，由中华书局出版。

1948年

10月，应美国麻省北安普顿(Northampton)史密斯学院(Smith college)M·罗士(Rose)教授之聘，任该学院动物系癌症基金科研项目研究员至次年1月。

秋，因美国爆发长达3个月的海员大罢工，一直在边研究边等候归国的远洋复航。

是年，以第一署名与贝锐尔在美国《形态学杂志》上联名发表Gonophore formation and germ cell origin in Tubularia。与贝锐尔在美国的《生物学季度评论》联名发表Germplasm, Weismann, and Hydrozoa。发表《X射线对于肢解了的红海绵复原作用的影响》。

1949年

1月，从美国西海岸乘海轮回国。行李中带有英文打字机一台和多种原版专业书。

2月7日，在上海的前中央研究院动植物研究所报到。

3月，在上海与伍韵梅结婚。

5月，在上海华东军管会动物研究所任研究员(时所在中央研究院动物研究所由军管会接管)至12月。其间给美国M·罗士教授写信说明上海解放情况和归国心情。

10 月 4 日，被国立中央研究院院务委员会聘为动物研究所“专任研究员”。

是年，与朱宁生合作进行了黑斑蛙的发育阶段标准的研究，《科学》杂志上登载了结果摘要。

1950 年

1 月，中国科学院水生生物研究所(以下简称水生所)在上海成立。开始在上海中国科学院水生生物研究所及所属无锡太湖淡水生物研究室任研究员至 1954 年 7 月。

5～12 月，在北京参加华北人民革命大学政治研究院第二期第八班政治理论培训，获毕业证书。

11 月 24 日，长女刘军出生(之后长子刘涤心、次子刘先平和次女伍欣星分别于 1952、1956、1957 年出生)

1951 年

11 月 23 日，在上海由王家楫介绍加入九三学社。

是年，被东吴大学聘为生物系兼职教授。年内与顾国彦合作发表了《鳝鱼雌雄逆转时生殖腺的组织学改变》。

1952 年

1 月，与伍献文教授一起编写了 10 万字的通俗读物《鱼》，并将稿费全部捐出支援抗美援朝。

是年，和易伯鲁、朱宁生等人一起开展了外塘养鱼及鱼病调查工作，撰写了部分报告。还针对有关质疑人工授精合理性的文章发表专文。

1953 年

2 月，带领朱宁生等一起从上海来到宜昌鱼类产卵场开展调查。

4 月，再度抵宜昌展开工作。在宜昌专署建设科的协助和当地渔民的共同努力下，除了进行鲩鱼和鲢鱼的人工授精孵化试验外，还对产卵场的水文、亲鱼的习性和产量以及鱼卵和鱼苗的低温处理等工作，分别进行测定、调查或试验。这次试验，成功地进行了鲩鱼和鲢鱼的人工授精和孵化，通过给未充分性成熟的青鱼注射鱼类脑垂体催情，使其提前产卵，为日后我国“四大家鱼”人工繁殖打下了基础。

9月，针对河南境内列为“治淮方略”工程项目的水产养殖课题，带领水生所朱宁生、蒋一珪、吴文星、褚新洛、王精豹等赴河南省对板桥、石漫滩、白沙三个水库进行调查。之后，发表《淮河山谷水库的调查及其养鱼的利用》。

10月25至31日，赴沙市及荆门蛟尾乡进行鱼类生态调查。在沙市菜场观察江中及湖中捕得的鱼类，并整理各类标本。参观荆门县水产加工厂养鱼场。在沙市宝塔河街鱼市场观察鳇鱼及鲟鱼，与渔民谈鳇鱼及鲟鱼生活习性，观察长江中当年鲢鱼及鲤鱼的生长情形。为湖泊调查队讲养殖方面的问题。

11月26日，在工作会议上率先表达自己对来年“鱼苗工作和生态工作”的理解，并针对迁至武汉后即将进行的梁子湖调查提出设想，强调实习生也需要专门化，要有在工作中学习的导向。

1954年

4月23至6月9日，带领同事到宜昌进行了为期一个半月的鱼类标本采集，采集到的标本分别属于10目22科共73种，还获得大量关于鱼类生态的实际经验。

8月，随水生所迁至武汉中国科学院水生生物研究所任研究员。再次率朱宁生、王祖熊、蒋一珪、褚新洛、王精豹、吴文星等对板桥和白沙水库进行了补充调查。

9月24日，李约瑟的朋友Dover借访华的机会，代其前来看望并交手签亲笔信。

是年，在《生物学通报》上发表反映1953年试验和调查情形的报告。与伍献文教授合著的《鱼》一书由中华书局出版。

1955年

负责“梁子湖鱼类生态调查”课题，组织20余人赴湖北梁子湖设站进行鱼类资源和生态调查。在此后两年的时间里，调查清楚了梁子湖共有鱼类63种，收集到近30种经济鱼类的第一手生态资料。

《养鱼池单位面积产量试验》，被水产界公认为我国传统养鱼经验的科学总结。文中首次提出了草鱼、青鱼的饲料系数。与王祖熊合作发表了《江中家鱼苗垂直分布的初步观察》，对江中家鱼苗采集和计算方法以及所得数据的讨论，为鱼苗生产提供了参考。

1956年

1月1日，请梁子湖有关机构参加联欢会。

1月4日，与易伯鲁商定将梁子湖标本理出一套，以便作为人员训练之用。

1月6日，拟订梁子湖鱼类生态调查各项工作的要求提纲。

1月8日，调查湖泊结冰对于调查用机船有无影响，并与相关人士讨论梁子湖计划将最低水位降低三公尺的影响以及相关发展规划。

冬，致信科学出版社，告之梁子湖研究报告结稿事宜。

是年，具体主持了“环境因素对于鲤鲫产卵的影响”项目研究，因试验失败，没有写报告。年内与陈佩薰合译了《鱼类年龄和生长的研究方法》。在《科学通报》上发表过一则对“百家争鸣”的理解。

1957年

上半年，领导相关人员进行了梁子湖工作的重点补充和报告编写。

下半年，被群众推荐为工资专题小组负责人。认为这是提升科研创新活力的一次机会，希望通过工资杠杆激发更多科研骨干的工作热情。在听取群众意见后拟成干部增补提升建议名单。后被污为“反党反社会主义的干部提升方案”。

开始主持进行长江鱼类生态调查，分别在四川木洞、湖北宜昌和江苏崇明设立工作站。历时两年多的采集观察记录，总结出一套系统的鱼类生态学资料，填补了我国淡水鱼类生态学的空白。五里湖、梁子湖和长江上中下游鱼类的生态调查研究，是新中国成立以来有关淡水生态最系统最完整的集体工作，所得资料是1980年代论证葛洲坝和拟建的三峡大坝对鱼类生态影响的重要依据。

率12人在广州和武昌两地进行了“白鲢性腺成熟问题的研究”的相关工作。

在一次政治会议上发言：“我认为，在科研机构，业务是灵魂！”

1958年

是年，以工会主席身份，主持召开水生所工会委员会扩大会议。会上对水生所党组织和行政工作不抓科研工作提出看法。后被批为“反党反社会主义的活动，和党分庭抗礼，争夺领导权”。

1959年

7月，因在1957年的“右派言论”以及“反右斗争以后立场思想并无显著转变”，被领导宣布划为右派分子，行政上给予“由研究三级降为四级，并撤去原任鱼类组长职务”的处分。

到湖北黄石花马湖渔场劳动至1960年，从事了历时一年半的鱼骨骼标本制作。

《梁子湖的自然环境及其渔业资源问题》发表在《太平洋西部渔业研究委员会第二次全体会议论文集》上。

在建国十周年之际，著名科学家、中国科学院副院长竺可桢在《科学通报》上发表文章，总结中科院建院以来的成就时，特别提到梁子湖湖体生态的研究。

1960年

是年，参加了长江流域规划办公室为三峡水利枢纽建设而组织的家鱼产卵场调查大协作。

1961年

11月，摘去右派帽子，重新回到中科院水生生物研究所。

是年，承担《中国淡水鱼类养殖学》一书中《饲养鱼类的繁殖》一章的撰写工作，该书被评价为集养鱼之大成的权威专著，但因当时的“右派”身份而没能署名。

1962年

7月2日～10日，就长江水产资源问题给中科院写意见书。

7月13日，写关于湖泊学发展方向的意见。

7月16～19日，与同事谈上半年工作情况报告、翻译稿出版以及关于佛子岭水库渔业状况的报告文稿修改等事。

是年，英国学者C·F希克林(Hicking)在其出版的《鱼类养殖》一书中，专门引用了《养鱼池单位面积产量试验》的试验数据。

1963年

10月，在中国海洋湖沼学会第二届全国代表大会暨1963年学术年会上提出专题报告“水域生物生产力的理论及其在湖泊渔业上的应用”。

12月，据胞妹刘家骐问及家庭出身详细情况的来信，将家庭出身改填“银行职员”，将个人成分填“科学工作者”。

1964年

是年，开始在浠水望天湖考察。

是年，发表论文《从生物生产的角度看湖泊渔业增产的途径》。“编者按”称：文章针对长江中下游湖泊鱼产量的一般情况和存在的问题，从浅水湖群的若干湖泊学、水生生物学特点出发，提出了作者对改造湖泊鱼类区系组成和调整种群密度的一些建议。

1965年

继续主持望天湖渔业资源与生态调查活动，形成了《望天湖成鱼生产经验调查报告》。

1966年

形成了《1965年望天湖渔获物统计初步分析》、《1965年望天湖鱼类食料资源调查综合报告》、《望天湖人工鱼巢对增殖鱼类资源的意义》和《浮游生物快速测定初步试验报告》。通过分析这些数据，总结出针对湖泊养鱼的建议，包括：保护天然产卵场和设置人工鱼巢、在恰当时机开闸灌江引入长江天然鱼苗、鱼种及放养规格、改善浮游生物组成质量和湖泊除荒等。

1971年

科研工作被恢复。赴武钢攻克淡水壳菜堵塞冷却管道的防治研究。

1973年

接手主持1972年中国科学院水生生物研究所开始的“东湖渔业增产和稳产高产试验”，提出了调整放养对象、提高鱼种规格、改进拦鱼设施、控制凶猛鱼类和改革捕捞技术等五项措施，东湖鱼产量连续7年以平均每年25.3%的幅度递增，1971年年产180吨，到1978年年产801吨。

署名“中国科学院水生生物研究所管道小组”的《淡水壳菜的生物学研究》发表，其中详细介绍了壳菜的生殖、生长、运动固着和灭杀方法。

是年，翻译的《苏联内陆水体的生产力和水体管理的原则》发表。

1974年

是年，母亲病重去世。

1976年

是年，《长江鱼类》一书出版。此书系刘建康、陈佩薰组织下，汇集水生所、华农等单位多位科研人员，经过20余年的研究，记录了200多种鱼类的生长习性。这是我国第一部淡水鱼类生态学专著。

1978 年

“武昌东湖渔业稳产高产试验”获全国科学大会科技成果奖。

“武昌东湖渔业稳产高产试验及生物生产力的研究”获湖北省科学大会奖。

1979 年

10 月至 12 月，作为我国“人与生物圈”国家委员会代表团成员，出席在巴黎举行的“人与生物圈”第六次国际协调理事会，并访问了荷兰、联邦德国、英国和法国的有关院校和研究所。

10 月，开始任中国鱼类学会理事长，1989 年转任名誉理事长。

开始任中国海洋湖沼学会副理事长，1989 年转任名誉理事长。

在中国海洋湖沼学会恢复大会暨学术讨论会上发言，从国际上先后制定的两个庞大的研究计划和北美相关的出版物角度，专门讨论淡水生物学发展的方向问题。在会上介绍了生态学、生态系统、生态系统的结构、生态系统的功能、系统解析的方法和生态系统的模型。后发表《关于淡水生物学发展的方向》。发表《我国淡水生态学的回顾与展望》，分析水生生物学的发展方向，希望借此启发水生所研究方向调整。

是年，提出了“人类经济活动对湖泊生态系统的影响”，并受到联合国教科文组织的关注，话题被列入“人与生物圈”科研项目中。

1980 年

2 月，作为中国科学院科学代表团成员访问日本，并在京都作关于东湖科研工作的报告。

3 月 19 日，在水生所接待日本湖沼学权威大森昌卫教授等并进行交谈。

7 月 26 日，在武汉中科院水生所经胡传林介绍加入中国共产党，次年 8 月15 日转正。

8 月，应邀赴日本京都参加“第 21 届国际理论与应用湖沼学会大会”，担任分组召集人并作论文报告。

10 月 28 日，在日本与三浦泰藏先生等交谈。

11 月，在联合国教科文组织安排和资助下，前往联邦德国马普学会湖沼研究所和康斯坦茨大学湖沼学研究所进行为期四个月的科技考察。

11 月，当选中国科学院学部委员(院士)。

是年，发表《东湖渔业增产试验综述》，简述 1970 年代以来东湖渔业增产的试验情况，并从“确定放养重点对象，适当搭配其他鱼类、培养足够数量的大规格鱼种、改进拦鱼设备、控制凶猛鱼种群、提高捕鱼效果”五个方面分析了东湖渔业增产的措施和原理。

被任命为中国科学院水生生物研究所副所长。

1981 年

4 月，应美国华盛顿大学 F·陶勃教授之约，撰写关于长江中下游湖泊的论文，着重介绍东湖渔业的发展与生态问题。被列入《世界生态系统丛书》第 23 卷出版。

“武昌东湖渔业稳产高产试验及生物生产力的研究”获中国科学院技术改进二等奖。

当选中国科学院生物学部常委。

担任国务院学位委员会首批理学博士学位研究生指导教师。

1982 年

9 月 13～18 日，在安徽九华山出席中国鱼类学会第二次全国代表大会并与澳大利亚 Paxton 教授等交流。

与陈敬存合作在上海市《水产科技情报》上发表《重视水面资源的开发利用》。开始担任英文版《中国海洋湖沼学报》编委。

1983 年

1 月，在汉阳县沉湖考察。

4 月 2 日，参观厦门大学。

4 月，在湖北省政协五届一次会议上当选常委。

5 月，开始担任中国科学院水生生物研究所所长至 1987 年 9 月转任名誉所长。

9 月 24 日，在桃源出席“稻鱼共生结构与农渔结合的研究成果鉴定会”。

担任湖北省暨武汉市动物学会理事长至 1987 年。

以第一署名与陈敬存联名发表《加强对水面资源的开发利用》。

在国土整治战略研讨会上提出“在发展精养鱼池的同时，不应放弃大水面”的主张，此后在 1984 年武汉地区渔业发展战略讨论会以及在湖北省政协全委会和有关媒体上，不断申述这一观点。

是年，发表《淡水生态古今谈》，文中梳理了我国古代朴素的淡水生态智慧，并介绍生态研究前沿。

1984 年

1 月，开始任湖北省科学技术协会主席历第二届、第三届至 1991 年转任名誉主席。

3 月 13 日，出席湖北省第三次环境保护会议。

8 月底至 9 月初，应邀在日本滋贺参加“1984 世界湖沼环境会议”并作论文报告，其间与 Kumano、Kawai 交谈。

11 月 6 日，出席湖北省江汉平原水产资源考察鉴定会。

11 月 9 日，出席三峡水利枢纽环境影响评价顾问委员会扩大会议。

11 月 21 日，在武汉出席建立开放型实验室论坛会。

11 月 24 日，送别西德马普学会湖沼学研究所 Hakumat Rai 博士。

年初，在“武汉地区渔业发展战略讨论会”上，与陈洪达等人将有关水面资源开发利用的认识与武汉地区的实际相结合，探讨本地区在渔业经济发展方面的战略。

与阮景荣一起以《淡水生态学的基本概念》为题，从淡水生态系统、淡水环境、淡水生物群落、营养物循环、能量流动、演替与平衡几个方面系统讨论有关淡水生态学的一些基本理论问题。

《中国长江中下游的湖群》被收入《世界生态系统“湖泊与水库”》并在荷兰爱思唯尔出版社出版[Lakes of the middle and lower basins of the Chang Jiang (China), In“Lakes and Reservoirs”]。

在“世界湖泊环境的保护与管理”滋贺会议上介绍《中国三个湖泊的污染研究》。

在“鱼类学论文集”第四期上发表《渔业生态学和渔业管理》。

提供的东湖湖沼学数据为日本出版的《世界湖泊数据资料书》吸收，该书编者特别注明：“东湖的科研活动，使它成为世界上的湖沼学者对中国最熟悉的湖泊之一。”

开始担任国家科委、中国科学院“长江三峡工程生态与环境专题”专家组成员。

开始担任中国科学院第二届学位委员会委员至1987年。

开始担任《海洋与湖沼》学报副主编，并担任《水生生物学报》主编至1990年。

1985年

2月5日，在广东南海县西樵山出席《中国淡水鱼类养殖学》第三版审稿会议。

2月26日～3月2日，在成都出席“三峡工程生态与环境项目”领导小组扩大会议。

3月15日，在水生所与到访的日本学者小林羲雄等一行四人交流。

3月28日，出席在嘉鱼县召开的湖北淡水养殖技术市场开幕大会并参观三湖连江水库。

4月，在罗马出席欧洲水污染控制协会国际会议，论文报告载该会会报第315～319页。

5月19日，在成都出席由国家环保局、中国科学院、国家科委联合召开的“三峡论证会”。

6月2～5日，在水生所接待西德GSF Korte教授来访。

7月4～7日，在武汉出席“三峡工程环境影响讨论会”。

7月23日，考察张家界金鞭溪。

8月12日，考察安徽太平湖水库。

9月25日，出席中南海提高渔产品研究成果鉴定会并参观中南海捕鱼现场。

11 月，在慕尼黑出席第九次国际环境与毒理会议并提交论文报告。7 日，在西德辐射与环境研究中心生态化学研究所与 F·柯尔特教授商谈合作研究项目。

发表《渔业生态学和渔业管理——从美国渔业生态学会议看渔业生态学研究的动向》。

在西德"生态毒理学与环境安全杂志"发表《受农药废水污染的鸭儿湖的恢复》，讨论受农药废水污染的鸭儿湖的恢复。与文元华一起发表《微生物群落对水体中有机碎屑的分解与转化作用》，专门分析微生物群对水体中有机碎屑分解的控制因子、速度、分解过程与机制、主要碎屑物的有机循环。

开始担任德国《应用鱼类学杂志》编委。

将不定期出版的《水生生物学集刊》改名为《水生生物学报》作为季刊发行，并于次年取得国际标准连续出版物代号(ISSN1000－3027)。

1985 年以后，提出以水生所名义向科学院打报告，争取大水面资源开发试验。

1986 年

6 月，开始担任第三、第四届中国科学技术协会委员。

8 月，担任水利部"长江三峡工程生态与环境专题论证专家组"成员、第二组组长。

8 月，当选国家自然科学基金委员会生物科学部学科评审组成员，并先后担任一、二届成员至 1990 年 6 月。

10 月 23 日，方毅在水生所听取关于鱼类遗传育种的汇报时在座。在"淡水豚生物学与资源保护国际学术讨论会"前夕为弟子王丁校正英语发音。

10 月 24 日～30 日，作为中方召集人之一，出席在武汉举行的国际淡水豚类生物学与物种保护学术会议。在会上翻译华元渝回答外宾的问题并就相关专业问题作说明。与巴基斯坦 Khan Mohammad Khan 博士、印度 R. S. Lal Mohan 博士，美籍 Kevin Chu 博士，美国 Randy Brill 博士、日本筑波大学 Toshiro Kamiya 教授、IUCN 鲸类专家组主席 Dr. William F. Perrin、日本 Prof Kamiga 和 Dr. Toshic Kasuga 等交流。

10 月 30 日，接受日本筑波大学 Toshiro Kamiya 教授赠送给白鳍豚组的礼物。出席黄石市渔场招待所会议厅举行的协议书签字仪式。

当选中国科协第三次全国代表大会委员、主席团成员。

当选九三学社湖北省第一届社员代表大会常委、副主任委员。

1987 年

3 月 10 日，参观广东佛山市南海县沙头镇渔场。

3 月 11 日，在广州华南师范大学考察。

3 月 12 日，出席广东省水库渔业生产性能的评价及提高水库渔产力技术措施的研究成果鉴定会。

3 月 19 日，在海南岛陵水县“小妹水库”水电站了解鳗苗情况。

5 月 12 日，下午与美国佛罗里达大学 Deerey 教授在标本楼会议室进行座谈。

8 月 20 日，参观葛洲坝工程局。

9 月 15 日，回答来访的英国 Wales 大学 Dr. Wootton 关于鳡鱼产卵习性的问题。

10 月 8 日，应国际生态工程学会北京学术年会之邀在北京作“中国湖泊与稻田的综合水产养殖”的大会发言。

10 月 25 日，当选中共第十三次全国代表大会代表。

10 月 27 日，在“中国荣耀”号游船上作“湖泊生态系统的退化——现象原因分析”的主题报告。

11 月 22 日，出席在北京召开的中国科学院生物学部第二次学部委员大会。

与贺锡勤合作在德国《生态毒理学与环境安全学报》共同发表《环境质量对鱼产品的质与量的关系》，讨论环境质量对鱼产品的质与量的关系。

在《水利渔业》上发表《因地制宜，讲求效益——关于大水面渔业开发的几点看法》。与贺锡勤在德国《生态毒理学与环境安全》学报共同发表《环境质量对鱼产品的质与量的关系》。

开始担任中美《生物医学与环境科学学报》编委。

1988 年

1 月 4 日，视察澄湖。

1 月 5 日，在苏州市吴县甪直镇水产局调研。

3 月 18 日，出席水利部中华鲟人工繁殖技术鉴定会。

6 月 4 日，日本江之岛水族馆馆长堀由纪子女士来所访问并交流。

8 月 18 日，在应山县翠竹山庄考察。

9 月 15 日，在中山大学出席鱼类生理毒理与渔业管理国际学术讨论会。

10 月中下旬，访问日本。10 月 18 日与宫崎信之博士等交流。

与余志堂合作完成的《科学与技术在鲟类资源养护中的作用》在国际鱼类生理毒理与渔业管理学术报告会上宣读。

与阮景荣、蔡庆华联名发表《武汉东湖的磷——浮游植物动态模型》，报道东湖的一个富营养化模型。

"武汉东湖生态系统结构功能与生物生产力的研究"获中国科学院科技进步二等奖。

1989 年

2 月 22 日，在石家庄出席水利部"水库渔业形势及发展战略对策研究"研讨会。

7 月 19 日，在边疆宾馆作"大水面渔业利用的回顾与前瞻"报告。

10 月 20 日，在淡水生态与生物技术开放研究实验室首次学术委员会会议期间参观生物技术部分实验室。

11 月 1 日，接受中国科学院所颁荣誉匾，上书："感谢您对中国科学事业作出的贡献。"

开始担任中科院水生所淡水生态与生物技术开放研究国家重点实验室主任。

指导所带博士后谢平等人先后在东湖里进行了 4 个夏秋的原位围隔试

验，即采用放养鲢鳙鱼来控制微囊藻水华的生长，同时观察鲢鳙鱼放养量与水华现象之间的关系。

国际湖泊环境委员会（ILEC）与联合国环境计划署（UNEP）联合出版的《世界湖泊环境数据书》中介绍了东湖的研究工作："中国科学院水生生物研究所的科学活动，使东湖成为世界湖沼学家最熟悉的中国湖泊之一。"

1990 年

3 月 2 日，出席湖北省"科技兴农战略思路及对策"研讨会。

5 月 21 日，在武汉分院举行的中科院科研工程研究会武汉分会第一次会员代表大会上发言。

6 月 22 日，与裘法祖在一起交流。

7 月，开始获国务院政府特殊津贴。

9 月 9 日，在杭州出席第四次国际湖泊环境保护与管理讨论会。

9 月 13～15 日，在武汉与波兰水生生物学家 Ilkowska、以色列 Kineret 湖沼学研究所 Gophen 博士等交流。

9 月 14 日，与波兰水生生物学家 Ilkowska 交流。

9 月 15 日，与以色列 Kineret 湖沼学研究所 Gophen 博士草签合作协议书草稿。

10 月 5 日，与苏联 Skazlato 通讯院士及 Khlelovitch 研究员交流。

10 月 22 日，出席"七五"攻关项目——黄州综合生物塘鉴定验收会。

10 月 27 日，在常德出席污水治理与资源化课题鉴定会并参观常德污水治理与资源化生态环境工程。

11 月 8～11 日，出席生物学部常委会杭州会议。

11 月 11 日，游西湖并采三潭印月附近水样以观测湖水透明度。

11 月 15 日，出席李国平教授 80 寿辰暨从事教学科研工作六十周年纪念会。

11 月 19 日，在武汉出席"长江水系水生生物元素背景值系统研究"成果鉴定会。

11 月 27 日～12 月 14 日，以湖北省科协主席、湖北省访美经济代表团副团长身份赴美洽谈中美经贸。

12 月上旬，在美国进行学术交流。

写成《中国水库渔业的现状与展望》，认为水库渔业已成为淡水渔业的重要组成部分，对中国水库养殖的发展进行了总结和设想。

主编的《东湖生态学研究(一)》(《中国科学院东湖生态系统试验站论文集》)由科学出版社出版。其中分为“东湖的地质基础与沉积类型”、“湖水的理化性质”、“主要生物群落结构及其演替”、“水体生物生产力”、“有机碎屑及其在东湖生态系统中的功能”、“鱼类及其在水体的物质循环中的作用”和“水体富营养化”等问题，是对水生所有关淡水生态研究的较为全面系统的整理。

与崔奕波在英国《比较生化生理学报》共同发表《六种硬骨鱼类能量收支的比较—Ⅰ，摄食量、排粪量和氮排泄》；与崔奕波在英国《比较生化生理学报》共同发表《六种硬骨鱼类能量收支的比较—Ⅱ，代谢率》；与崔奕波在英国《比较生化生理学报》共同发表《六种硬骨鱼类能量收支的比较—Ⅲ，生长率与能量收支》；与 Cui，Yibo 在英国《比较生化生理学报》共同发表《六种硬骨鱼类能量收支的比较—Ⅳ，生长和能量收支的个体差异》

1991 年

3 月 28 日，在北京出席“生物学未来十年研讨会”座谈会。

4 月 29 日，在武昌珞珈山宾馆出席第四次国际水产养殖遗传学讨论会议开幕式并作学术报告。

以第一署名和蔡述明联合发表《江汉平原湖区开发与整治》(第四次中国海洋湖沼科学会议论文集，科学出版社)；与王建在《德国水生生物学报》共同发表《(东湖中磷循环在藻类演替和藻类代谢中所起的作用》；与崔奕波、华俐发表《摄食水平和食物种类对金鱼生长及氮磷排泄的影响》。

获国家科委、水利部、能源部颁发的国家重点科技攻关项目“长江三峡工程重大科学技术研究”专家荣誉证书；“武昌东湖渔业稳产高产试验及生物生产力的研究”，获国家农业部颁发荣誉证书。

开始担任德国《FRESENIUS 环境快讯》顾问。

1992年

2月19日，出席“聚类分析和综合评判在湖北省水库渔业中的应用”项目成果验收会。

3月1日，与联合国儿童基金会主任阮昌君交谈并在省科教大厦参观儿童环保演出节目，并在参加中国青少年环保宣传日开幕仪式后冒雨植树。

4月，当选湖北省科协第四次代表大会名誉主席。

5月21日，在青岛海洋大学参加养殖系董双林博士论文答辩会。

10月28日，参加中国海洋湖沼学会六届全国代表大会。

与何碧梧共同主编(第一署名)的《中国淡水鱼类养殖学(第三版)》出版，此书被列入“当代科技重要著作”。

以第一署名与曹文宣在《长江流域资源与环境》上共同发表《长江流域的鱼类资源及其保护对策》。与人合作发表的论文还有《滤食性鱼类对东湖水华的影响》、《鳜鱼的视觉特点与其食性的关系》、《湖泊和地下水中异养细菌群落结构和生理特征的比较研究》等；在英国《径流调节：研究与管理》杂志发表《水电站建坝后中国汉江中水质的改变与对鱼类种群的影响》。

在总结科研工作时强调：“就像吃馒头，一个两个不够，吃到第三个饱了，但不能光吃第三个吧？所以搞科研一定要有打基础的思想，不能当‘第三个馒头’派！”

1993年

1月，毛笔书写：“过去做鱼类生态调查工作，把野外真实情况随时记录下来，现在很有用处。年青(轻)时应尽量多做些野外工作，取得大量感性知识，不然，老了就跑不动了。”

2月，当选湖北省政协第七届委员会副主席。

4月21日，视察竹子湖养殖场。

是年，与刘仁俊在《长江流域资源与环境》上发表《长江白鳖豚的保护》。在《德国水生生物学报》上发表《述中国湖泊中浮游生物与浮游物的结构》。

1994年

4月15日，在海洋所出席EMBL开放实验室学术年会。

6月1日，出席省水产科研所“武汉初阳水产发展公司”开业座谈会。

9月26日，《中国科学报》发表《一张珍贵的照片——记与李约瑟外籍院士半个世纪的交往》（刘建康口述，张晓良整理）。

与蔡庆华发表《人口增长与渔业发展对武汉东湖水质的影响》，该文研究以人口增长为代表的湖泊外部社会经济发展指标以及渔业发展对东湖环境质量的影响。

发表的论文有：Liu J. K. & Chen. S, 1994. An assessment of the impact of fish stocking on lake eutrophication in China. ; Yang, Y. , Huang, X. and Liu, J. K. , 1994. Long-term changes in zooplankton of subtropical Lake Donghu(Wuhan, China) under conditions of increased fish predation.

是年，《东湖生态学研究》获中国科学院自然科学一等奖、国家科委自然科学三等奖。

1995年

9月1日，出席九三学社成立50周年纪念会。

9月15日，考察武当山。

11月2日，在荆沙市参观长江水产科研所。

是年，《长江中下游流域的湖泊及渔业利用问题》发表在《东湖生态学研究（二）》。

《东湖生态学研究（二）》纳入中国生态系统网络丛书，由科学出版社出版。本书汇集了大量研究成果，主要总结了中国科学院“七五”“八五”重大项目“我国主要类型生态系统结构功能与优化模式的研究示范”、“东湖生态系统结构、功能与优化模式研究”中的专题研究成果。

《中国淡水鱼类养殖学（第三版）》获中国科学院科技进步二等奖，全国优秀科技图书一等奖。

1996年

4月2日，在武汉召开的"中国典型地带土壤动物研究"学术讨论会上发言。

8月30日，在水生所接待立川贤一并交谈。

10月8日，在北京出席国际生态工程会议。

10月27日，下午"中国光荣"号旅游船驶过三峡工程基地后，在四层会议厅作大会(ISRLE'96)报告。

在武汉出席第八届国际河流与湖泊环境会议。

1997年

6月11日，出席湖北省渔业协会年会。

9月获香港何梁何利基金1997年度生命科学技术进步奖。

12月12日，出席在地震所举行的"省自然灾害区划预研究"启动会议。

在"百名院士科技系列报告"中，以"可持续发展战略与生态学"为题，就"生态学"、"生态系统"、"生态平衡"、"生态学规律"进行了解读。

以第一署名与黄祥飞共同发表《东湖生态学研究概况》。另发表的论文有：Xie, S., Cui, Y., Liu, J., 1997. Energy budget of Nile tilapia (Oerohromis nilotius) in relation to ration size.; Xie, S., Cui, Y., Liu, J., 1997. Effects of body size on growth and energy budget of Nile tilapia.

1998年

6月17日，在青岛出席1998国际海洋年暨庆祝曾呈奎院士从事海洋科研工作68周年海洋科学学术报告会。

8月2日在水生所与德国科技部官员Reinhard Loosch等交流。

11月18日在香山科学讨论会上作"揭开东湖蓝藻水华消失之谜"的报告。

是年，发表的主要论文有：Liu, J. K. and Cai, Q., 1998. Integrated aquaculture in Chinese lakes and paddy fields.

1999 年

6 月 30 日，在沈阳应用生态所主持博士生邓红兵论文答辩会。

7 月 2 日，与沈阳应用生态研究所及长白山生态定位站人士观长白山天池。

在为《高级水生生物学》教材所写前言中指出，基于国外水生生物学发展的趋势和国内已有不少关于水生生物区系和分类学的著作，该书“将注意力集中于水生生物的生态学方面”。

是年，以第一署名和谢平共同发表《揭开武汉东湖蓝藻水华消失之谜》。通过三次设在湖里的围隔试验，证明鲢鳙的大量放养，是水华消失的决定性因素。文章报道了三次原地围隔试验的情况，结合东湖鲢鳙生物量的鱼群探测仪记录，指出鲢鳙的放养密度达到每立方米水有鱼 50 g 时，就能控制蓝藻水华的发生。文章还对治理水体富营养化的流行学说—生物操纵论进行了评论。另发表：Long-term changes in crustacean zooplankton and water quality in a shallow eutrophic Chinese lake densely stocked with fish.

主编的《高级水生生物学》纳入“中国科学院研究生教学丛书”。

2000 年

在李士主编的《心迹——中国院士实话实说》中接受访谈。

是年，在韩国釜山和昆明举行的国际学术讨论会上，作关于东湖成功控制水华十五年的宣传报道。

2001 年

2 月 7 日，国务院李岚清副总理和科学技术部朱丽兰部长就水生所专家揭开武汉东湖蓝藻水华消失之谜事作出批示。

2 月 18 日，《科学时报》刊登《追求人与自然的更好共生——刘建康院士、沈韫芬院士、谢平研究员谈湖泊“水华”控制技术的创新》。

3 月，出席湖北省特种养殖技术协会成立暨第一次代表大会。

是年，在武汉召开的国际生态环境建设与可持续发展研讨会上，应邀作“控制微囊藻水华的围隔试验和湖泊实践”的口头报告。

是年，与谢平在美国《科学世界》杂志发表《用滤食性鱼类控制蓝藻水华的生物操纵的成功实践：几十年的研究和在一个亚热带超富营养型湖泊中的应用综述》。

2002年

4月，应世界水产养殖大会组织委员会的邀请，在北京参会并作"Lake fish-stocking in China：Characteristic, Management, and Achievement"的口头报告。

7月，访日期间与同行进行交流。

9月6日，参观张之洞展览和辛亥革命旧址。

10月，考察宜都鲟鱼基地保护区。

11月5～7日，出席北京香山会议。

与谢平在《中国海洋湖泊学报》讨论去除微囊藻水华的围隔实验和湖泊实践。与蔡庆华在中国《应用生态学》杂志讨论评价湖泊富营养化的综合模型问题，与唐涛、蔡庆华发表《河流生态系统健康及其评价》。

与唐启升等从我国水生生物资源及其环境面临的主要问题出发，向有关部门提出了尽快制定《水产生物资源保护国家行动计划的建议》的书面报告。

2003年

9月11日，毛笔书写治学格言："重视科学实验，着眼社会实践；不唯上，不唯书，不唯权威；独立思考，敢于创新。"

是年，与谢平发表《用鲢鳙直接控制微囊藻水华的围隔试验和湖泊实践》。与葛继稳、蔡庆华、刘胜祥、蒲云海、梅伟俊在《中国环境科学》发表《梁子湖湿地植物多样性现状与评价》。

2004年

4月，在水生所为国际培训班讲课"东湖富营养化的成因分析和治理对策"。

11 月，在水生所国际河流湖泊环境研讨会 A 组报告"东湖成功治理蓝藻水华 20 年(1985～2004)。

是年，在钱迎倩主编的《20 世纪中国学术大典——生物学》中，介绍"淡水生态系统"、"淡水环境"、"淡水生物群落"和"生态系统的演替与平衡"。

为《生态学名词》中之"水域生态学"名词 444 条词汇审稿。

与葛继稳、蔡庆华、唐涛等发表《湖北省湿地水禽资源研究》、《梁子湖水生植被 1955～2001 年间的演替》、《河流生态系统管理研究——以香溪河为例》。

2005 年

4 月 23～26 日，出席在南京召开的 International Symposium on the Eutrophication Process and Control in Large Shallow Lakes. ISESL，并应邀作题为"Successful prevention of Microcystis bloom in the eutrophic Lake Donghu for two decades(1985—2004)"的报告。

发表《独立思考，敢于创新》。

为崔奕波、李钟杰主编的《长江流域湖泊的渔业资源与环境保护》一书作序。

2006 年

1 月 9 日，出席华南地区水体富营养化机制与防治研讨会。

8 月 5～6 日，访问香港。

12 月 11 日，出席院士专家座谈会。

译《科学》杂志《丑闻振荡中国的科学》一文，发表在水生所的网站，以反对学术不端，提倡科学精神。

为广东省水文局、暨南大学编著的《水库蓝藻和蓝藻毒素分布与检测——广东省典型供水水库研究》一书作序。

为韩博平、石秋迪、陈文祥主编的《中国水库生态学与水质管理研究》写前言。

作为《生态学名词》"水域生态学"分支学科组审定工作主要负责专家之一，参加了对该书有关水域生态学词条的审定。

2007年

9月2日，时任湖北省委书记俞正声前来看望。

《刘建康生态学文集》由化学工业出版社出版。

针对相关领域研究和研究机构的边缘化危机，译国际理论与应用湖沼学会(SIL)新闻汇编第49类4～5页《跨进2007年的淡水生物协会——并非全是坏消息》一文，还加上“译者按”，在水生所网站发表。

为陈佩薰著作《风雨长江五十载》写序。

为湖北教育报刊社编七年级、八年级环境教育课本扉页寄语《写给同学们》。

2008年

6月23～27日，在北京出席两院院士大会。

2009年

6月，在水生所出席中英内陆水体生态科学与管理对策研讨会。

2010年

5月，参观上海世博会。

2011年

6月，《刘建康鱼类学和水生生物学文集》由科学出版社出版。

2013年

1月25日，针对环境污染严重的现象，毛笔书写“保护生态环境，造福千秋万代”。

附录二
刘建康主要论著目录

一、论文

[1] Liu C K. Disposition of the efferent branchial arteries on the circulus cephalicus in Chinese fishes of Cyprinidae[J]. Sinensia, 1939. 10: 143～146.

[2] Wu H W & Liu C K. On the structure of the"adhensive apparatus"of Glyptosternum[J]. Sinensia, 1940. 11:69～75.

[3] Liu C K. Preliminary studies on the air-bladder and its adjacent structures in Gobioninae[J]. Sinensia, 1940. 11:77～104.

[4] Liu C K. On two new freshwater gobies[J]. Sinensia, 1940. 11: 213～219.

[5] Wu H W. & Liu C K. The bucco-pharyngeal epithelium as the principal respiratory organ in Monopterus javanensis[J]. Sinensia, 1940. 11:221～239.

[6] Wu H W. & Liu C K. Helminthological notes Ⅱ[J]. Sinensia, 1940. 11:397～406.

[7] Wu H W & Liu C K. Notes on some parasitic nematodes[J]. Sinensia, 1941. 12:61～73.

[8] Wu H W. & Liu C K. A case of polymely in the frog, Rana nigromaculata[J]. Sinensia,1941. 12:75～80.

[9] Liu C K. On the spawning ground of Carp in Chu Ho(River)[J]. Sinensia,1941. 12:227～232.

[10] Wu H W & Liu C K. On the breeding habits and the larval metamorphosis of Monopterus javanensis [J]. Sinensia, 1942. 13: 1～13.

[11] Liu C K. Osmotic regulation and "chloride secreting cells" in the paradise fish,Macropodus opercularis[J]. Sinensia,1942. 13:15～20.

[12] Wu H W & Liu C K. On the larval organs of Monopterus and their function of respiration[J]. Science Record,1942. 1:250～255.

[13] Wu H W & Liu C K. On the blood vascular systen of Monopterus javanensis,an air-breething fish[J]. Sinensia,1943. 14:61～97.

[14] Wu H W & Liu C K. Helminthological notes Ⅲ[J]. Sinensia,1943. 14:99～105.

[15] 刘建康. 鱼类渗透压之调节[J]. 科学. 1943,26(1):123～132.

[16] Liu C K. Rudimentary hermaphroditism in the symbranchoid eel, Monopterus javanensis[J]. Sinensia. 1944,15:1～8.

[17] Liu C K. Sodium sulfate as an agent causing the development of the "chloride secreting cells" in Macropodus [J]. Nature. 1944, 153 (3878):252.

[18] Wu H W & Liu C K. Integumentary serous glands and eclosion of larval Monopterus[J]. Science Record. 1945,1:611～616.

[19] Liu C K & Wu H W. Artifical hybrids between carp and gold-fish [J]. Sinensia. 1945,16:27—30.

[20] Liu C K. X-Radiation effects on the restitution of dissociated Microciona. Program and abstracts of scientific papers presented at the Marine Biological Laboratory[J]. summer of 1948(Aug. 25). Bi01. Bull,95(2):259.

[21] Liu C K & Berrill N J. Gonophore formation and germ cell origin in Tubularia. J. Morph. 1948. 83:39～60.

[22] Berrill N J & Liu C K, 1948. Germplasm, Weismann, and Hydrozoa. Quart. Rev. Bi01. ,23:124～132.

[23] Liu C K & Ku K Y. Histological changes in the gonad of Monopterus javanensis during sex transformation [J]. Sinensia, 1951. N. S. 2: 85～109.

[24] 刘建康. 中国淡水鱼鱼卵的人工授精与孵化[J]. 生物学通报. 1954,(1).

[25] 伍献文,刘建康. 鱼[M]. 上海:中华书局,1954.

[26] 刘建康. 养鱼池单位面积产量试验[J]. 水生生物学集刊. 1955,(1).

[27] 刘建康、朱宁生、王祖熊. 淮河山谷水库的调查及其养鱼的利用[J]. 水生生物学集刊,1955,(1).

[28] 刘建康、王祖熊,江中家鱼苗垂直分布的初步观察[J]. 水生生物学集刊. 1955,(2).

[29] 刘建康. 长江中下游湖泊中习见的鱼类[C]. //饶钦止. 湖泊调查基本知识. 北京:科学出版社,1956.

[30] 刘建康. 梁子湖的自然环境及其渔业资源问题[C]. //太平洋西部渔业研究委员会第二次全体会议论文集,北京:科学出版社,1959.

[31] 刘建康. 从生物生产力角度看湖泊渔业增产的途径[J]. 海洋与湖沼,1964,(6).

[32] 刘建康(译). 苏联内陆水体的生产力和水体管理的原则[J]. 淡水生物学科技参考. 1973,(1).

[33] 刘建康(用水生所名义发表). 淡水壳菜的生物学研究[J]. 动物利用与防治. 1973,(2).

[34] 刘建康. 我国湖泊水库渔业的生产实践和科技动态[C]. 湖泊水库渔业增产科技资料汇编. 1976.

[35] 刘建康. 我国淡水生态学的回顾与展望[C]. //中国科学院武汉分院学术委员会(临时)成立大会暨第一次学术报告会文集. 1976.

[36] 刘建康. 关于淡水生物学发展的方向[J]. 水生生物学集刊,1979,(4).

[37] 刘建康. 东湖渔业增产试验综述[J]. 海洋与湖沼. 1980,(2).

[38] Lin W L, Liu X Z & Liu J K. Detritus formation of two plankters and query on the role of their detritus in the nutrition of the silver carp and bighead. Verh., Internat. Verein. Limnol. 1981. 21: 1287～1290.

[39] 刘建康. 鱼类营养研究概况[C]. 鱼类学论文集(第三辑). 北京:科学出版社,1983.

[40] 刘建康. 淡水生态古今谈[J]. 百科知识. 1983,(12).

[41] 刘建康,敬存. 加强对水面资源的开发利用[C]. 中国国土整治战略问题探讨. 北京:科学出版社,1983.

[42] 林婉莲,刘鑫洲,刘建康. 微囊藻及藻类碎屑在鲢鳙的营养中所起作用的探讨[C].《鱼类学论文集》第三辑. 北京:科学出版社,1983.

[43] 刘建康,洪达. 对武汉地区渔业经济发展战略的探讨[J]. 水库渔业. 1984,(1).

[44] 刘建康,景荣. 淡水生态学的基本概念[J]. 淡水生物学科技情报. 1984,(9).

[45] 林婉莲,刘鑫洲,刘建康. 四种浮游生物的碎屑形成过程[J]. 水生生物学集刊. 1984,(2).

[46] Liu J K. lakes of the middle and lower basins of the Chang Jiang (China). In "Lakes and Reservoirs". 1684. Elsevier Scientific Publishing Company. The Netherlands. Chapter 14,331～355.

[47] Liu J K. Pollution studies on three Chinese c lakes. Proceedings of Shiga Conference,' 84 on Conservation and Management of World Lake Environment,73～80. Shiga. Japan.

[48] 陈洪达,刘建康. 养鱼对武汉市东湖生态学的影响[R]. 中国海洋湖沼学会第四次全国会员代表大会暨学术年会论文摘要汇编. 1984.

[49] Liu J K. Recovery of the insecticide wastewater polluted Ya-Er Lake. Proceedings of"Lake Pollution and Recovery" International Congress,

Rome,315～319.

[50] 刘建康. 渔业生态学和渔业管理—从美国渔业生态学会议看渔业生态学研究的动向[C]. 鱼类学论文集(第四辑),1985.

[51] 文元华,刘建康. 微生物群落对水体中有机碎屑的分解与转化作用[J]. 海洋湖沼通报. 1985,(3).

[52] 刘建康. 开展科研,做好论证工作[C]. 长江三峡工程对生态与环境影响论证会发言专集. 中国科学院三峡工程生态与环境科研领导小组办公室,1985.

[53] Liu J K & X Q He. Quantitative and qualitative aspects of fish crop in relation to environmental quality. Ecotoxicology and Environmental Safety,1987,(13).

[54] 刘建康,潘金培,马振波. 淡水生物学的发展战略探讨[C]. 中国科学院武汉分院科技政策与管理论文集,1987.

[55] Liu,J. K. Dong-Hu. in Data Book of World Lake Environments. A Survey of the State of World Lakes,ASI－12,11pp. Otsu,Japan.

[56] 刘建康. 因地制宜,讲求效益—关于大水面渔业开发的几点看法[J]. 水利渔业. 1987,(1).

[57] 章宗涉,刘建康. 人类经济活动对东湖生态系统的影响[C]. //人与生物圈论文集. 中国人与生物圈国家委员会,1987.

[58] 阮景荣,蔡庆华,刘建康. 武汉东湖的磷—浮游植物动态模型[J]. 水生生物学报. 1988,(4).

[59] Miura T and Liu J.K. Introduction. In"East Lake—a phytoplanktivorous fishes dominated lake ecosystem", 7～11. Otsu Hydrobiological Station,Kyoto University. 142 pages.

[60] Liu J K & Xu Y G. Measures for the optimization of the Honghu Lake Ecosystem and a preliminary analysis of their effectiveness. Reported on Sept. 5,1990 at the ILEC Hangzhou'90. Published in "Studies on Comprehensive exploitation of Aquatic Biological Productivity and Improvement of Ecological Environment in Lake

Honghu",179~188. China Ocean Press,1991,Beijing.

[61] Liu J K & Yu Z T. Role of science and technology in conservation of sturgeon resource. In"Fish physiology, Fish Toxicology and Fisheries Management: Proceedings of International Symposium, Guangzhou, PRC, September 14~16, 1988", 1990. 258~261. Athens, USA.

[62] Cui Y B & Liu J K. Comparison of energy budget among six teleosts-I. Food consumption, faecal production and nitrogenous excretion. Comp. Biochem. Physiol. 1990. 96A(1):163~171.

[63] Cui Y B & Liu J K. Comparison of energy budget among six teleosts-Ⅱ. Metabolic rates. Comp. Biochem. Physiol. 1990. 97A (2): 169~174.

[64] Cui Y B & Liu J K. Comparison of energy budget among six teleosts-Ⅲ. Growth rate and energy budget. Comp. Biochem. Physiol. 1990. 97A(3):381~384.

[65] Cui Y B & Liu J K. Comparison of energy budget among six teleosts-Ⅳ. Individual differences in growth and energy budget. Comp. Biochem. Physiol. 1990. 97A(4):551~554.

[66] Liu J K & Hu C L. Chinese aquaculture on its way of development. Presented on April 29, 1991 at the 4th International Symposium on Genetics in Aquaculture. Wuhan(manuscript 11 pages.). 1991.

[67] Liu J K & Chen S L. An assessment of the impact of fish stocking on lake eutrophication. "Conservation and Management of Tropical Inland Waters: Problems, Solutions and Prospects", Sept. 5 -9, 1991, Hong Kong. Abstract No. 34. 1991.

[68] Shei P, Liu J K & Wang S M. 1991. Studies on the seasonal changes in the chlorophyll a content of phytoplankton in a shallow Chinese freshwater lake (Donghu Lake). Annual Report of the State Key Laboratory for Freshwater Ecology and Biotechnology of China, 1990, 5~14. International Academic Publishers, Beijing.

[69] Shei P &Liu J K. Studies on influence of planktivorous fishes (Silver carp and Bighead carp)on the phytoplankton community in a shallow, eutrophic Chinese lake (Donghu Lake) using enclosure method. Annual Report of the State Key Laboratory for Freshwater Ecology and Biotechnology of China, 1990, 15～24. International Academic Publishers, Beijing. 1991.

[70] Shei P & Liu J K. Comparative studies on the chlorophyll a amount in the gut contents and feces of two planktivorous cyprinids-silver carp and bighead carp. Annual Report of the State Key Laboratory for Freshwater Ecology and Biotechnology of China, 1990, 25～30. International Academic Publishers, Beijing. 1991.

[71] Shei P & Liu J K. Phytoplankton, especially diatoms, in the gut contents and feces of two planktivorous cyprinids-silver carp and bighead carp. Annual Report of the State Key Laboratory for Freshwater Ecology and Biotechnology of China, 1990, 31～37. International Academic Publishers, Beijing. 1991.

[72] Shei P, Lin W L & Liu J K. Studies on the components of particulate matter in a shallow eutrophic Chinese lake (Donghu lake). Annual Report of the State Key Laboratory for Freshwater Ecology and Biotechnology of China, 1990, 39～46. International Academic Publishers, Beijing. 1991.

[73] Wang J & Liu J K. Role of phosphorus cycling in algal metabolism and algal succession in Lake Donghu, China. Arch. Hydrobiol. 1991. 120(4):433～445.

[74] 李勤生,蔡庆华,华俐,刘建康. 东湖异养细菌群落的分类结构和聚类分析[J]. 水生生物学报. 1991,(3).

[75] 崔奕波,刘建康,华俐. 摄食水平和食物种类对金鱼生长及氮磷排泄的影响[J]. 水生生物学报. 1991,(3).

[76] 刘建康,蔡述明. 江汉—洞庭平原湖区开发与整治[C]. //第四次中国

海洋湖沼科学会议论文集. 北京:科学出版社. 1991.

[77] Liu J K, Yu Z T& Dai Z G. Present status and prospects for reservoir fisheries in China. Reservoir Fisheries of Asia-Proceedings of the 2nd Asian Reservoir Fisheries Workshop held in Hangzhou, PRC, 15 - 19 October 1990. 176～185. (Edit. Sena S. De Silva). Intern. Develop. Research Centre, Ottawa, ISBN: 0 - 88936 - 590 - 3. 1992.

[78] Shei P & Liu J K. Studies on the influences of planktivorous fishes (Silver Carp and Bighead Carp) on the "water bloom" in a shallow eutrophic Chinese lake (Donghu lake) using enclosure method. Annual Report of the State Key Laboratory for Freshwater Ecology and Biotechnology of China, 1991, 21 ～ 24. International Acadcmic Publishers, Beijing. 1992.

[79] Liang X F & Liu J K. Visual characteristics of Mandarin Fish (Siniperca chuatsi) in relation to its feeding habit. Annual Report of the State Key Laboratory for Freshwater Ecology and Biotechnology of China, 1991, 75 ～ 82. International Academic Publishers, Beijing. 1992.

[80] Liu J K & Yu Z T. Water quality changes and effects on fish populations in the Hanjiang River, China, following Hydroclectric dam construction. Regulated Rivers: Research & Management, 1992. 7(4):359～368.

[81] 刘建康,曹文宣. 长江流域的鱼类资源及其保护对策[J]. 长江流域资源与环境,1992,(1).

[82] 刘建康. "伍献文"[M]. 北京:中国大百科全书[生物卷第三册],1992.

[83] 李勤生,蔡庆华,洪葵,刘建康. 湖泊和地下水中异养细菌群落结构和生理特征的比较研究[J]. 水生生物学报,1992.(4).

[84] 刘建康,刘仁俊. 长江白鳖豚的保护[J]. 长江流域资源与环境. 1993,(2).

[85] Shei(Xie) P, Lin W, Wang S & Liu J, 1993. Plankton and seston

structure in a shallow, eutrophic subtropic Chinese lake Arch. Hydrobiol. 129(2):199～220.

[86] Liang X F. and Liu J K. 1993. Sense utilization in the feeding behavior of mandarin fish(Siniperca chuatsi). Annual Report of the State Key Laboratory for Freshwater Ecology and Biotechnology 1992, P67～70.

[87] 蔡庆华,刘建康. 人口增长与渔业发展对武汉东湖水质的影响[J]. 水生生物学报. 1994,(1). (收录于:中国科学院成都分院. 科教兴国丛书 · 中国农业文库(1). 成都:四川科学技术出版社,1997.)

[88] Liu J. & Chen S. An assessment of the impact of fish stocking on lake eutrophication in China. Mitt. Intern. Verein. Limnol. 1994. 24: 231～235.

[89] Xie P. & Liu J. phytoplankton, especially diatoms, in the gut content and feces of two planktivorous cyprinids-silver carp and bighead carp. Chin. J. Oceanol. Limnol. 1994. 12(4):308～315.

[90] Liu J, Wang K Wang X & Liu J K. Studies on the optimum protein content and the ratio of animal to plant protein in the diet of the black sea bream (Sparus macrocephalus). Chin. J. Oceanol. Limnol. 1994. 12(4):381～384.

[91] YangY, Huang X. and Liu J K. Long-term changes in zooplankton of subtropical Lake Donghu (Wuhan, China) under conditions of increased fish predation. Russian Journal of Aquatic Ecology, 1994. 3 (1):23～30.

[92] 刘建康. 长江中下游流域的湖泊及渔业利用问题[C]. //东湖生态学研究(二),1995.

[93] Xie S Q, Cui Y B, Yang Y X and Liu J K. Metabolicrate of Nile Tilapia in relation to ration level. Annual Report of the State Key Laboratory for Freshwater Ecology and Biotechnology for 1994. 1995. 77～82.

[94] Liang X F and Liu J K, 1995. Visual feeding response of Mandarin fish(Siniperca chuatsi)in prey motion, color and shape using artificial stimuli. Annual Report of the State Key Laboratory for Freshwater Ecology and Biotechnology for 1994. 89～94.

[95] Liang X F and Liu J K, 1995. Taste bud types and distribution in the oropharyngeal cavity of Mandarin fish(Siniperca chuatsi) in relation to its feeding habit. Annual Report of the State Key Laboratory for Freshwater Ecology and Biotechlnology for 1994. 83～88.

[96] 刘建康. 序[C]. //蔡述明. 江汉平原四湖地区区域开发与农业持续发展. 北京:科学出版社,1996.

[97] 刘建康. 可持续发展战略与生态学[C]. 周光召、朱光亚. 共同走向科学一百名院士科技系列报告集(上册). 北京:新华出版社,1997.

[98] 刘建康,黄祥飞. 东湖生态学研究概况[J]. 环境科学. 1997,(1).

[99] 靳立军,徐小清,刘建康. 三峡库区燃煤、土壤和水库底泥中含汞量分布特征[J]. 重庆环境科学. 1997,(4).

[100] 蔡庆华,吴刚,刘建康. 流域生态学:水生态系统多样性研究和保护的一个新途径[J]. 科技导报. 1997,(5).

[101] 刘家寿,崔奕波,刘建康. 网箱养鱼对环境影响的研究进展[J]. 水生生物学报. 1997,(2).

[102] XieS, Cui Y and Liu J. Bioenergetics of Nile tilapia (0reochromis niloticus); Effects of Food Ration Size on Metabolic Rate. Asian Fisheries Science 1997. 10:155～162.

[103] Xie S, Cui Y, Liu J. Energy budget of Nile tilapia (Oerohromis nilotius)in relation to ration size. Aquaculture 1997. 154:57～68.

[104] Xie S, Cui Y, Liu J. 1997. Effects of body size on growth and energy budget of Nile tilapia, 0reohromis niloticus. Auaculture 157:25～34.

[105] Liu J and Cai Q. Integrated aquaculture in Chinese lakes and paddy fields. Ecological Engineering, 1998. 11(1～4):49～59.

[106] 刘建康. 整体把握系统思考[M]. //卢嘉锡. 院士思维卷一. 合肥:安徽

教育出版社,1998.

[107] Liang X F, Liu J K and Huang B Y. The role of sense organs in the feeding behavior of Chinese perch. Journal of Fish Biology, 1998. 62:1058～1067.

[108] 刘建康. 鳝鱼始原雌雄同体现象之研究[C]. //朱光亚、周光召. 中国科学技术文库院士卷二. 北京:科学技术文献出版社,1998 年(原文 1944 年发表).

[109] 刘建康. 序[M]. 尹文英. 中国土壤动物检索图鉴. 北京:科学出版社,1998.

[110] 刘建康,谢平. 揭开武汉东湖蓝藻水华消失之谜[J]. 长江流域资源与环境,1999,(3).

[111] 蔡庆华,刘建康. 流域生态学与流域生态系统管理—灾后重建的生态学思考[C]. //许厚泽、赵其国. 长江流域洪涝灾害与科技对策. 北京:科学出版社,1999.

[112] Yang Y F, Huang X F & Liu J K. 1999. Long-term changes in crustacean zooplankton and water quality in a shallow eutrophic Chinese lake densely stocked with fish. Hydrobiologia, 391: 195～203.

[113] 杨家新,黄祥飞,刘建康. 淡水轮虫休眠卵的研究进展[J]. 动物学研究,1999,(6).

[114] 杨家新,黄祥飞,刘建康. 淡水轮虫繁殖生物学研究进展[J]. 水产学报. 1999,(3).

[115] Yang Y, May L, Gunn I, Huang X, Liu J. Comparative studies on effects of predation by fish on Daphnia in Lake Donghu(China) and Loch Leven (Scotland). Ecosystem Approaches for Fisheries Management, Alaska Sea Grant, College Program AK-SG-99-01, 1999, 265～281.

[116] 刘建康. 立雪程门话当年　教诲之恩铭心间[C]. //九三学社湖北省委员会、武汉市委员会. 伍献文诞辰一百周年纪念文集,2000. (该文

被转载于贾宝琦. 当代科学家诗文选,北京:电子工业出版社,2002.)

[117] 刘建康. 序[M]. 李勤生,王业勤. 水产养殖与微生物. 武汉:武汉出版社,2000.

[118] 刘家寿,崔奕波,杨云霞,刘建康. 体重和摄食水平对鳜和乌鳢身体的生化组成和能值的影响[J]. 水生生物学报,2000,(1).

[119] 刘建康. 在创新历程中的点滴体会[C]. //周济. 科技创新院士谈(上). 北京:科学出版社,2001.

[120] Xie P and Liu J K. Practical success of biomanipulation using filter-feeding fish to control cyanobacterial blooms: a synthesis of decades of research and application in a subtropical hypereutrophic lake. Sci. World J. 2001. 1:337～356.

[121] 刘建康. 序[M]. 刘仁俊. 长江女神白鱀豚. 北京:中国农业出版社,2002.

[122] Liu J K & P Xie. Enclosure experiments on and lacustrine practice for eliminating microcystis bloom. Chinese Journal of Oceanology and Limnology, 2002. 20(2):113～117.

[123] Cai Q, Liu J and King L. A comprehensive model for assessing lake eutrophication. Chinese Journal of Applied Ecology, 2002. 13(12): 1674～1678.

[124] 唐涛,蔡庆华,刘建康. 河流生态系统健康及其评价[J]. 生态学报,2002,(9).

[125] 刘家寿,崔奕波,刘建康. 鳜和乌鳢最适温度的研究[J]. 水生生物学报. 2002,(5).

[126] 唐启升,刘建康等. 关于尽快制定《水产生物资源保护国家行动计划》的建议[J]. 学会月刊. 2002,(9).

[127] 秦伯强,苏守德,刘建康. 淡水湖泊系统生态农业[C]. //李文华. 生态农业—中国可持续农业的理论与实践. 北京:化学工业出版社,2003.

[128] 刘建康. 我与武汉东湖的不解之缘[J]. 武汉春秋. 2003,(3).

[129] 刘建康. 解读东湖蓝藻水华的来龙去脉[J]. 世纪行. 2003,(10).

[130] 刘建康. 序[M]. 谢平. 鲢、鳙与藻类水华控制. 北京:科学出版社,2003.

[131] 刘建康,谢平. 用鲢鳙直接控制微囊藻水华的围隔试验和湖泊实践[J]. 生态科学. 2003,(3).

[132] 蔡庆华,唐涛,刘建康. 河流生态学研究中的几个热点问题[J]. 应用生态学报. 2003,(9).

[133] 葛继稳,蔡庆华,刘建康,刘胜祥,蒲云海,梅伟俊. 梁子湖湿地植物多样性现状与评价[J]. 中国环境科学,2003,(5).

[134] 周志刚,解绶启,崔奕波,刘建康. 异育银鲫适宜投喂时间的建立[J]. 饲料广角. 2003,(13).

[135] 刘建康,阮景荣. 淡水生物学[C]. //钱迎倩. 20 世纪中国学术大典—生物学. 福州:福建教育出版社,2004.

[136] 刘建康. 重视科学实验,着眼社会实践;不唯上,不唯书,不唯权威;独立思考,敢于创新[C]. //科学时报. 中国院士治学格言手迹. 北京:世界知识出版社,2004.

[137] 刘建康,唐涛. 淡水生态学[C]. //李文华、赵景柱. 生态学研究回顾与展望. 北京:气象出版社,2004.

[138] 唐涛,渠晓东,蔡庆华,刘建康. 河流生态系统管理研究—以香溪河为例[J]. 长江流域资源与环境. 2004,(6).

[139] 葛继稳,蔡庆华,胡鸿兴,刘建康,曹国斌,朱兆泉,刘胜祥,石道良. 湖北省湿地水禽资源研究[J]. 自然资源学报. 2004,(3).

[140] 葛继稳,蔡庆华,李建军,刘建康,刘胜祥,蒲云海,王希群. 梁子湖水生植被 1955～2001 年间的演替[J]. 北京林业大学学报,2004,(1).

[141] 马陶武,王子健,陈剑锋,王春霞,刘建康. 乙炔基雌二醇对稀有鮈鲫肾脏的毒性效应[J]. 环境科学学报,2004,(3).

[142] 刘建康. 独立思考　敢于创新[J]. 生命科学. 2005,(5).

[143] 刘建康. 序[M]. 崔奕波、李钟杰. 长江流域湖泊的渔业资源与环境保护. 北京:科学出版社,2005.

[144] Liu J K & Xie. Successful prevention of Microcytis bloom in the

eutrophic Lake Donghu for two decades(1985—2004). Program and Abstracts p. 8. International Symposium on the Eutrophication Process and Control in Large Shallow Lakes. ISESL, 2005.

[145] Yang Y F, Huang X F Liu J K & Jiao N Z. Effects of fish stocking on the zooplankton community structure in a shallow lake in China. Fisheries Management and Ecology, 2005. 12:81～89.

[146] 葛继稳,蔡庆华,胡鸿兴,刘建康,曹国斌,刘胜祥. 湖北省珍稀濒危保护水禽物种多样性及种群数量[J]. 长江流域资源与环境. 2005,(1).

[147] 刘建康. 作为《生态学名词》'水域生态学'分支学科组审定工作主要负责专家之一,参加了对本书 158～179 页有关水域生态学词条的审定. 科学出版社,2006.

[148] 刘建康. 序[M]. 韩博平、冯远船、刘正文. 广东省大镜山水库生态学与水质管理研究. 广州:广东科技出版社,2006.

[149] 刘建康(译). 丑闻振荡中国的科学[Z]. 原文作者 Hao Xin,载于 2006 年 6 月 9 日 SCIENCE 第 1464～1466 页. 2006 年 7 月 3 日起该译文见于水生所内网.

[150] 刘建康. 序[M]. 广东省水文局,暨南大学. 水库蓝藻和蓝藻毒素分布与检测—广东省典型供水水库研究. 北京:中国环境科学出版社,2006.

[151] 刘建康. 前言[M]. 韩博平,石秋迪,陈文祥. 中国水库生态学与水质管理研究. 北京:科学出版社,2006.

[152] Tang T, Cai Q and Liu J. Using epilithic diatom communities to assess ecological condition of Xiangxi River system. Environmental Monitoring and Assessment. 2006, 112:347～361.

[153] Liu J and Cai Q. Hydraulic engineering, water resources and aquatic ecosystem. Sino-German Workshop on Environmental Impacts of Large-scale Hydraulic Engineering, March 1 - 7, 2006, Xingshan China. 60～61.

[154] 薛俊增,叶麟,蔡庆华,刘建康. 三峡水库坝前段蓄水前后枝角类的周

年变化[J]. 水生生物学报,2006,(1).

[155] 薛俊增,韩新芹,蔡庆华,刘建康. 香溪河库湾枝角类的种类组成与垂直分布[J]. 水生生物学报. 2006,(1).

[156] 葛继稳,蔡庆华,刘建康. 水域生态系统中生物多样性经济价值评估的一个新方法[J]. 水生生物学报. 2006,(1).

[157] 刘建康. 写给同学们[M]. 湖北教育报刊社. 七年级、八年级环境教育课本. 扉页. 武汉:湖北科学技术出版社,2007.

[158] 刘建康(译). 跨进 2007 年的淡水生物学协会—并非尽是坏消息[Z]. 原文作者 Alan Hildrew,载于 2006 年 12 月国际理论与应用湖沼学会(SIL)新闻汇编第 49 卷第 4～5 页. 2007 年 5 月 4 日起该译文及译者按见于水生所内网站.

[159] 刘建康. 2007. 序一[M]. 陈佩薰. 风雨长江五十载. 北京:海洋出版社,2007.

(★用英文发表的出版物,1979 年以前作者英文姓名用 C K Liu,1979 年起按汉语拼音改为 J K Liu。以出版先后排序。)

二、著作

[1] 李约瑟著. 徐贤恭、刘建康译. 战时中国之科学[M]. 上海:中华书局,1947.

[2] 刘建康、陈佩薰译. 丘古诺娃著. 鱼类年龄和生长的研究方法[M]. 北京:科学出版社,1956.

[3] 伍献文、刘建康等. 鱼[M]. 北京:科学普及出版社,1958.

[4] 刘建康. 东湖生态学研究(一)[M]. 北京:科学出版社,1990.

[5] 刘建康,阮景荣. 淡水生态[M]. 中国大百科全书[生物学](1). 北京:中国大百科全书出版社. 1991.

[6] 刘建康,何碧梧. 中国淡水鱼类养殖学(第三版)[M]. 北京:科学出版社,1992.

[7] 刘建康. 东湖生态学研究(二)[M]. 北京:科学出版社,1995.

[8] 刘建康. 高级水生生物学[M]. 中国科学院研究生教学丛书. 北京:科学出版社,1999.

[9] 刘建康译. 湖泊与水库富营养化防治的理论与实践(联合国环境规划署国际环境技术中心发布)[M]. 北京:科学出版社,2003.

[10] 刘建康. 刘建康生态学文集[M]. 北京:化学工业出版社,2007.

[11] 中科院水生生物研究所淡水生态学研究中心. 刘建康鱼类学和水生生物学文集[M]. 北京:科学出版社,2011.

参考文献

[1] 钱迎倩. 20 世纪中国学术大典——生物学[M]. 福州:福建教育出版社,2004.
[2] 李士. 心迹——中国院士实话实说[M]. 北京:科学普及出版社,2000.
[3] 李约瑟. 战时中国之科学[M]. 徐贤恭、刘建康译. 上海:中华书局出版,1947.
[4] 钱伟长. 二十世纪中国知名科学家学术成就概览,生物学卷第三分册[M]. 北京:科学出版社,2013.
[5] 中国科协技术协会. 中国科学技术专家传略,理学篇生物学卷 2[M]. 北京:中国科学技术出版社,2001.
[6] 苏昊. 中国现代科学家传记[M]. 北京:中国现代科学家传记第五集. 科学出版社,1994.
[7] 周光召. 中国大百科全书[M]. 北京:中国大百科全书出版社,2009.
[8] 伍献文. 伍献文[C]. //中国科学院学部联合办公室. 中国科学院院士自述[M]. 上海:上海教育出版社,1996.
[9] 陈佩薰. 风雨长江五十载——陈佩薰与白鳖豚研究[M]. 海洋出版社. 2007.
[10] 薛攀皋. 水生生物研究所从上海迁武汉五十周年有感[C]. 薛攀皋文集. 中国科学院自然科学史研究所院史研究室印行. 2008.
[11] 中国科学院学部联合办公室. 中国科学院院士画册(1955 1957)[M]. 中国科学院学部联合办公室. 1995.
[12] 卢嘉锡. 院士思维(卷一)[M]. 合肥:安徽教育出版社. 1988.
[13] 刘建康. 立雪程门话当年教诲之恩铭心间[C]. //贾宝琦. 当代科学家诗文选[M]. 北京:电子工业出版社,2002.
[14] 刘建康,张晓良. 硝烟中的科学活动[N]. 中国科学报. 1997－11－17.
[15] 胡传林,张晓良. 回忆水库渔业研究所的筹建工作[C]. 为有源头活水来. //赵进

东. 中国科学院水生生物研究所建所八十周年纪念文集. 2010.

[16] 张先锋. 从养鱼到养水——科学引领中科院水生所的历史嬗变[N]. 湖北日报. 2009-01-31.

[17] 赵进东. 著江河湖海新华章[Z]. 中国科学院水生生物研究所八十周年纪念画册. 2010.

[18] 刘我风,张晓良. 院士刘建康的 90 岁“江湖”[N]. 楚天都市报,2007-09-26.

[19] 刘辉,孙慧. 刘建康:七十年“江湖”人生[N]. 楚天金报. 2011-05-22.

[20] 史伟. 老少同台诵经典[N]. 武汉晨报. 2013-09-19.

[21] 中国科学院水生生物研究所淡水生态研究中心. 刘建康鱼类学和水生生物学文集[M]. 北京:科学出版社,2011.

[22] 中国科学院水生生物研究所淡水生态研究中心. 刘建康生态学文集[M]. 北京:化学工业出版社,2007.

[23] 刘建康,何碧梧. 中国淡水鱼类养殖学(第三版)[M]. 北京:科学出版社,1992.

[24] 刘建康. 高级水生生物学[M]. 北京:科学出版社,1999.

[25] 刘建康. 东湖生态学研究(一)[M]. 北京:科学出版 1990.

[26] 刘建康. 东湖生态学研究(二)[M]. 北京:科学出版社 1995.

[27] 吕幼安. 魂系水族—记鱼类学家和淡水生态学家刘建康[C]//寂寞的辉煌[M]. 武汉:长江文艺出版社,1995.

[28] 刘建康. 我与武汉东湖的不解之缘[J]. 武汉春秋. 2003,(3).

[29] 杨育新. 著名科学家刘建康一心为国家——赴西德考察节约四千马克全部上交[N]. 长江日报. 1981-03-30.

[30] 杨育新. 千湖之省鱼米之乡积极发展水体生物生产力——水生所为湖北省提出战略设想[N]. 科学报. 1985-7-28.

[31] 杨育新. 献身江湖曲一首,碧波万顷鱼竞游——记省政协常委、著名鱼类学家刘建康[J]. 湖北政协通讯. 1989,(7).

[32] 杨育新,李方清. 功载江湖[N]. 湖北日报. 1991-12-19.

[33] 喻小林. 为了“不到万分之一”[J]. 湖北画报. 1989,(5).

[34] 吕幼安. 健康人生——记刘建康先生印象[N]. 长江日报. 1994-04-30.

[35] 刘鸿雁. 走向水产强省的脚步声——访中科院院士、淡水生态学家刘建康[N]. 湖北经济报. 1997-07-25.

[36] 陈宁宁. 来不得假——记中科院院士刘建康研究员[N]. 长江日报 1994-08-11.

[37] 刘建康. 一张珍贵的照片——记与李约瑟外籍院士半个世纪的交往[N]. 中国科学报. 1994-09-26.

[38] 陈革,艾杰. 东湖长江是他的实验室——访中国科学院院士刘建康[N]. 文汇报. 1997-06-30.

[39] 刘建康. 笔谈百家争鸣[J]. 科学通报. 1956,(9).

[40] 海洋与湖沼编辑部. 著名鱼类学家和淡水生态学家刘建康教授[J]. 海洋与湖沼. 1995,(1).
[41] 刘建康. 淡水生态古今谈[J]. 百科知识. 1983,(12).
[42] 刘建康. 养鱼池单位面积产量试验[J]. 水生生物学集刊. 1955(1).
[43] 刘建康. 关于淡水生物学发展的方向[J]. 水生生物学集刊. 1979(4).
[44] 刘建康. 关于黄鳝雌雄同体和性反转研究的两篇论文和波洛博士在 *Nature* 上发表的专题评论[C]. //桂建芳. 鱼类性别和生殖的遗传基础及其人工控制[M]. 北京:科学出版社,2007.
[45] 刘建康,陈洪达. 对武汉地区渔业经济发展战略的探讨[J]. 水库渔业. 1984,(1).
[46] 刘建康,朱宁生,王祖熊. 淮河山谷水库的调查及其养鱼的利用[J]. 水生生物学集刊. 1955,(2).
[47] 刘建康,王祖熊. 江中家鱼苗垂直分布的初步观察[J]. 水生生物学集刊. 1955,(2).
[48] 刘建康. 我国淡水生态学的回顾与展望[C]. 中科院武汉分院学术委员会成立大会及第一次学术报告会学术论文集. 1979.
[49] 林婉莲,刘鑫洲,刘建康. 四种浮游生物的碎屑形成过程[J]. 水生生物学集刊. 1984,(2).
[50] 章宗涉,刘建康. 人类经济活动对东湖生态系统的影响[C]. 人与生物圈论文集. 1987.
[51] 刘建康. 可持续发展战略与生态学[C]. //周光召,朱光亚. 共同走向科学——百名院士科技系列报告集[M]. 新华出版社,1997.
[52] 黎先耀. 鱼游春水[N]. 光明日报. 1978-05-01.
[53] 刘建康. 解读东湖蓝藻水华的来龙去脉[J]. 世纪行. 2003,(10).
[54] 刘建康译. 湖泊与水库富营养化防治的理论与实践(联合国环境规划署国际环境技术中心发布)[M]. 北京:科学出版社. 2003.
[55] 刘建康. 序[C]. //谢平. 鲢、鳙与藻类水华控制[M]. 北京:科学出版社. 2003.
[56] 刘建康. 重视科学实验,着眼社会实践;不唯上,不唯书,不唯权威;独立思考,敢于创新[C]. //科学时报. 中国院士治学格言手迹[M]. 北京:世界知识出版社. 2004.
[57] 刘建康,唐涛. 淡水生态学. 生态学研究回顾与展望[C]李文华,赵景柱[M]. 北京:气象出版社. 2004.
[58] 刘建康. 梁子湖的自然环境及其渔业资源问题[A]. 太平洋西部渔业研究委员会第二次全体会议论文集[C]. 北京:科学出版社. 1959.
[59] 刘建康. 独立思考敢于创新[J]. 生命科学. 2005(5).
[60] 刘建康. 应重视大水面生物生产力的开发利用[N]. 科学报. 1985-9-29.
[61] 湖北日报. 为了增加水体生产——记水生生态学家刘建康[N]. 湖北日报.

1979 -12 - 15.

[62] 刘建康的“第一二个馒头”[N]. 长江日报. 1992 - 10 - 31.

[63] 王建辉,刘会永. 睿智者之光——荆楚院士风采[M]. 武汉:湖北人民出版社,2005.

[64] 费滨海. 院士春秋(第一卷下)[M]. 上海:东方出版中心,中国出版集团,2005.

[65] 杨育新,张晓良. 打开鱼类宝库的大门,伍献文专辑[Z]. 中国科学院水生生物研究所,1998.

后记

这一年的时间过得充实而感动。因为老科学家学术成长资料采集工作，我们有幸走进了鱼类学家和淡水生态学家刘建康院士的生活，分享到一位杰出科学家卓越精彩的人生故事，近距离感悟到平和谦逊和求实谨严的大师风范。

从上海的租界到苏州的松陵，从东吴大学到成都北碚，从海外读博到毅然归国，从无锡五里湖到湖北梁子湖，从宜昌鲤鱼产卵场到长江鱼类资源调查，从淮河山谷水库到东湖蓝藻水华治理，勾勒出刘老醉心于鱼类学和淡水生态学事业、一生不懈进取的学术人生。一件件实物，一张张照片，一次次回忆，其中饱含着他对专业的执著和热情，记录了他在刘承钊、伍献文、贝锐尔等名师指点下的不断成长，也见证了他不畏权威、唯实创新，从鱼类学研究向淡水生态与环境保护不断拓展的学术征程和日益开阔的研究视野。

刘老虽已 97 岁高龄，却仍然思维清晰，耳聪目明，对我们的采访给予了热情的支持。在他的办公室和他的家里，老人回忆起以往的岁月依然充满激情。抚今思昔，我们仿佛和老人一起在炮火中穿山越岭，一起在海轮上枕波夜读，一起在湖泊江河中渔舟唱晚。忘年的相识，让我们共度了一个又一个看似平淡却又令人难忘的时光。

刘建康院士学术成长资料采集小组组长覃兆刿（湖北大学历史文化学

院教授、博士生导师)，担任采集工作的总体规划和组织、采访大纲的拟写和研究报告的撰写。成员中有吴青丽研究员(中国科学院水生生物研究所所长助理)，负责水生所档案资料的查阅和音视频采访的接洽联系；林天新(湖北大学档案学2011级研究生)，负责实物资料、音视频资料的采集，并作为项目负责人的助手；谢梦(湖北大学档案学2011级研究生)，负责档案实物资料的整理与归档；高雅(湖北大学新闻传播学2012级研究生)参与了音视频的采访和研究报告的文字校改工作；秦艺(湖北大学新闻学院播音主持专业学生)参与了视频的采访工作；陈苗、沈沛沛(湖北大学档案学2011级研究生)、王驰、汪清、吴丽娜(湖北大学档案学2012级研究生)参与了实物资料的数字化和著录工作；胡杰、张丽雯(湖北大学档案学2013级研究生)，参与了实物资料与数字资料的整理归档和统计移交工作。武汉市城建档案馆声像档案室张凯、刘元海，提供了音视频采集的技术指导。

我们的采集工作得到了刘建康院士的同行学者尹文英院士、陈宜瑜院士和曹文宣院士的热情支持。中国科学院水生所刘克奋老师向我们提供了大量数字照片。张晓良老师对水生所发展的来龙去脉非常熟悉，他向我们提供了有关刘老新闻报道背后的生动故事，并向我们及时提供了刘老最新的活动信息。段佳琳老师给我们提供了干部人事档案和名人档案查阅方面的帮助。刘建康院士的女儿刘军、伍星欣也对采集工作给予了协助和支持。

在完成刘建康学术成长资料采集的过程中，中国科协张藜教授、北京理工大学吕瑞花博士给我们的采集工作提出了及时而宝贵的意见，保证了我们移交实物的规范化整理和研究报告的顺利完成。湖北省科协马贵兵部长有效地进行了项目管理信息的沟通、检查和督促工作。

在此，我们向刘建康院士本人，向上述各位专家和领导，向各位在采集过程中给予我们热心帮助和配合的同仁们致以诚挚的谢意！

覃兆刿

2013年11月8日于武汉沙湖之滨

老科学家学术成长资料采集工程丛书
已出版(50种)

《卷舒开合任天真:何泽慧传》
《从红壤到黄土 :朱显谟传》
《山水人生:陈梦熊传》
《做一辈子研究生:林为干传》
《剑指苍穹:陈士橹传》

《情系山河:张光斗传》
《金霉素·牛棚·生物固氮:沈善炯传》
《胸怀大气:陶诗言传》
《本然化成:谢毓元传》
《一个共产党员的数学人生:谷超豪传》

《含章可贞:秦含章传》
《精业济群:彭司勋传》
《肝胆相照:吴孟超传》
《新青胜蓝惟所盼:陆婉珍传》
《核动力道路上的垦荒牛:彭士禄传》

《探赜索隐　止于至善:蔡启瑞传》
《碧空丹心:李敏华传》
《仁术宏愿:盛志勇传》
《踏遍青山矿业新:裴荣富传》
《求索军事医学之路:程天民传》

《一心向学:陈清如传》
《许身为国最难忘:陈能宽》
《钢锁苍龙　霸贯九州:方秦汉传》
《一丝一世界:郁铭芳传》
《宏才大略:严东生传》

《此生情怀寄树草:张宏达传》
《梦里麦田是金黄:庄巧生传》
《大音希声:应崇福传》
《寻找地层深处的光:田在艺传》
《举重若重:徐光宪传》

《魂牵心系原子梦:钱三强传》
《往事皆烟:朱尊权传》
《智者乐水:林秉南传》
《远望情怀:许学彦传》
《没有盲区的天空:王越传》

《行有则　知无涯:罗沛霖传》
《为了孩子的明天:张金哲传》
《梦想成真:张树政传》
《情系粱菽:卢良恕传》
《笺草释木六十年:王文采传》

《妙手生花:张涤生传》
《硅芯筑梦:王守武传》
《云卷云舒:黄士松传》
《让核技术接地气:陈子元传》
《论文写在大地上:徐锦堂传》

《铃记:张兴铃传》
《寻找沃土 :赵其国传》
《虚怀若谷:黄维垣传》
《乐在图书山水间:常印佛传》
《碧水丹心:刘建康传》